影視節目企劃與寫作

安碧芸　著

五南圖書出版公司 印行

序言

　　本書共11章，從企劃基本概念、創意發想、電視工作流程至說明企劃書撰寫技巧。其中第三章「田野調查」是由李佳懷先生、廖英棚小姐與本書作者共同完成。第十一章是四位資深影視工作者——巫知諭小姐、顏妏如小姐、巫少強先生以及宋嘉玲小姐的寶貴工作經驗分享。附錄中的企劃書參考範例，則是由林建享老師慷慨提供，皆對剛接觸影視節目企劃寫作的讀者有極大的助益。

　　本書得以完成要感謝的人太多，除了前述七位外，五南圖書出版公司副總編輯陳念祖先生所給予的支持及協助、責任編輯李敏華小姐細心的校稿及編排、多位從事電視幕後工作的朋友——鍾瑞華、王學韜、林坤地、鍾文芳、張君翔、黃家珍等寶貴工作經驗的分享。此外，駱碧蓮小姐在本書撰寫時所提供的協助及建議，一併在此誌謝。當然，朝陽科技大學傳播藝術系2003-2012年的學生們在「企劃寫作」課程上的回饋是撰寫本書的最大動力，謝謝你（妳）們。

　　本書撰寫時雖已字字斟酌，書中若仍有錯誤及疏漏之處，皆因作者學識及經驗的諸多不足，尚祈各界專家、先進批評指正。

目錄 c o n t e n t s

01

第 1 章 ▶▶▶

緒論

　　2012年5月，為因應國際化，台中大甲鎮瀾宮以月薪5萬到6萬5的高薪，延攬專職企劃專員，工作內容為負責活動策畫和撰寫企劃書。消息一出，在短短的兩星期內吸引超過30位應徵者，也引起各方對「企劃」這項工作的討論與好奇。進一步問及企劃書所能達成的功能、企劃人員所需具備的條件以及企劃究竟是一份什麼樣的工作時，少有人能完整回答。走進書局，琳瑯滿目與「企劃」相關的書籍映入眼簾；打開知名求職網站輸入「企劃」二字，跳出來洋洋灑灑不下10頁的工作機會，這些現象再再地顯示，現在正處於專業企劃的時代。日本首席企劃大師高橋行憲（2001／周幸譯，2008）甚至指出，「二十世紀是『技術的時代』，二十一世紀是『企劃』的時代」（頁12）。

　　科技日新月異造就資訊革命與氾濫，消費者心理趨向複雜化與多樣化，加上經濟全球化趨勢，造成各行各業競爭愈演愈烈。為求在這以消費者為主的市場及商業導向的時代中站穩腳步，各行各業無不絞盡腦汁找出可以吸引消費者目光及青睞的方式。為達到此一目的，政府機關或私人機構開始對外徵求企劃書或要求內部員工提出企劃書，藉以找出具競爭力的服務或產品，「企劃」成為市場競爭下，應運而生的

產物（郭泰，2001）。

「企劃」這一項工作約於1965年自日本引進台灣，直至1985年後，因國內商業活動日趨活絡，才開始為人注意（郭泰，2000），並曾多次在國內大學應屆畢業生就業意願調查中，成為受年輕世代青睞及嚮往的職務之一。在台灣的職場中，與「企劃」這項技能相關的工作不在少數，例如：經營策略企劃、行銷企劃、活動企劃、公關企劃、媒體企劃、影視節目企劃、產品企劃等。若把工作職稱中有「企劃」二字的人召集在一起，可發現各領域企劃人員的工作內容南轅北轍，甚至所撰寫企劃書的內容與體裁也大不相同。

為因應不同需求與不同目的，企劃書會以不同型態面向呈現。不同類型的企劃書雖在內容上有所相異，但架構與撰寫流程是類似的，最終目的均在於說服具決策能力的人採用企劃書中所提出的構想與執行方式。企劃人員藉由企劃書展現創意、能力及經驗，以具條理清楚、簡潔的方式建立主題思想，傳達可滿足客戶或上級需求的關鍵重點。一份寫得好的企劃書將可成就一筆交易，前進到交易過程的另一階段，或是協助公司解決問題、提昇公司利益（Pierce, 2004／陳瑜清譯，2005）。當各產業對企劃執行後的成果帶有高度期待，具備擬定企劃能力的社會新鮮人，成為企業最期待的工作伙伴（小山薰堂，2006／歐凱寧譯，2009）。

市面上有關企劃力或企劃書製作的工具書多半歸類在商業類書籍，著重於行銷企劃、活動企劃及廣告企劃，影視節目企劃幾乎未曾被提及。影視傳播是一項特殊產業，所生產的產品──「節目」，內容深入家家戶戶與普羅大眾日常生活中，具有廣大的影響力。影視節目企劃人員除像其他各類企劃人員一樣需具備專業知能外，還多了一份社會責任。影視節目企劃人員另一項與其他企劃人員不同之處在於，與行銷、廣告及企業之間的運作並無如此密切，而是著重於創意、影像聲音製作的知識與技能，以及拍攝期間能確實執行細節，並解決突如其來的難題和挑戰。

在各項影視媒體中，電視以問世不到百年的時間，快速成為現代人生活中最重要、也是最便宜的娛樂休閒形式。不分性別、年紀、種族及社會

背景，都被這個充滿五光十色的聲光盒子所吸引。傳播科技推陳出新，直接或間接地影響電視節目製作模式與閱聽大眾收視行為，電視節目的分化（區隔化）在台灣電視市場環境中已逐漸成型。電視節目製作單位要做出一個能在一百多個頻道中獲得觀眾青睞的節目，並非易事。陳鈺婷（2011年10月）指出，一個電視節目即便主持人與來賓的陣容再堅強，若企劃人員不稱職，節目也無法成形。2012年5月，極具知名度的藝人吳宗憲所主持的綜藝節目【亞洲天團爭霸戰】，第一集播出的收視率不如預期，僅為0.33。此一結果引起各方討論，並直指幕後製作需負最大責任，「因為不論主持人有再大本領，沒有製作群支持，也施展不開。」（葉君遠，2012年5月25日）。創意及執行能力影響幕後團隊運作，也主宰著節目的成功與否，而這也是影視節目企劃人員最需要具備的能力。

　　本書主要針對有意成為影視節目企劃人員或對該工作有興趣之讀者撰寫。全書共分為11章，首先說明企劃的定義、創意的產生、電視工作環境與流程、台灣電視節目環境分析，進而說明影視企劃書的寫作與提案要點。希冀先藉由介紹企劃的基本概念，再進入實際的撰寫準備與過程說明，盡可能提供讀者撰寫影視企劃書時所需要的資訊與觀念。

❋ 第一節　企劃的定義

　　在摩拳擦掌準備撰寫一份企劃書或立志成為一位稱職的企劃人員之前，首先要瞭解「企劃」是什麼。把「企劃」二字拆開，依辭典定義「企」是提起腳跟、踮起腳尖，引申為希望、盼望，如「企盼」、「企望」；「劃」為設計，如「規劃」、「籌劃」。「企劃」二字的排列有其順序意義，要先有企圖心，再為達成目的產生規劃與執行的步驟。張福興（1988）嘗試由字面上分析企劃的意義，「企」為「企圖（attempt）」，具有嘗試想得到或達到某種目的之意；「劃」則是「計畫（planning）」，將意願系統化、抽象具體化的表達。洪惠珊（2004）

延伸張福興的概念並進一步解釋，由於「企」爲希望能達到某些目的或效果，可視爲撰寫企劃書的基本動機；「劃」則是企圖或盼望化爲實際行動的步驟與方法，即爲撰寫企劃書的目的。田坂廣志（2004／李美惠譯，2007）指出，一般企劃人員在撰寫企劃書時，多半可以將各項計畫描述得相當清楚，但企劃書中卻難以看出「企圖」爲何，而這種未能講述「企圖」的企劃書充其量就只稱得上是計畫書。陳萬達（2012）則將「企劃」二字解釋爲：「針對某項預期目標所擬訂的計畫與規劃，也就是在既定的資源內，進行創意的發想且擬訂執行方案，以達成目標」（頁125）。

除字面上的解釋外，許多專家學者也曾嘗試爲「企劃」下一個完整的定義，但因企劃種類多元且所涵蓋領域也很廣泛，造成各領域因著眼點、技術及專業知識差異對企劃的定義也有所不同。綜整各方定義，創意與實踐（執行）對企劃是兩個重要且共通的層面，兩者密不可分。根據詹宏志（1996）的說法，把創意組織起來使它實際發揮功能便可稱爲企劃。大川耕平（1991／蕭志強譯，1994）解釋，企劃就是「能實際引導行動，創造性的思考及實踐的過程」（頁37）。郭泰（2001）綜合上述兩者的定義，把資源納入考量層面並加入企劃目的之說明，爲「企劃」下了完整的註解：「有效的運用手中有限的資源，激發出創意，選定可行方案，達成某一目標或解決某一難題」（頁32）。

「計畫」是最常與「企劃」混淆的概念。針對「計畫」，江川朗（1979／賴明珠譯，1994）定義爲「爲達成某一事項（行爲），而將工作或行動的順序、時間、資金、人員的能力、資源、空間（場所）等，按順序排出，予以組合運作……」（頁72）。企劃常被翻譯爲planning或proposal，事實上，plan更常被譯爲「計畫」。郭泰（2001）認爲「企劃」是strategy加上plan，因此以proposal做爲「企劃」的英文翻譯似乎較爲合宜。陳松柏、洪鉛財及蕭慈飛（2005）認爲「企劃」是動詞，爲「事前」的動態過程；「計畫」則是名詞，爲靜態事件，是企劃結果的產物。獨特性是企劃致勝的關鍵，而計畫可以是重複運用過往實施步驟及執

行經驗，不需重新思考（安田賀計，2002／博誌文化譯，2004）。大川耕平（1991／蕭志強譯，1994）認為企劃為一種無中生有的精神活動，強調自由性；而計畫則是由現在到未來，根據時間表來思考如何逐成目標的行為，並重視確實性。企劃與計畫的確具有差異，但並非無關。企劃書中包括許多計畫，例如時間的計畫（稱為進度）、經費的計畫（稱為預算）及程序的計畫（稱為流程），企劃與計畫一貫相連，皆以實現預期成果為目標。換言之，計畫是企劃的具體執行與步驟（洪惠珊，2004）。郭泰（2001）與洪惠珊（2004）均曾針對「企劃」與「計畫」做出比較，綜合整理兩者的見解，如表1-1。

表1-1 企劃與計畫之差異比較

企劃（Proposal）	計畫（Plan）
以創意、思考為主	不需創意，以執行細節為主
腦的行動	手的行動
需有說服力	需執行力與實踐力
可天馬行空、無中生有（自由性）	範圍確切且需按部就班（確實性）
變化多端	一成不變
開創性	保守性
挑戰性大	挑戰性小
具方向性	具具體性
掌握原則及通盤性考量	處理程序與細節
以企劃對象之目的為主要考量	以企劃實行為主要考慮前提
What to do（做些什麼）	How to do（怎麼做）
需長期專業訓練	只需短期訓練

　　不論大小企劃都需要計畫的支持，才有達成目標的可能。計畫能力成為企劃人員應具備的基本技能，而擬定出以最精簡的人、物力達成目標的計畫，則是企劃人員重要的任務。有關企劃書中各項計畫，如預算、進度及流程等，將於本書第八、九章中說明。

　　「企劃」是運用頭腦產生創新構想的過程，但僅將想法留在腦中並不

足夠，而「企劃書」便是將這些邏輯架構以文字或圖案的形式具體表達的工具。故此，田坂廣志（2004／李美惠譯，2007）直指「企劃的一切，全都濃縮在企劃書裡」（頁30）。張福興（1998）甚而將企劃書稱為「裝填創新構想的利器」（頁13），並以餐廳的擺盤比喻：若要凸顯一道創新的菜餚，器皿也要有所配合做適時的變化，如此才能顯現出該道菜餚與其他食物的不同。撰寫不當的企劃書將無法完整表達企劃構想，亦浪費一個好不容易整理出的獨特創意。構思企劃與撰寫企劃書的過程重疊且一致，編撰企劃書的同時，也就是將創意與概念具體而成熟地呈現。然而，「企劃」並不等同於「企劃書」，「企劃」除了將「企劃書」推銷給徵案單位外，還包括後續的執行。一本封面精美並豐富完整的企劃書對提案單位或徵案單位並無實質助益，唯有完成執行，達到預期目標，才展現企劃真正的價值。

✸ 第二節　為何要寫影視節目企劃書

　　影視節目製作行業面對的不僅有同業的競爭，還有瞬息萬變的媒體環境及觀眾喜好。具創意、符合觀眾需求的節目內容才有可能形成潮流、塑造話題，在高度激烈競爭的電視節目中脫穎而出。

　　外在環境使得影視節目製作益發倚重企劃人員及企劃書，《下課花路米》製作人朱文慧視企劃書為節目的基礎，甚至是靈魂（陳鈺婷，2011年10月）。雖然如此，依然有人懷疑撰寫企劃書的必要性，尤其在籌畫規模較小的案子時。撰寫企劃書主要目的有二：記錄構思過程以及說明構思結果。部分企劃人員在構思時只願動腦、不願動手，而其實邊想、邊撰寫不僅有助釐清邏輯脈絡，提昇思考力（張福興，1988），將達成構思結論的過程記載清楚，也是使他人理解的最佳途徑。影視創作人員的創意想法經常是在會議中口頭提出，會中可能很多人拍手叫好，但在會後若沒有轉化為文字形式的企劃書，好想法很快的就會因被人遺忘而失去。另一種狀

況則是，一份企劃書在當下沒有被採用，也許過了一段時間，某個時段需要開新節目或增設新單元時，主管人員的腦海會浮現那份企劃書或那名企劃人員，撰寫企劃書的效果就產生了。

　　台灣影視產業的製作流程，通常先由徵案單位（例如：電視台、私人機構或政府機關單位）公告委託製作的影片或節目主題、規格及預算，意即邀標書（request for proposal, RFP）。不同的徵案單位對撰寫格式與提案方式有不同的要求，提案單位需仔細閱讀邀標書，先確定該單位符合徵案單位規定的提案資格，瞭解徵案單位的需求及問題後，再依循公告事項及指示撰寫企劃書（或稱服務建議書），最後再經由比稿及審查決定何人／單位勝出。一般而言，政府單位的標案著重細部執行過程，企劃書多半設有規範，預算金額也已訂定，所以企劃人員的任務是「在既定經費上，創造最大效益」；其他單位的案子則較重視策略方向，企劃人員可在某一範圍內，依實際狀況與需求來調整內容並設定執行方法，再預估成效（陳鈺婷，2011年8月）。企劃書是提案單位與徵案單位接觸的第一道窗口，以電視節目企劃書為例，其目的就是讓電視台決策者看完企劃書之後，相信所提出的創意及規劃正是該頻道所需要的。企劃書也是一種銷售工具，它不能保證一定能得到付諸執行的機會，但一份完整的企劃書是爭取下一步口頭簡報的前提要件。

　　做為表達及溝通的書面文件，企劃書被賦予說明及說服的功能。「說明」是指撰寫者能清楚、具體且正確地與閱讀者分享內心的知識、概念及立場；「說服」則是撰寫者使閱讀者認同其看法，並採取所建議之行動。曾任公共電視節目部經理的王亞維（2006，公視參訪講義）歸納出企劃書之所以具有「說明」及「說服」兩項能力的原因為：

一、將創意具體化表現

　　創意通常較為抽象，非三言兩語就能解釋清楚。提出創意的企劃人員對該想法可能非常清楚，但其他同事或徵案單位並不一定能完全理解。透過書面文字，企劃人員整理及修正其創意或想法，並完整地呈現於企劃書

中，具體傳遞實踐的方法與可能性。惟有具體化地呈現創意，讓他人理解並給予支持，該企劃才有付諸實踐的可能。

二、提供閱讀者相關議題的必要資訊

企劃書是說明的工具，要能讓閱讀者瞭解到該企劃的必要性、優點、效果、執行方法等相關資訊。一份資訊充足的企劃書除能做為決策者的研判依據外，並可協助釐清問題、瞭解重點，進而增加閱讀者對該企劃議題的興趣與熱忱。

三、系統性呈現人力及物力之規劃

企劃書可以包含無限的想像力，但手上可用的資源往往是有限的。企劃書的另一項功能便是針對資源進行系統性的規劃，先統籌規劃各個階段的任務，並藉由圖表具體呈現人的行動與資源之間的關係，再提出完整且具條理性的執行方法。其目的在於讓閱讀者瞭解人力與物力分配及運用的合理性，進而願意接受及執行該企劃書。

四、有效地控管人力、物力及流程

成功的執行成果所依賴的是事前有系統及完整的規劃。實際執行時應當落實企劃書中所擬定的各項計畫，才能有效率地掌控時間、管控進度與金錢的支出，將各類資源做最有效的應用，免除不必要的浪費並提昇工作效率。若實際執行時，在時間或費用的運用上出現與企劃書中的規劃有極大出入時，則應列舉出差異過大的項目並分析說明可能造成的原因，做為下次規劃類似拍攝工作時的參考。

五、提昇可信度

為了讓企劃書具有說服力，首先必須提昇其可信度，而最好的方式便是正確資料的蒐集、分析以及引用數據。權威性資料或定量資訊可讓企劃書中所提供的建議避免淪為撰寫者的主觀判斷。企劃書中儘量減少使用

「許多」、「經常」、「大部分」等較不具體的形容詞。舉例而言，撰寫製作交友節目企劃書時，為凸顯其必要性時可寫：「根據主計處統計，國人初婚年齡，新郎平均29歲、新娘25.8歲，由此可見國人的初婚平均年齡愈來愈晚……」引用資料時，需註明出處與資料公告時間，類似於學術文章撰寫方式及精神。此外，亦可在企劃書中利用真實的證據或具體的案例，說明提案單位經驗及能力，以增加徵案單位對提案單位的信賴。

🌀 第三節　撰寫企劃書的步驟

撰寫企劃書就如同蓋房子，基本的施工流程是固定，唯有在細節的部分為配合業主（或委託單位）的需求而有所調整。換言之，撰寫企劃書應當有固定的步驟。企劃人員可依個人的習慣建立一套合適的作業流程，如此一來，每次撰寫企劃書時，就不需要為確立執行步驟而苦惱，並可以將更多的注意力放在創意及內容上。以下所列為企劃書的基本撰寫步驟，如同企劃書之骨架，企劃人員可依照此脈絡再參照自身工作經驗增列細節，制定出使工作順暢執行之作業流程。

一、瞭解委託單位（或業主）並進行切題的相關規劃作業

經驗豐富的企劃人員知道，委託單位願意提供經費並准予受託對象著手執行所提出之企劃書，一定是基於受託對象所提送之方案符合該單位之需求。若不夠瞭解委託單位，便無法量身打造符合委託單位獨特需求的客製化企劃書，相對而言，獲得實際執行的機會也將大幅降低。在撰寫企劃書之前，首先要想清楚這一份企劃書是為誰而寫（讀者是誰）、委託單位的需求以及所面臨的問題為何？

企劃人員應盡可能透過多方資料的蒐集，以瞭解委託單位的企業文化、經營方針、走向，以及所處環境的機會與挑戰等。例如：撰寫電視節目企劃書時，便需要瞭解該電視台的特性、技術資源、財力、目前營運及

收視狀況等，才可針對需求及期待著手進行。若有機會與委託單位直接討論，更應仔細聆聽並大量製作筆記；遇到不確定的地方時，則立即釐清問題（Pierce, 2004／陳瑜清譯，2005）。若無法直接接觸到委託單位，外部資料如委託單位的網站、書籍、新聞等資訊的蒐集則要更爲確實。在撰寫影視節目企劃書時，可從該電視台現正播出的節目中，歸納出該台的製作方式、偏好和特色；若爲政府單位的徵案，則可參考該單位網站上公告的過往補助案例或相關內容。

二、設定目標

　　企劃人員爲了達成目標而撰寫企劃書，目標的設定可視爲是企劃的前提。羅馬哲學家暨政治家Lucius Annaeus Seneca曾說：「計畫之所以無法實踐，是因爲缺乏目標（Our plans miscarry because they have no aim）。」大川耕平（1991／蕭志強譯，1994）將「目標設定」定義爲：「一種以文章或數值，具體地表現所應達成目標的作業」（頁75）。

　　目標設定首重正確，錯誤的設定將導致金錢、時間及人力的浪費，實踐的可能性或時效性也將大爲降低。多湖輝（1988／桂冠編輯部譯，1991）指出，模糊及抽象是錯誤目標的兩大特徵。企劃書中若將製作節目之目標訂定爲「必須提昇該時段收視率」，便過於模糊；若寫成「提昇本節目製作品質」，則犯了抽象的錯誤。前者可用量化的方式改善，如「該時段的收視率由0.3提昇至0.5」，後者的抽象目標雖非能以具體數字表達，但可表達的方式如「成爲台灣媒體觀察教育基金會推薦之優質兒少節目」。目標明確後，方能展開後續的規劃，進而能撰寫出精密的企劃書。

　　目標的設定另應兼具可達成性及挑戰性。目標訂得太高，忽略現實條件及實踐的可能性，充其量只能稱爲幻想；目標訂得太低，則無法顯現企劃效果，失去企劃的意義，也缺乏挑戰。過高及過低的目標都將影響執行團隊的工作精神與士氣。因此，在設定目標時，可參考過去經驗及近期市場環境的變化，同時考量公司內部及外部的狀況。例如：在設定新開設節

目之目標收視率時，可藉由分析預定播出頻道目前該時段的收視情形、他台同時段節目收視情形，以及其他同質性或類質性節目之收視情形。

江川朗（1979 / 賴明珠譯，1994）另外補充三項設定目標的原則：(1)不要太貪心；(2)目標間不能存有矛盾；(3)明確表示目標的優先順位。經常造成目標無法完全達成的主因在於目標總類設定過多，導致失去鮮明性。舉例來說，撰寫一份男性、女性、上班族、銀髮族、青少年都喜歡看的電視節目企劃書，看似顧及到所有收視群，然因各族群之特性及喜好均有差異，其實有可能招致每一個階層的觀眾都不滿意的結果。解決的方法，便是聚焦。以前例來說，若能選定及針對某一族群設計節目，較能掌握節目的調性，創意也較易產生。其次，一份企劃書可設有一個以上的目標，但目標之間應避免矛盾。例如：「製作得以提昇影視創作技術及落實創新理念的文化性節目」與「開拓4-14歲年齡層的觀眾群」兩者間便難以並存，必須先擇其一，企劃書的方向才能得以確定。最後，當企劃書設有一個以上的目標時，除了不相互矛盾外，也需排列優先順序，先將主要目標納入考量分析，其次再放入次要目標。

三、蒐集及分析資料

在開始撰寫企劃書、甚至在撰寫的過程中，企劃人員可能會發現到，自己對該領域的知識不足以完成一份完整有深度的企劃書。此時，蒐集資料成為解決該問題的方式。處於一個資訊泛濫的時代，資料來源眾多，但並非所有資料都可以產生用處。該如何蒐集對撰寫企劃書有助益的正確資料，而在資料蒐集完成後，又該如何分析運用？在動手蒐集資料前，企劃人員要先確定目標及目的，才不至於在大量的資料中迷失方向。資料蒐集的範圍除了包括先前所提到的與委託單位相關之資訊外，更重要的是與企劃書內容相關的資料。例如：在製作某位棒球選手的紀錄片時，除需蒐集選手從小到大的資料外，棒球運動本身或是棒球運動在台灣的發展歷史都可納入資料蒐集的範圍。資料除可成為撰寫節目內容的依據，也是擬訂訪談問題最好的參考資訊。

在網路發達的世代，資料蒐集比以往容易許多。透過網路找尋資料固然方便，但可信度卻不如其他印刷媒體如書籍、雜誌、報紙等。除非真的不得不依賴網路資料，建議還是引用政府單位或知名機構（如：A.C. Nielsen、消費者文教基金會等）所提供可信度較高的資訊。透過前述方式所蒐集到的資料皆非直接資料，屬二手資料，是經由第三者加以解釋或修飾後的轉述，資料不一定能完全代表事實，在形態上也可能被改變。田野調查（field study）則是一種可以透過直接觀察和訪談得到一手資料的方法，無論是戲劇類或非戲劇類的影視創作者皆經常使用。兩種資料蒐集的方式各有優缺點。在進入田野調查前，建議企劃人員最好先大量閱讀二手資料，實際田野調查時，才能很快進入狀況，獲得所需的資料。此外，要徹底地蒐集資料，不能只搜尋對自身有利或想看到的資料，而忽略不利或不喜歡的資料，如此一來所彙整的資料便失去其客觀性，甚至造成盲點。

資料蒐集完畢後，仍還需經過詳細的閱讀與分析，才得以發揮參考價值，成為對組織和行動（決策）具有影響力的「情報」（多湖輝，1988／桂冠編輯部譯，1991）。舉例而言，1997年時，魏德聖導演因看到一則原住民在行政院前抗議的新聞，勾起記憶中的霧社事件，接著開始翻閱參考書籍及田野調查，最後拍出電影《賽德克・巴萊》。魏德聖導演看到的新聞、閱讀的書籍以及所進行的田野調查都算是「資料」。之後，魏德聖導演運用「資料」進行劇本撰寫、勘景、製作服裝道具等，「資料」便轉換為「情報」。資料蒐集是企劃人員責無旁貸的工作，但資料蒐集並不只在撰寫企劃書的過程中進行，而是平日不斷的累積。大川耕平（1991／蕭志強譯，1994）強調，資料蒐集是無止境的，企劃人員愈是和資料密集接觸，在撰寫企劃書時，就愈能旁徵博引、得心應手。

四、醞釀創意

假設一份企劃書僅是依照過去曾經執行過的類似案例照本宣科，便稱不上是「企劃」。如同王亞維（2006，公視參訪講義）所言，「別人

已經製作過一百次的節目，不需要再做第一百零一次。」而電視企劃的創意就在於，如何以新的手法及想法在不同類型的節目中詮釋過去、現在及未來的世界。當企劃目標設定，著手進行資料蒐集時，觸發創意成為接下來的挑戰。創意的醞釀是有階段性的，甚至需經歷一段時間。換言之，它不會簡單地出現在眼前。在此過程中，企劃人員需仔細閱讀、消化與主題有直接或間接相關的資料，靈感才有可能就此產生。或者，企劃人員需將原先存於腦海中的已知與蒐集而得的資料加以整合，以做為提供創意的靈感來源。除了透過資料的解析獲得撰寫企劃書所需的創意或靈感外，杜衡（1993）也建議可藉由瞭解社會變化和趨勢，以及觀察周遭人事物尋找創意。好的創意將使企劃書具有獨特性，成為成功的關鍵。創意或靈感的產生絕非無中生有，皆須經過有意識的思考活動及有賴平日的訓練，創意發想的技巧及訓練將在本書的第二章中有更進一步討論。

五、製作企劃書

無論創意多麼獨特，若未能經過整理進而製作為企劃書，便無法達成目的。悴田進一（2003／黃寶瑄譯，2007）建議，撰寫企劃書的過程中，四分之三的時間應留給思考，其餘才是真正製作企劃書的時間。企劃書若在初期架構時思路緊密，後續就無需花費太多的時間在製作上。製作企劃書前，企劃人員須謹慎思考撰寫的方式，也就是如何彙集前兩個階段所得到的資料與創意，經通盤考量後再著手製作企劃書。細野晴義、里田實彥（2004／林冠汾譯，2006）認為，事前的工作完備使製作企劃書變得輕鬆，如同已經完成企劃書了。

經過前述的四個步驟進行資料及創意之擴散與聚焦，接下來就是要訴諸於文字。為能「清楚簡要」地表達，企劃人員可以參考新聞人員的寫作方式，依序回答「誰、什麼、何時、何地、為何以及如何（who, what, when, where, why and how）」，由於企劃與預算密切相關，再加入費用（how much）便成為5W2H。高橋憲行（2009／陳美瑛譯，2011）甚而建議加入wow（令人感動的要素），成為6W2H；洪惠珊（2004）則是在

5W1H的架構下，再加入effect（效果）成為5W1H1E。無論是哪一種概念，都可提供完整的企劃書基本內容架構，也可當作檢核表，檢視撰寫過程中是否將某個環節遺漏。

此外，製作一份企劃書時，除了追求內容上的創意，可行性是另一項考量重點。一個好的創意若不能經由完善的規劃而付諸實行，再好的創意充其量也只能算是一個好想法。一份企劃書如果不能被執行，或是執行結果與之前的規劃大相逕庭時，都算是失敗的企劃書。空談的內容將難以獲得業主的認同，企劃書中完善周詳的計畫才能提供業主執行的想像，等同於執行的可能性。在一次公共電視「紀錄觀點短片展」中，虞戡平導演曾針對72件報名的企劃書做出以下的評語：

> ……其中不乏創意十足的題材。但是創意的發想，並不能保證他的成果。所以，企劃案中除了主題、動機、故事大綱之外，還必須詳盡說明影像及剪輯的風格，以及如何執行的具體方案。可惜的是，幾乎所有的企劃案都流於空泛的創意發想，或草率的執行預算……（公共電視，2006年6月15日，頁1）。

江川朗（1979／賴明珠譯，1994）以數學公式歸納出創意及可行性兩項要素與一份傑出企劃書的關係：

傑出的創意×實現的可能性＝最大的期待效果

六、付諸實行與觀察執行結果

當企劃書完成並通過委託單位或上司核可後，接下來就是進入實行的階段。執行時，以企劃書中的規劃為依循原則，但仍需依時間及外在環境變化有所彈性應變。如果企劃書的執行者與撰寫者是同一人或單位，因熟悉企劃內容，在執行時較能貫徹企劃宗旨及重點；若由其他部門人員配合執行，企劃書撰寫人員則有必要與執行單位確實溝通，不致使一份得之不

易的企劃書在實施階段完全變調，無法達成預期效果（江川朗，1979／賴明珠譯，1994）。再詳盡、完善的企劃書，也無法保證一定可以按部就班地執行，因為「計（企）畫永遠趕不上變化」。執行過程中，隨時查核執行狀況並適度修正調整，除可因應意想不到的困難，亦可避免執行過程中發生變質或未按照企劃書中的規劃進行。良好的執行能力所指的不僅是執行時的實行能力，還包括應變能力。企劃書無論多完善，若是由不具行動能力及應變能力的團隊執行，效果都將打折。洪惠珊（2004）參照江川朗（1979／賴明珠譯，1994）之數學公式呈現方式，加入執行力，將完善的企劃書定義為：

嶄新的創意＋可行的方案＋具說服力的提案＋良好的執行＝好的企劃書

　　企劃書執行結束或告一段落後，企劃人員開始整理、分析與檢討執行經過和結果，並向相關人員提出結案報告，做為日後參考及學習資料。江川朗（1979／賴明珠譯，1994）將此過程稱為「回饋」，並認為愈優秀的企劃人員具備愈強的回饋能力。一份企劃書的執行結束，也代表著開啟另一份企劃書之可能；執行後的反應及處理方式均有可能左右之後與委託單位的合作機會。

　　企劃書的好壞不僅在於體裁、形式、內容、文筆或創意，實行的狀態與結果，才是真正的關鍵（將門文物出版社，1986）。當企劃書被漂亮地印刷出來後，並不代表企劃工作的結束，因為還沒有實踐委託單位所期待的結果，唯有在企劃成功地執行後，才算是真正的告一段落。

第四節　企劃書寫作與編排要點

　　石破天驚的創意和縝密的計畫最後都必須透過文字，才能讓人知曉。為了達成說服委託單位（業主）的目標，首先要讓閱讀者看得懂，撰寫者要建立「看不懂企劃書不會是出資者不專業或刻意刁難，而是撰寫者的問

題」之觀念。「文筆」並非是企劃書是否能被「看得懂」的唯一關鍵，對企劃人員而言，具體表達思考的文字能力，重點在於精簡、邏輯性與具體，而非華麗的辭彙。以下將針對企劃書寫作以及製作企劃書的相關細節提醒。

一、讓人一看就懂的企劃書

首先，避免使用艱深的學理。一些新進的企劃人員為了要展現專業或是想讓業主留下深刻印象，經常在企劃書中過度的炫耀其專業知識或是大量使用行話及術語，造成業主因不熟悉專業用語而無法理解內容，導致提案失敗（洪惠珊，2004）。這種情況也曾發生在電話發明人貝爾（Alexander Bell）爭取各方投資的提案過程中。貝爾便是因為使用過多艱深的術語，讓投資人無法理解電話可能帶來的可觀獲利，甚至於當時拒絕他的投資人之一，文學家馬克・吐溫（Mark Twain）到最後就只能記住提案人貝爾的名字（郭子苓，2011年6月）。在影視節目企劃書中，這種情形經常發生在解釋技術性概念時，企劃人員所抱持的思維應當是：「當我第一次接觸到這個技術時，我會希望別人如何跟我解釋」，並以此做為撰寫準則。Pierce（2004／陳瑜清，2005）認為，企劃書的文字或語氣上不需要像一個專家；扮演一名幫助業主解決問題的朋友，將勝過一名高傲的專家。

二、簡明扼要，避免贅詞

企劃人員的另一項迷思是「以量取勝」，原因同樣是希望閱讀者能對撰寫者的專業知識或是對於其在資料蒐集上所下的苦功，留下深刻印象。殊不知，塞滿了文字的企劃書，不僅無法誘使業主閱讀，還可能造成閱讀上的障礙，田坂廣志（2004／李美惠譯，2007）稱這種企劃書為「太貪心的企劃書」。撰寫者一股腦地把想寫的東西塞到企劃書中，不只沒有整理內容順序，也沒挑出重點，在時間就是金錢的現代社會中，這樣的企劃書只會讓閱讀者感到無聊和精疲力盡。洪惠珊（2004）及楊惠卿

（2008）均建議將企劃書的頁數範圍限定在20頁之內，建立以最少頁數做出最完整企劃書的概念。簡明扼要的企劃書可由「內容」及「文字／句子」兩方面著手。

在內容方面，田坂廣志（2004／李美惠譯，2007）提出「三點式原則」，意指儘量把長串的訊息整理並歸納為三點，藉由簡化的過程找出內容重點及邏輯。這種條列式寫作方式可省去非必要性的內容，並可依邏輯排列次序，不僅比段落編排更易於閱讀，更有助於閱讀者理解與掌握重點。使用條列式寫作有兩點提醒：(1)一個標題所帶出的文字陳述，僅表達一個概念或只說明一件事情；(2)各條列項目應標上號碼，而不是用圓點或星號之類的記號代替。常發生的情況是，企劃人員最後會因為捨不得放棄辛苦找到的參考資料，而想盡辦法將這些詳盡冗長的資訊放到企劃書主文中，長篇大論地讓閱讀者難以掌握企劃書的重點。為了不分散閱讀者的注意力，建議將輔助性資料置於附錄並在正文的句子後加上註腳；閱讀者若有需要或興趣，將可自行參閱附錄內容。

在文字／句子部分，贅字贅詞是造成文句冗長的原因之一。贅字贅詞意指過多不必要或是重複意思的字詞，刪去這些字詞，對文意不會造成影響，甚至使文章整體更通順。口語化寫作技巧應用在企劃書寫作上，將造成語助詞及副詞（「是」、「的」、「那」、「這」、「在」等）氾濫。以「的」為例，過度使用會破壞句子節奏，句中出現三個以上「的」字，可考慮刪除或改寫。例如：「位於我家的巷口的轉角的那一間咖啡店的裝潢很特別」，可簡化為「我家巷口轉角那間咖啡店的裝潢很特別」，連同句子中不必要的冠詞（一間、一個、一種、一項、一份）也可一併省略。連接詞（「雖然」、「但（但是）」、「而（而且）」、「則」、「然後」、「因此」、「所以」、「可是」）也是另一項有可能成為贅詞的詞類。舉例而言，「雖然小選手們都拼盡全力，但是最後仍無緣晉級四強準決賽」，刪掉贅詞後可寫為無損原意的「小選手們都拼盡全力，最後仍無緣晉級四強準決賽」。此外，缺乏自信的贅字，如「好像」、「也許」、「大概」、「可能」、「應該」等也應少用，多以肯定的句子替代，因為

企劃書的目的在於說服他人，缺乏自信或模擬兩可的詞彙將減少說服力。例如：「台灣社會似乎好像很需要這類能夠振奮人心的節目」，應改為「現今台灣社會需要這類振奮人心的節目」。

在一個句子之中，連續使用意思相似的詞彙也可被視為贅詞，表1-2提供一些常見的例子。**粗體字**為兩個相近意思的詞彙，刪去其一並不會改變文意。

表1-2 常見的重複詞彙

避免使用	建議改為	避免使用	建議改為
幾乎快要不能呼吸	快要不能呼吸	**又要再度**挑戰成功	再度挑戰成功
大概幾乎瀕臨絕種	幾乎瀕臨絕種	**非常十分**努力	非常努力
依稀好像記得	依稀記得	**充分十足**的信心	充分的信心
好像似乎是力不從心	似乎是力不從心	**成為變成**一名老師	成為一名老師
必須應該具備的技能	必須具備的技能	**普通平凡**的學生	平凡的學生
應該大概會獲得提名	大概會獲得提名	**稍早之前**的畫面	稍早的畫面
一定必須以誠待人	必須以誠待人	**等於如同**宣判死刑	如同宣判死刑
一定必然堅持到底	必然堅持到底	**也許可能**是場誤會	可能是場誤會
假使如果完成任務	如果完成任務	**隨時立即**回覆	立即回覆

除了連續使用同義詞彙會造成贅詞，一個句子中出現相疊語意也會造成閱讀者的負擔。近年來，台灣新聞記者偏好使用的「做一個○○的動作」、「正在○○當中」、「超過○○人以上」就是常見的例子（12種毒害寫作力的語病，2011年8月）。「做一個確認的動作」其實就是「確認」，「正在」等於「當中」，所以「維修當中」就是「正在維修」。

除了刪去贅字贅詞外，正確使用標點符號及分段也可提昇文章的簡潔性。愈長的句子表示包含的訊息愈多愈複雜，對讀者造成的負擔也就愈大。適時且正確地加入標點符號，可避免句子因冗長而難以閱讀。標點符號不但可做為文句停頓或是換氣的間隙，也是撰寫者表達情緒及語氣的方式，但使用時需注意到其正確性，以免文句的本意被誤解。中文標點符號有15種，正確的使用方式可參考教育部訂定的標點符號手冊。段落過長

與句子過長一樣，會造成閱讀不易。文意轉變之處要另起一個段落，適當的分段將使版面看起來整齊清爽，文章更爲通順，Pierce（2004／陳瑜清譯，2005）建議企劃書中每個段落最好不要超過4-5個句子。簡化文句的另一種方式是讓一句話只陳述一事件或一個概念。若某個概念較爲繁複，一個句子無法說明完整，可以考慮分爲兩句表達：一句描述事件的原因，另一句則陳述結果。

　　撰寫者會以冗長的句子表達一個簡單的概念，除了文字能力外，另外一個原因是心理因素——對內容不具自信。例如：在擬訂目標觀眾時，寫下「20-40歲女性」即可，然而有些撰寫者會寫出「以20-40歲女性最爲適當」，或是「本單位認爲20-40歲女性爲目標觀眾最爲適當，與其涵蓋全體上班族女性，不如以該年齡層的女性爲目標」這類句子，後兩者呈現出不具明確感並缺乏自信。

三、主詞顯著，一目瞭然

　　「主詞顯著性」是中文與英語在句子架構上極大的差異點。一般人在以中文寫作時，時常會不經意地將主詞省略，雖不致於扭曲文意，但卻會降低句子通順度。例如：「台灣社會急遽的轉變，既充滿不確定性，但也提供希望與可能性，於是規劃一系列單元」。句子中的「台灣社會急遽的轉變」並非爲「規劃製作一系列節目單元」的主詞，因此句子的後半部建議改寫爲「於是節目製作單位規劃一系列單元」。再以另一個句子說明，「本節目的籌劃與製作，是反思人類對於大自然的破壞及輕忽，天眞的以爲科技的突破與發展，可以解決所有遭遇的難題。」句子中「認爲科技的突破與發展，將可解決所有遭遇的難題」的主詞應當是「人類」，建議句子切割成兩句並在第二個句子加入主詞。所以可改爲「本節目的籌劃與製作，是反思人類對於大自然的破壞及輕忽。人們天眞的以爲科技的突破與發展，將可解決所有遭遇的難題。」

四、緊密邏輯，增加說服力

　　第三個企劃書寫作的重點為邏輯性。高橋憲行（2001／周幸譯，2008）提出，呈現「因果關係」的寫作方式，有助表達企劃書的邏輯性。悴田進一（2001／黃寶瑄譯，2007）認為，「因果關係」的寫作方式再加入「目的與方法」的說明，除有助於理解外，也能使理由與結論的邏輯緊密，增加說服力。 例如：「由於節目製作成本持續壓縮（原因），節目類型與內容需做進一步調整（結果）。諸多規劃方案中，以準備簡便、錄影時間短的棚內談話性節目最為合適（方法）。」此句子中不只呈現事情的原因和結果，並說明撰寫這份企劃書的理由以及為何要選擇製作這類型節目，有助釐清閱讀者的質疑。在整體架構方面，小泉俊一（1993／于大德譯，1999）強調，企劃書應當避免複雜的邏輯，直線邏輯的「起承轉合」撰寫順序較為合適。田坂廣志（2004／李美惠譯，2007）也推崇依順序直線排列的資訊，易懂易記較能留下長期印象和記憶。高橋憲行（2001／周幸譯，2008）雖同意此一邏輯，但主張可把「合（結論）」的部分放在最開頭的地方，好讓閱讀者一目瞭然。

　　「正確」可讓企劃書更具說服力，除了文字及標點符號運用無誤外，企劃書中所引用的資料、數據的正確性要再三確認，確定沒有誤植或是錯誤記載，並正確無誤陳述資料或數據原意。避免錯誤的最好方式是寫完企劃書後反覆進行校對，中野昭夫（2003／陳惠君譯，2004）認為至少要校對四次，才能有效的減少錯誤，第一、二次著重在文字檢查，第三次留意語意明確，第四次確認流暢易讀。為避免因撰寫者固有的思維及盲點而忽視錯誤，Pierce（2004／陳瑜清譯，2005）建議讓撰寫者之外的人檢視，以達盡善盡美。

　　其他有關企劃書寫作的撰寫要訣還包括：

1. 使用客觀的第三人稱語調，較具專業權威，也更能凸顯企劃書的整體論述，避免使用「我（們）」、「你（們）」、「吾人」、「筆者」等代名詞。

2. 多用肯定的語氣或句子，將使觀點表達更有力，也可減少使用字數（Pierce, 2004 / 陳瑜清譯，2005）。若再輔以數據佐證，將比模稜兩可的句子更具說服力。

3. 整份企劃書中所使用的名詞要一致，避免相同的東西因使用不同的名稱而混淆閱讀者（Pierce, 2004 / 陳瑜清譯，2005）。例如：企劃書中一開始將該節目定位為「綜藝訪談節目」，就不要在企劃書中其他地方稱節目為「軟性訪談節目」。悴田進一（2003 / 黃寶瑄譯，2007）建議，在企劃的最初階段，企劃人員應該製作一份用語統一表，統整出企劃書中的用語。

4. 使用業主（或客戶）的語言，以表示對其之尊重（Pierce, 2004 / 陳瑜清譯，2005）。例如：地方政府在邀標書中稱在電視頻道上播放拓展地方觀光業影片稱為「廣告片」，而非「宣傳片」；建議在企劃書中採用「廣告片」，建立與委託單位間的共通使用語言。

5. 將客戶強調的策略或方針適當地納入企劃書內容中，顯示對他們的瞭解（安田賀計，2002 / 博誌文化譯，2004）。例如：某台強調以「深耕本土放眼國際」為開台精神，為該台撰寫企劃書時，則可將此概念融入並與節目宗旨或特色聯結。

6. 注意年齡層造成的語言代溝。流行用語及網路語言並非每人都能理解，儘量不要使用，以免引起負面效果。

不只文字內容，企劃書的封面製作與版面編排也會影響業主的閱讀意願。封面就像企劃書的臉，決定業主對企劃書的第一印象，設計封面時可依業主喜好（如：企業代表色）或企劃書主題精神和內容屬性為參考依據（洪惠珊，2004）。除封面外，各頁的版面格式需統一（包括：紙張尺寸、留白寬度、字型種類、字體大小、標題位置），若每頁版面配置不同，整份企劃書將顯得雜亂無章。為賦予版面整體統一的感覺，中野昭夫（2003 / 陳惠君譯，2004）建議在排版前，先思考大致的版面模式，並以此為基準進行各頁編排。其次，為了不使塞滿文字的頁面嚇跑閱讀者，

版面不要過度擁擠，每個頁面的上下左右適當的留白，可創造視覺休息及加強可讀性（Pierce, 2004／陳瑜清譯，2005）。避免在頁面上建立一大堵文字牆的另一個方式，就是使用圖表。圖表不僅可以具體說明複雜的內容，還可增加企劃書視覺效果，內容看起來更為豐富。必須注意的是，單以圖表置入企劃書中是不夠的，仍須闡明圖表的意義並與文字清楚搭配。畢竟企劃書是一份以文字內容為主的文件，圖表所扮演的功能是輔佐，在使用上要適度，並依目的選擇符合的圖表。

　　版面編排還包括字型、字體大小。建議使用中規中矩且為電腦內建的新細明體或標楷體，過於花俏的字體易造成閱讀困難及重點混淆（洪惠珊，2004）。企劃書中以採用一種字體為原則，若一定要在企劃書中使用不同字體，以2-3種為限（高橋憲行，2001／周幸譯，2008；齊藤誠，2002／楊雅清譯，2004）。字體則可採12-14號，標題可用較內文稍大的字體或以粗體、底線凸顯。若有特別強調的部分，還可運用顏色標示重點，或是改換、放大字體。最後，為整份企劃書編上頁碼，在討論或口頭簡報時，方便閱讀者進行參照，可依頁碼迅速翻閱至所需內容。

　　無論是撰寫何種類型文件，均會因為目的而產生特定的寫作規則（形式），企劃書也不例外。企劃書是為了達到說服的目的而撰寫的文件，若無法被閱讀者理解，便失去其存在價值及意義。正確的文字、圖表、照片等視覺要素運用及版面配置技巧，皆有助閱讀者理解內容及掌握重點。上述所提及的企劃書寫作技巧重點皆是一些基本要點，某些部分只要稍加留意就可以做到。與任何寫作相同，即使充分瞭解撰寫企劃書的原則，還是需要練習和實際經驗，才有可能將知識轉化為技術。

🕷 第五節　企劃人員的工作內容與條件能力

　　現今許多公司都設有企劃部門，或是在各部門當中聘僱企劃人員。基於各公司規模和性質的不同，因此在企劃人員的編制上或工作內容不盡相

同。郭泰（2001）將企劃工作劃分為企業策略規劃與一般性兩類。前者扮演的角色類似於企業的智囊團，工作內容為設定企業發展主軸及方向，所撰寫的企劃書以制定企業短、中、長程發展目標為主，實際執行時則需要企業中各單位配合，屬於長期性規劃工作。一般人認知的企劃工作屬於後者，多為短期任務型，成果立即可見，所牽涉的企業內部橫向合作也較少。相較於企業策略規劃，一般性企劃的目標及目的多半早已訂定，因此思考重點在於「如何達成目標」。例如：當電視台的企業策略規劃之一是「開拓年輕觀眾族群」時，一般性的企劃就是思考「應當製作什麼樣的節目才能吸引年輕族群觀眾」。

綜整2012年6-7月間各人力銀行「節目企劃」、「節目企劃執行」、「節目企劃助理」徵才相關訊息，影視節目企劃人員的職務說明／工作內容及條件大致如表1-3所列：

表1-3 影視節目企劃人員工作及條件描述

職務說明／工作內容	個性／條件	專業技能
公開徵案的提案及統籌	富有創意	多媒體相關軟體操作（Final Cut Pro, Adobe Premiere, Flash, After Effects, EDIUS等）
撰寫企劃書	獨立思考	熟Nicrosoft Office軟體
節目／單元／錄影議題發想	擅溝通表達	熟悉節目製作拍攝流程
腳本編寫	熱情／高度熱忱	提案與簡報技巧
文案撰寫	個性活潑開朗、外向	獨立節目企劃與執行
工作訪談／田野調查	喜與人接觸	撰寫文案／腳本／企劃書
Rundown編排	負責	
來賓邀約、聯繫及接待	有耐心、毅力	
統籌錄影現場	不怕吃苦	
節目溝通協調	可接受長時間工作	
節目錄製盯場	自我要求高	
外景跟拍與聯繫	勇於接受挑戰	
掌握節目製作各環節進度	積極	
後製剪輯盯剪	反應快	

（續）

職務說明／工作內容	個性／條件	專業技能
公司業務開發（節目置入）	抗壓性高	
異業合作規劃與執行	細心	

在製作流程中的每一個階段，影視節目企劃人員的作業內容都不盡相同，運用的技能也有所不同。除了拍攝期及後製期所需的影視專業技能外，一般的技能與其他企劃人員有很大的共通性，包括觀察感知力、問題分析力、資料蒐集力、感性創造力、資源整合力、企劃撰寫力、提案溝通力以及執行管理力（Career雜誌編輯部，2007）。

一、觀察感知力

觀察力意指能看穿事物表面，進而看到事物本質的能力（蔣敬祖、流川美加、朱玉紅，2007），也就是嗅出他人尚未察覺的趨勢及需求。企劃人員觀察的對象不只是市場趨勢，還要包括社會脈動及生活中看似平凡無奇的小事。例如：當企劃人員觀察到愈來愈多的年輕人因網路而晚睡，推測觀看電視的時間也可能隨之拉長、延後，將以年輕族群為目標觀眾的節目安排於晚間10點或11點首播。或者，當企劃人員觀察到台灣高齡化的社會結構，以及現代人對於身體保健的重視，於是推出健康與健身類型的節目。企劃的發想及創意經常來自生活中的細微觀察和感受。本書第二章中將進一步說明如何提昇觀察力。

二、問題分析力

企劃書的作用在於解決問題，但在思考如何解決問題的過程中，往往會發現更多的問題。發現問題、分析問題及解決問題在企劃過程中，將不斷地循環發生，因為問題通常是由多重原因造成，企劃人員從資料中，以邏輯思考的方式分析因果關係，才能界定主要問題所在、瞭解問題的本質，進而找出最合適之解決方式。

三、資料蒐集力

在企劃書製作的過程中，資料不斷地被選擇、蒐集、分析並運用，製作企劃書幾乎可和資料處理畫上等號（中野昭夫，2003／陳惠君譯，2004）。網路降低蒐集資料的難度，但在面對不虞匱乏的資料及情報時，要知道如何篩選有用、重要且可信的資料並恰當地運用在企劃書中。資料蒐集對企劃品質的好壞有著決定性的影響，本書將於第二章第五節及第三章中進一步說明如何有效地蒐集資料。

四、感性創造力

創造力意指跳脫舊有的思維及限制，創造出令人意想不到的構想（洪惠珊，2004），也是一般所稱的「創意」。缺少創意的企劃只是一種計畫，但無法執行的創意只能算是夢想。如同詹宏志（1996）所言，創意必須和實踐緊密結合，才有可能發生利益。由於競爭者眾、觀眾選擇多，李秀美（1997）認為，影視節目企劃工作最大的挑戰來自於創意，惟有創新的方式才得以吸引觀眾，進而留住觀眾的目光。有關創意與影視節目製作的關係，以及如何讓自己成為一個較具創意的人，將在本書第二章中詳細說明。

五、資源整合力

由於絕大部分的公司可提供企劃人員使用的資源（如：人力、經費、時間、設備、技術等）是有限的，企劃人員要知道如何有效地整合、管理、運用各項資源，才能發揮一加一大於二的效果（蔣敬祖、流川美加、朱玉紅，2007）。

六、企劃撰寫力

企劃人員不僅要能提供創意，還要將創意整理為企劃書爭取委託單位的認同與支持。為達成此目的，企劃人員必須具備企劃撰寫能力。企劃書

是使用文字進行說服的書面溝通工具，撰寫的三大要訣是「易讀易懂、簡潔及具體」。

七、提案溝通力

提案是將企劃書內容以口語方式呈現，目的在於使聽眾接收到正確的訊息，進而做出符合提案者期望的決定及反應（熊東亮、陳世晉、楊雅棠、楊豐松，2006）。本書第十章將特別針對提案簡報做詳細說明。

八、執行管理力

執行力是將企劃書中的內容付諸實施的能力，可顯示出企劃書中擬定的目標與計畫貫徹的程度。影視節目製作常因實際需求或外部環境因素的變動而改變原有規劃，如因天候調動拍攝進度、因創意轉變或觀眾反應改變劇情走向、增減集數等。製作流程充滿動態，如何在合理的時間與預算下完成拍攝製作，與能否落實企劃書中各項資源規劃之控管，以及突發狀況時的應變能力有密切相關。

針對影視節目企劃人員所應具備的能力或特質上，王亞維（2006，公視參訪講義）另提出三點建議。首先是遠見與品味（vision and taste）；由於工作的特殊性，影視節目企劃有責任傳遞對社會及生命的尊重與關心，而非挑撥與自私自利。其次，企劃人員需培養畫面與聲音的概念（thinking is quality picture and sound）。台灣地區影視節目企劃人員多為文字工作者，不一定具有影像概念，因此所撰寫的企劃書缺乏畫面想像。在撰寫時，企劃人員應初步勾勒出畫面以及如何搭配聲音，唯有如此，節目才得以落實於音畫的基礎。第三，電視企劃人員要多思索如何引人入勝的表現方法（thinking in intriguing）。此外，影視節目企劃人員經常被定位為動腦的人，但對拍攝及後製器材設備也應當有所瞭解，才可以知道創意能被發揮的程度，成功地擔任業主及拍攝團隊的溝通橋樑。

隨著消費市場競爭日趨激烈、數位拍攝器材和影音剪輯後製軟體平民

化、以及網路成為最普及的資訊傳遞媒介後，政府單位及私人機構為打造形象或強調企業特色而拍攝的行銷宣傳用途影片，也逐漸成為傳播公司的業務項目之一。影視節目企劃人員所面對的提案對象不再只是電視台或是文化部影視及流行音樂產業局[1]，而是各行各業，拍攝內容也日趨多元。影視節目企劃人員需具有比以往更強烈的求知慾，對任何事情保持高度好奇心，除了業界知識，各項常識也都要有相當涉獵，累積未來撰寫企劃的知識能量。楊惠卿（2008）形容：「企劃人員雖然不是百科全書，但是，起碼要是全才的基礎班」（頁118）。

　　上述的各項能力都可藉由經驗的累積及後天的培養及學習獲得，多聽、多說、多看、多寫是企劃人員提昇自我的不二法門。企劃人員在嘔心瀝血完成企劃書之後，都會覺得它是無懈可擊的，但也因為過度的投入而產生盲點。在討論的過程中以及簡報時，企劃人員會獲得各方的意見、建議及批評。建議企劃人員豎起耳朵多聽取他人的想法，審視企劃書有無可以改進之處，即使這次企劃書沒能獲得採用，所聽到的意見也可做為下次撰寫企劃書的參考。

　　許多企劃人員對於撰寫企劃案胸有成竹，一聽到口頭簡報卻心驚膽跳，但企劃人員通常必須擅寫能說。多練習、多做簡報是提昇公眾表達能力最佳方法。「多說」可使得表達技巧習慣成自然，形成個人簡報演講風格。「多說」還包括與業主及內部相關配合部門的充分溝通，可避免誤會、衝突及不必要的資源浪費，讓執行更順暢。此外，對於不瞭解的事不要害怕開口詢問前輩、同事或任何其他領域專家的意見，若不開口，永遠得不到想知道的答案。「多看」則包括閱讀書籍雜誌、觀看電影、電視、展演及多參加演講並吸收專業人士的精華及經驗，都有助掌握趨勢、增加知識。留心觀察周遭的人事物，有助靈感的發掘；觀察同儕或競爭對手，模仿學習工作的細節及更具效率的做事方法。與其熟讀企劃書撰寫的方

1　配合行政院組織調整，新聞局於2012年5月20日裁撤，原行政院新聞局所屬相關廣播電視產業、電影產業業務轉由文化部影視及流行音樂產業局接手處理。

法，不如經常練習，提筆完成過幾份企劃書之後，可大致瞭解企劃書應具備的架構及格式，但簡潔凝鍊的文字表達及引人入勝的寫作技巧，則需由不斷的挫折和經驗累積中獲得。

　　初學者不可能亦不應該奢求閱讀完一本有關企劃書的書籍，便可成為撰寫企劃書的高手，或是在實踐運作時毫無障礙。市面上指導撰寫企劃書的相關書籍，包括本書，所能提供的多為概念、撰寫企劃書的基本架構與流程。重要的是必須要付諸實踐，就如同減肥──「少吃多動」是大家耳熟能詳的法則，真正的挑戰在於如何身體力行。千萬不要因為企劃書不被採納或執行過程中受挫而失去信心，挫折是每個企劃人共同的經驗，惟有不斷的練習以及由錯誤、失敗中學習，才有機會成為一名優秀的企劃人員。

第 2 章 ▶▶▶
創意與靈感

　　傳播媒體業是一項以創意獲取觀眾肯定的工作，每位參與其中的工作人員都知道創意的重要性，也都希望能擁有創意，更期待自己有一天能做出具有創意的作品，爲閱聽眾所津津樂道。流行音樂界的方文山、廣告界的孫大偉、出版界的郝廣才、電視界的王偉忠、以及劇場界的李國修，都是因爲創意而成爲該領域的佼佼者。創意到底是什麼？它是一種潛在的心理能力（mental abilities）抑或是能夠被客觀評定的社會產物（social products）（邱皓政，2005），還是有其他不同的觀點？

　　由於創意是一項跨領域的能力，對於前述問題，各領域的大師和學者所給的答案不盡相同。此外，眾人更關心的是：要如何才能獲得創意？各界專家提供了上百種的創意思考技法，或是一些被公認爲有創意的人，亦到處演講分享自身的創意發想經驗和觀點。然而，因每一種技法和經驗都有其適用之情境及文化，他人的經驗並無法絕對地被複製或移植。本章將從創意的定義開始著手，並分析創意與台灣電視創作間的關聯性，最後再提供數種有助於創意思考之技法及生活習慣。

✸ 第一節　創意的定義及概論

　　世界各主要國家將「創意產業」評估為二十一世紀最具發展潛力的產業，台灣政府也不落人後，2002年由行政院所提出的「挑戰2008：國家發展重點計劃」中，正式將文化創意產業納入國家發展重點工作。英國創意產業之父John Howkins（2002／李璞良譯，2003）視創意為競爭力，並且認為全球核心的創意經濟產值已達2.9兆美元，各個國家並以5%至15%不等的速度成長。而媒體產業更是創意經濟當中的核心產業之一，並以驚人的速度成長。2009年，行政院通過「創意台灣—文化創意產業發展方案」，電視及電影產業被列為「六大旗艦計畫」之中，新聞局曾就媒體產業進行優劣勢及國際競爭力分析，認為台灣電視內容及電影具文化輸出能量，並在華語市場具備競爭優勢者，政府將採取重點性、策略性且計畫性地扶植推動。在全球化激烈競爭下，創意成為各行業冀望成長與翻身的法寶，搖身一變成為這年代最講究的概念，不再只是藝術或設計領域的專利。

　　創意是一個眾所周知的詞彙，但是要對創意做出描述與定義並非易事。賴聲川（2006）指出，嘗試為創意做出定義，這件事本身就有違創意的精神，但為了後續的分析、討論，又不得不做出定義。廣告名人孫大偉也持用相同的看法，「任何企圖研究創意的人，都是沒有創意的人」（陳文玲，2006，頁30）。然而文化評論者南方朔卻有不同的觀點，認為談論創意這件事本身就是創意（李欣頻，2007）。光是定義創意這件事就可以產生截然不同的見解，由此可知，創意的多樣性，給予不同領域的人不同的想像及體悟。

　　「Creativity」（創意）源於「create」（創造）一詞。根據《韋氏第三版新國際英語詞典》解釋，「create」具有「引入存在」（the ability to bring something new into existence）之意，並兼具無中生有（make out of nothing）及首創（for the first time）性質。因翻譯的不同，「creativity」有時也被稱為「創造」或「創造力」。丁佩玉（2002）認為，心理及教

育領域偏好採用「創造力」；由於傳播及廣告領域則慣用「創意」，因此，本書將遵循傳播領域的慣例，使用「創意」一詞。張世彗（2003）認為「創造」及「創造力」的中文意涵代表著截然不同的意思，並試圖在兩者間做出區隔，於是將「創造」解釋為促成某些事物新穎或獨特，「創造力」則定義為一種新穎或獨創的能力。另一個經常與「創意」混淆的詞彙則是「創新」（innovation），是由經濟學者Schumpeter於1912年首度提出，並將其定義為把各種生產要素加以新組合，所創造的一種新的生產函數（Schumpeter, 1934／何畏、易家詳譯，2005）。英國創意產業權威John Howkins認為，創意是個人的、主觀的點子，相對的，創新則是客觀的、經團體努力後的成果，所以創意常導致創新，但是創新極少帶來創意（鄭秋霜，2007年4月28日）。

　　創意牽涉的範圍甚廣，各領域學者關心重點不同，所持觀點與解釋相異，因此陳文玲（2006）稱創意為一個論述分歧、難以定義的概念。顏師古注：「創，始造之也」，意即前所未見。若依據此定義，造出一團前所未有的混亂是否也可以稱為創意？創新思維教學領域權威Edward de Bono解釋，一團前所未有的混亂的確符合創意最簡單的定義層次，然而卻缺乏創意所需的進一步精神——「創造價值」（Lotherington, 2007／劉盈君譯，2008）。因此，創意所指的不只是一項新事物、新想法、新觀念、新作為或新點子的創造過程，最重要的是，它必須是特別、具原創以及有意義。Thompson（1992／林碧翠、楊幼蘭譯，1993）將創意定義為，在同一個事物上看出別人看不到的東西。創意也可被視為一種意念、想法或思考模式，是人類文化中的一部分，代表著人們期望突破傳統的意圖。張春興（1991）主張創意是在困境中為求解決問題而產生的想法，是一種企圖突破舊有經驗限制、以目的為導向的思考過程。因此，創意不當只被狹隘地看待為創造新事物或新想法，即便是找出某一問題的解決方法，也可被視為是創意。

　　雖然創意無論是對個人或企業體的成功均具有決定性影響，但卻沒有人能具體的告訴世人要如何獲得創意。坊間與創意相關的書籍、課程或工

作坊所能提供的多爲創意思考訓練的方式、技巧或激發創意的步驟，但並不能保證學會這些方法後就一定能擁有創意。原因在於，這類技巧必須透過反覆練習，進而熟能生巧成爲慣性，光知道原理與方法充其量只稱得上是紙上談兵。創意的難以掌握就如賴聲川（2006）所言，「創意是人類最嚮往的一種能力，但我們卻不瞭解它，也不知道如何才能擁有它」（頁29）。

有人認爲創意是可見但不可及的天賦，也有人提出創意是可以藉由後天學習而得之。「天才理論」堅信創意是老天的賞賜，那些被老天恩寵的創意天才，輕輕鬆鬆就可位居人類發展歷史上重要的創意發想者，例如：蘋果電腦共同創辦人之一的Steve Jobs。但畢竟這類天才爲數不多，大部分的凡夫俗子只能學習累積創意能量的方法，期待創意的到來。Lotherington（2007／劉盈君，2008）視創意爲一種行爲，由於世上所有的行爲皆可透過學習而得，以此推論，創意理當也可藉由學習而獲得。

前美國智威湯遜（J. Walter Thompson）公關廣告公司創意主任James Webb Young（1988／許晉福譯，2009）在《創意的生成》（*A technique for producing ideas*）一書中曾引用古代船員在一望無際的汪洋中突然看見環礁出現的故事，說明創意的發生歷程，亦稱爲「魔島理論」。船員們所謂無中生有的魔島，在科學家們的眼中其實是許多珊瑚在海中積年累月堆積成長而來，絕非船員以爲的突然出現。將魔島概念引伸到創意的產生上：創意的發生，表面上好似魔島的出現般毫無預警，事實上，創意是經過長時間蘊釀而成的成果。問題是，該如何累積？廣告大師Carl Ally的一席話，可以爲上述的問答提供一個初步解答：

> 創意人員總希望自己什麼都知道，他會想涉獵各種各樣不同的事物：古代史、十九世紀數學、現代製造技術、花藝、甚至是豬隻的期貨市場。他永遠不知道何時這些想法會聚集成一個新的想法，可能是六分鐘後，也有可能是六年以後，但創意人員有信念，相信它就是會發生（Oech, 1998／范文毅譯，2004，頁

15）。

　　Wallas（1926）主張創意的產生始於興趣，賴聲川（2006）則認爲創意源自生活直接的需求，創意存於生活之中，是人人皆可能具備的思考能力，並非特定人的專有權力。但爲何某些人特別容易產生創意呢？依人格特質分析，較具創意的人通常具備觀察力、記憶力、思維力及想像力四種能力（黃天中、洪英正，1994），陳文玲（2006）解釋，觀察力和記憶力與建構及維繫創意資料庫相關，思維力及想像力則是與運用／顚覆資料庫內容相關。Amabile（1983）提出影響個人創意的三項核心要素：「領域相關技術」（domain-relevant skills）、「創意相關技術」（creativity-relevant skills）以及「任務動機」（task motivation）。

　　一、「領域相關技術」包括專業知識、特殊技術及才能，取決於既有的認知及感知能力，並可藉由正式與非正式教育管道獲得。對電視節目企劃人員來說，此類技術可以是文字表達能力、畫面構思能力等。

　　二、「創意相關技術」包括合適的認知風格、產生新點子的內隱或外顯思考技能。此類技術受到訓練、過往創意發想經驗以及人格特質的影響。

　　三、「任務動機」是指對工作的態度、看法及認知，取決於對於工作的最初內在動機、社會環境中是否有明顯的外在限制，以及個人縮減外在限制所可能帶來的負面影響的認知能力。

　　高珮娟（2009）認爲Amabile（1983）雖充分說明創意來源的組成，卻忽略外部環境的可能影響，因此加入「過去生命經驗」及「當下社會環境」（包括：產業環境、工作環境、家庭環境、文化環境等），做爲影響個人創意產生的五項要素。此一概念與王偉忠所認爲「創意會與創作者的生長環境、天分及所學相關」（王偉忠、陳志鴻，2009）的想法不謀而合。

　　創意是人類一種自然潛能，但形成過程可看成是一項依階段規劃而成

的工程。Young（1988／許晉福譯，2009），甚至形容生產創意的過程如同汽車的製程一樣明確，存有一套可以被學習，可以被控制的運作技巧。各學者所提出的創意生成過程頗為相近，大多依循Wallas（1926）的概念，將創意累積過程具體的區分為四個階段：

一、準備期（Preparation）

藉由各種方式蒐集累積資料再加以消化、分析並整理，為創作做準備。這類資料包括特定知識，以及對日常生活事物的整體概念。在資訊充斥的現在，瞭解並熟悉蒐集資訊的方法已成為企劃工作者的第一項功課。Young（1988／許晉福譯，2009）建議企劃人員須先完整地去感受所蒐集到的資料，嘗試以不同的角度看待它們，再試著找出其中的意義與彼此間的關聯性。（有關資料蒐集部分請參考本章第五節）

二、醞釀期（Incubation）

消化所得的資訊及經驗後，期望從反覆思考中得到解答。經歷此一階段時，企劃人員可能會感受到挫折，因為有時即便腸枯思竭也不得其解。表面上看似創意的產生受阻毫無進展，但思維活動在潛意識中依舊進行著，可能是發呆、冥想或作夢等，創意工作可能就在這無意識的狀態之協助下，進入下一階段。

三、開竅期（Illumination）

在經歷類似培育的過程後，心智能量激增，解決方案或可能解決的方向突然興起，加州大學研究科學問題專家Rubinstein稱之為靈感（Foster, 1996／吳國卿譯，2006）。靈感是經常伴隨著創意的另一個名詞，如果創意是看到一個新想法的過程，靈感就是看到的那瞬間。最著名的例子就是在浴盆中想到浮體比重原理的阿基米德以及被蘋果敲出萬有引力的牛頓。兩人在之前都經歷長時間的醞釀期，經過反覆的思考推敲，最終在看似微不足道的外因刺激下，靈光乍現。

四、驗證期（Verification）

　　創意在此一階段將被帶進入現實生活，驗證是否有效。前三個階段完成後，因為缺乏實用價值，並不代表太多實質意義。有創意而沒執行等同於沒有創意，唯有經過驗證後的創意才可以證明它的價值。「害怕被拒絕」是大部分發想者放棄進入驗證期的原因，因此「勇氣」是創意人需具備的另一項重要人格特質。

✺ 第二節　創意與電視節目製作

　　電視媒體做為充斥於日常環境的藝術創作形式，如同其他藝術創作都需要創意，一個沒有創意的電視節目等同於重複執行他人的節目企劃案。尋找、蘊釀及發展創意是電視節目企劃人員工作的首項任務，其次則為思索如何將其轉化為引人入勝的實際節目內容。然而，創意的抽象及難以掌握卻成為企劃人員面臨最大的挑戰。電視媒體本身性質及競爭環境與同為影像創作的電影有極大的區隔，在創意需求的方向及數量上也有所不同。電視每天或是每週於固定時間播出，節目需求量大，在消耗創意上毫不留情。日本動畫大師宮崎駿就直言，電視像個大怪獸，需要不停的餵食，但怪獸總是吃不飽，總得一直餵（李紅平，2009）。曾企劃【料理鐵人】[1]的小山薰堂（2009／歐凱寧譯，2010）則以一世情比喻電影、一夜情比喻電視；因為電視媒體重視一瞬間的快樂，且受到收視率的牽制，致使電視節目製作團隊要不斷的思考──「怎麼樣讓觀眾不轉台」（頁68）。

　　在台灣，大部分的電視節目在創意上的表現明顯不足，經常一窩蜂抄

---

[1]　富士電視台於1993年10月至1999年9月間製播的烹飪節目，播出集數超過300集。每集安排1位挑戰者與節目中固定的3位（後期變成4位）鐵廚中的1位，按照主持人指定的材料進行烹煮比賽，再由評審品嚐決定勝負。節目播出後受到日本及其他國家，包括美國的歡迎。

襲日本及美國成功的電視節目，或是當前國內高收視率節目的型態。黎智英曾在CNN專訪中表示，在他眼中台灣電視節目最大的問題在於缺乏創意，也就是很無聊（boring）（Rao, 2009）。在台灣，過多的有線電視頻道直接壓縮了製作經費、製作時程，以及醞釀創意所需的時間，直接套用國外成功節目的模式，則可省下創意構思所需要的人力、時間及金錢，進而成爲許多節目的製作思維。Amabile（1988）曾列出9項妨礙創意的環境因素，資源不足便爲其中之一。

2009年11月，由沈玉琳製作、中華電視台播出的綜藝節目【平民大富翁】，因爲參考國外著名益智節目【Deal or No Deal】[2]，接獲該節目製作公司委託律師發函，主張【平民大富翁】涉及抄襲及侵害著作權（蔡妤閒，2009年11月14日）。爲求節目得以繼續播出，【平民大富翁】製作單位與Endemol荷蘭總公司達成協議，支付節目製播授權金及節目之前已播出部分的賠償金（陳珮伶，2009年11月21日）。不論是觀眾批評聲浪或法律層面，這些層出不窮的實例凸顯出近年來台灣電視節目缺乏創意的事實。

日本富士電視台國際部副理高橋智慧認爲，該台近年來海外銷售成績出色，所仰賴的就是「獨創的內容」。原創的節目使得電視台不只可以銷售節目的「海外播映權」，連帶的還有「重新拍攝權」及「腳本銷售權」（蕭裕民，2009）。台灣電視市場規模有限，結構上呈現完全競爭情勢，獲利甚低，拓展海外市場，成爲電視產業生存的關鍵。其實，台灣各家電視台可將富士電視台「重複銷售」概念帶入製作流程，把節目製作

2　荷蘭的電視遊戲節目，由Endemol公司製作。遊戲者隨機從26個箱子裡挑選一個，每一個箱子中有一個標有金額的標籤，從1分錢到100萬美元。遊戲者先選一個屬於自己的箱子，然後陸續打開其他箱子。遊戲中設有一名Banker，不使挑戰者拿到高額獎金是其功能，所以會根據挑戰者剩下的箱子，提出交換條件，買下挑戰者手上的箱子。挑戰者可選擇拿走交換條件提供的金額而放棄手中的箱子或繼續玩下去。如果不願意交換，最後遊戲者手上箱子標示的金額數，便歸遊戲者所有。官方網站http://www.nbc.com/Deal_or_No_Deal/。

的重心回歸到創意，藉由內容本身創造更多來源的收入。台灣電視產業必須進入創意時代，才能紓解電視台之經營困境，但接下來的問題是，如何製作有創意的節目？

一、發現觀衆的需求

Eastman及Ferguson（2002）把「瞭解閱聽人」視爲製作節目最重要的考量。Lotherington（2007／劉盈君譯，2008）認爲很多創意的產生在於需求與解決現有問題，此一觀點類似於王偉忠所強調的節目創意從「發現別人（觀衆）的需求」爲開端（瞿欣怡，2007年6月）的概念。【食尚玩家】兩位製作人將自己當成觀衆，找出顧客的需求，所以能比其他同型態的節目發現更多的美食旅遊景點（陳怡伶，2007年7月）。

以曾在台灣播出並廣受歡迎及好評的節目爲例，日本朝日電視台所製作的【全能住宅改造王】[3]便是解決各類房子及空間的問題及滿足觀衆對翻修房子所需相關常識的需求；英國第四頻道（Channel 4）2005年播出的【校園主廚奧利佛】（Jamie's School Dinner）[4]則是藉由英國知名年輕廚師Jamie Oliver的廚藝，解決英國人民詬病的學校營養午餐問題。當節目可以反映或解決一般社會大衆平凡生活中的困擾時，便可以很自然地提昇觀衆收視黏著度。爲了能發掘環境中存在的問題，電視節目企劃人員應當對生活中的人事物保持敏感度，每一個小細節都有可能成爲節目的題材。創意再不單純的只有「新」而已，還包括「感動」，以及小山薰堂（2009／歐凱寧譯，2010）一再強調的——「讓人幸福」的要素。

---

[3] 2006年3月19日開始於日本朝日電視台（TV Asahi Corporation）播出，播出時間爲每星期天晚上8:00。節目內容爲日本專業建築設計專家們，針對各式各樣觀衆的家庭住宅翻修需求進行大改造，變身成爲兼具美觀及實用的住宅空間。官方網站（http://asahi.co.jp/beforeafter/）。

[4] 4集長度的紀錄片，自2005年2月23日至3月16日於英國第四頻道（Channel 4）播出。官方網站（http://www.jamieoliver.com/school-dinners）。

二、表達獨到的觀點

發現觀眾需求只是尋求創意的開端，但並不足以讓一個節目具備創意。某些企劃人員知道的事很多，但欠缺以新的角度思考及表達與眾不同的觀點。同樣的題材，會因為切入觀點不同，產生不同結果。創意，有時候只是用不同的觀點看一個既有的人事物，因為觀點是新的，所以就具有獨特性。公共電視企編巫知諭以自身經驗，說明「觀點」如何可讓一份企劃書脫穎而出：

> 之前做過一個有關馬偕牧師（Rev. George Leslie Mackay）的案子，他的生平大家都耳熟能詳。我就在想，我要怎麼讓人覺得我提的案子和其他人不一樣，所以我就從他太太的觀點來看馬偕牧師。很多人把馬偕牧師神化了，但對他太太來說，馬偕一定不是一個神（巫知諭，摘自訪談記錄，2010）。

另以【料理鐵人】為例，當初企劃這個節目，是因為小山薰堂本身喜好料理；再者，發現其他電視台的料理節目，都針對料理本身，而非製作料理的「人」，小山薰堂（2009／歐凱寧譯，2010）覺得可以讓「廚師」成為節目重心，因此創造出一個讓廚師彼此競賽的節目。

在台灣這個國土面積並不算大的地方，很多的題材都已經被拍攝過了，但是企劃人員若能找到更具特色、更具話題性的角度切入，即便是已被拍攝得陳腔濫調的主題，一樣也能產生讓觀眾眼睛為之一亮的創意。舉例而言，旅遊節目充斥於台灣各大頻道之中，旅遊生活頻道（Travel & Living）播出的【瘋台灣】便試圖以不同角度，以「人」做為介紹地方的切入點。例如在拍攝一般人早已耳熟能詳的「草嶺古道」時，請收拾垃圾的阿嬤以「清潔者」的角度介紹（謝其濬，2007），並選用一名國外長大的台灣人—Janet（謝怡芬）為主持人，便是希望能以她特殊的觀點發現台灣之美。JET日本台的【瀨上剛in台灣】，則是以日本人的觀點介紹

台灣，有異曲同工之意。

三、市場考量

在此所指的市場考量並非為收視率，而是指電視節目企劃人員對流行資訊與社會脈動的掌握，並不斷地詢問自己「市場上還缺少什麼樣的節目」。企劃人員可針對兩個方向思考：

（一）市場的流行

流行文化代表當時社會的話題、看法與感覺，表面上是由傳播媒介塑造並傳播，實際上是由社會大眾與媒體間的互動而產生。這其實就是社會大眾影響傳播媒介，傳播媒介再影響社會大眾的迴圈循環。企劃人員需掌握社會脈動，只是才有機會扮演引領流行的角色，或成為社會趨勢的第一線工作者，而非流行的追逐者。以台灣公共電視的節目為例，雖然節目品質保有一定水準，但在某些層面來說，卻是與社會脈動脫節，也因為缺乏特色，較難引起觀眾共鳴及帶領風潮（巫知諭，2009）。

（二）市場的機會

市場上永遠存有尚未被滿足或完全被滿足的需求，有的很明顯，可一眼被看見；有的則需要花時間認真、慢慢地將它挖掘出來。而具有創意的企劃人員就是能在既有的市場中，發現新的可能性（李翠卿，2004）。

第三節　尋求創意構想的技法

創意很少是可以憑空想像而來，通常都有脈絡可循，而既存於現實的事物則是創意最好的開端。很多的創意是將舊有的東西／概念加以改變或重新組合，使其外型或功能與舊有物有所區隔。許多專家學者以此概念定義創意，Young（1988／許晉福譯，2009）把創意視為「舊元素的新結合」（頁20）；詹宏志（1998）認為「創意就是把兩個不相干的事物組合在一起」（頁38）；廣告大師Leo Burnett（1998，／滾石文化譯，

1997）指出「創意就是用新方法來連結組合舊事物」；經濟學者Rosabeth Moss Kanter形容「創意就像用萬花筒看世界。你看見一組元素，就跟大家看到的一樣，但重新組合這些漂浮的片段，就會變成一個全新且誘人的機會。（Creativity is a lot like looking at the world through a kaleidoscope. You look at a set of elements, the same ones everyone else sees, but then reassemble those floating bits and pieces into an enticing new possibility.）」。不論是舊元素或是不相干的事物，重要的是如何讓它們產生新而有意義的關聯。唯有具備連結與組合能力的企劃人員，才有機會讓「舊」變為「新」、讓「平凡」轉換為「不凡」。以下簡單介紹幾種靠舊東西／概念產生新創意的方法，並以電視節目實例應證說明。

一、組合法／結合法

將兩個或兩個以上分立的事物或是抽象的概念，透過巧妙的結合或重組，產生具有新意的新產品或新概念便稱為組合。設計大師姚仁祿認為，創意的修練就是練習把兩個不相關的東西放在一起思考，不斷嘗試新連結的可能性（黃又怡，2008年4月）。雖說任何舊產品都可以加以組合，但組合後能要具有功能意義，才算是創意。

John Gutenberg將打幣機與搾酒機兩個看似無關的東西相加結合，發明了帶動歐洲社會變遷的印刷機；Hymen L. Lipman把橡皮擦綁在鉛筆的頂端，發明了幾乎人人都曾使用過的橡皮擦鉛筆；而足以代表台灣飲料文化的珍珠奶茶，便是以存在已久的茶加上牛奶及粉圓的三項組合。電視節目也不乏以組合法創出佳績的例子，民國70年代曾經廣受歡迎的節目【綜藝一百】便是將傳統歌舞綜藝節目加上短劇，搖身一變成為一種新類型的綜藝節目（詹宏志，1998）；【食尚玩家】則是旅遊美食加上綜藝，形成節目獨特風格。近年在世界各地很受歡迎的歌唱選秀類節目則是再一次印證組合法的功能，「歌唱」及「競賽」都不是新鮮的節目題材及類型，但兩者的組合造就節目風潮。除了實體的組合，抽象事物也可加以組合。譬如，「專業」與「溫馨」的結合，便出現於歌唱選秀節目【超級

星光大道】。雖然這個節目和國外歌唱選秀節目類似，但是專業與溫馨的組合讓【超級星光大道】找出特色，與其他同性質節目產生區隔。

　　Young及Kanter不約而同地把這個過程看成類似組合變化多端的萬花筒。詹宏志（1998）則把此組合過程比擬為拼圖及人、地、時、事的遊戲，若將該比擬方式應用於節目架構發想上，則可區分為「內容」、「型態」、「調性」及「人物」四大區塊（如表2-1），試著列出所有想到的元素，開始進行上下組合與左右組合的配對。若以TVBS【食尚玩家】為例，其組合方式可以為：「內容」—旅遊+食物、「型態」—探訪+綜藝、「調性」—趣味、「人物」—主持人+幕後工作人員+玩偶。四個區塊的內容可以無限延伸而且愈多愈好，組合方式不限於同區塊或跨區塊。以時下的節目進行分解元素練習，可以發現同樣以「食物」作為內容主題的節目，可以有不同的呈現方式及調性。發揮創意自由配對組合，有時乍看之下有些突兀，但試著以不同的角度找出組合元素間的關係，或許可以發展出一個前所未見的節目架構概念。

表2-1　節目創意組合四大區塊表

內容	型態	調性	人物
食物	綜藝	知性	主持人
衣服	談話	感性	專家
房屋	短劇	趣味	名人
交通	遊戲	愛情	名人親屬
外表／容貌	競賽	親情	素人
政治	戲劇	友情	來賓
時事	新聞	嘲諷	現場觀眾
書籍	益智	八卦	幕後工作人員
音樂／歌唱	兒童	懸疑	玩偶
旅遊	探訪	勵志	
娛樂	實境		
人物			

二、改良法／變更法

改良法就是把舊產品的外型縮小、放大、改變形狀或在功能方面求進步。改良的動機通常並不在於創造完美的產品，而是期望創造出更能滿足顧客需求的產品。因此需要先瞭解原創產品的精神，才能針對市場需求做出改良。麥當勞（McDonald's）把一般漢堡份量放大，創出店內的招牌產品—麥香堡（Big Mac）；夏天時，許多人拿在手上的迷你風扇則是將舊產品縮小的創意成果；近年來流行的環保筷或是在情人節大賣的巧克力糖花束則是呈現改變形狀或改善功能的極佳例子。

卡通頻道（Cartoon Network）的【食尚小玩家跟著卡通去旅行】[5]便是利用改良法的例子。【食尚玩家】是針對年輕族群所製作的旅遊及美食資訊節目，有時介紹的食物、用餐環境或景點並不合適孩童或親子同行，然而節目長度30分鐘、搭配兒童主持的【食尚小玩家跟著卡通去旅行】便可以滿足家中有孩童的觀眾。近年，實境競賽節目成為歐美電視節目的主要類型之一，參賽者有服裝設計師、模特兒、髮型設計師、蛋糕師傅、廚師、室內設計師等，節目皆是運用專業、競爭、挫折及人性等元素，只是選擇以不同的職業領域做為主題，類似改良法中改變外在形狀的方式。

莎士比亞的《哈姆雷特》（Hamlet）源自丹麥一則傳奇故事，在經過莎士比亞的巧筆後之後成為經典名劇。Disney公司再以哈姆雷特故事為架構畫出了老少咸宜的動畫電影——【獅子王】（Lion King），這也是舊元素經過改良後，產生創意的例子。同樣的，中國四大名著之一的《西遊記》也可視為改良法下的產物。作者吳承恩依據玄奘到印度取經的事實撰寫而成，故事雖以赴西天取經為主軸，但主人翁由歷史上確有其人的玄奘

5　卡通頻道為更貼近親子生活，跨足雙電視頻道及雜誌媒體的合作，將卡通頻道的娛樂性與TVBS食尚玩家的專業性結合，所製作的家庭旅遊節目。節目運用卡通頻道廣受歡迎的卡通明星、故事場景甚至道具配件來做引導，激發孩子們的學習興趣，介紹適合大小朋友吃喝玩樂的各種主題並發現合適親子旅遊景點。自2012年7月21日起，每週六上午8點在卡通頻道播出，下午6點則於TVBS首播。

轉爲孫悟空。

三、替代法

替代法爲改良法的變形，改良法著重於產品外表的改變，而替代法則是著重於找出其他的處理方法或程序，達到與原產品相同的功效。替代法最常被應用在科技的演進。家用錄放影機的演進，便是一連串的替代過程──小帶錄影帶（Betamax）被大帶錄影帶（VHS）取代，之後又有VCD及DVD的使用與流行。

早期電視節目與觀眾互動的形式主要爲節目播出後觀眾的來信，之後改爲傳眞，後來再進步到現場直播的call-in或call-out，現在則有手機簡訊與網路投票等方式。科技的發明讓媒體與觀眾互動形態發展至以往無法想像的地步，未來觀眾需要什麼樣的互動以及節目內容應當如何結合觀眾互動的元素，都將成爲企劃人員的新挑戰。

四、新用途法

與替代法及改良法不同，在新用途法中，產品本身或外型並無任何變化，而是以不同的角度去看待產品。這種在認知上的改變，往往能激發出意想不到的創意。一般而言，新用途法多應用於產品在市場開始飽和或生命週期開始衰退時，因爲產品面臨銷量減少及需求下降的情況，須爲產品尋找新用途才可能創造另一波商機。蘇打粉是應用新用途法最佳例證。蘇打粉最初的功能是烘焙餅乾，之後被運用在冰箱或鞋櫃中的除臭及清潔打掃上，創造出產品的另一銷售市場。

新用途的概念進一步可引用至改變人、物及知識的用途三方面（詹宏志，1998），前兩者經常被應用於電視節目製作上。在改變人的用途方面，許多作家如蔡康永、吳淡如，將淵博知識及良好口才，發揮於電視節目主持上，成爲民國90年代後重要電視節目主持人代表；台灣政治環境開放後，不少平面新聞工作者以豐富的經歷見識爲憑藉，跨足電視談話性節目成爲所謂的「名嘴」。在改變物的用途方面，單純的運動項目（撞球、

保齡球）在電視節目企劃人員的巧思下，運用在節目之中，改變了原先的
運動競賽規則，賦予新的娛樂價值。

五、聯想法

根據某一件事物的外型或內在而推想到另一件事物；換句話說，也就
是從既有物件激發出新的創意。下列提供四種聯想法以作參考：

（一）相似聯想法／類比聯想法

藉由一物之形體及特徵聯想到另一個具有類似形體及特徵的物品，
例如：由棒球想到壘球。本技法的思考方法偏向類比思考，所謂的類比思
考就是某知識範疇中的陌生問題，以另一個知識範疇中熟悉的問題來處
理，將先前學習的知識應用在新的情境中。在運用類比聯想法時，經常是
從大自然現象中觀察而產生聯想，例如：天空飛行的鳥讓人們想出飛機的
概念；看見游水的青蛙，想出蛙鞋的概念。詹宏志（1998）以「新瓶裝
舊酒」形容類比聯想法，此一手法在電視及電影製作上十分常見。「貧窮
女與富家男的戀愛」是古今中外許多電視或電影經常應用的故事架構，情
節永遠強調兩人懸殊身分所造成的問題，但到最後都可以被真愛克服。好
萊塢（Hollywood）電影中耳熟能詳【龍鳳配】（Sabrina）、【麻雀變鳳
凰】（Pretty Woman）、【女傭變鳳凰】（Maid in Manhattan）與韓劇的
【巴黎戀人】（Lovers in Paris）都巧妙地挪用經典童話故事灰姑娘的架
構。故事的發展模式雖十分熟悉，但之所以仍受觀眾青睞，在於角色的塑
造及故事起伏設計的巧妙不同。

（二）對立聯想法

與相似聯想法相反，對立聯想法是以形體或特徵相反的事物聯想到另
一事物。例如：由女人聯想到男人、由警察聯想到小偷或是由東方聯想到
西方，將此聯想結果與前面提到的組合法結合，便可以發現東方與西方概
念的結合出現於林懷民的舞蹈或是王力宏的音樂創作之中；民國50年代歌
仔戲選擇於電視媒體上呈現，則是傳統與科技結合的例子。電視節目主持
人的搭配也可用此思維方式進行聯想，像是【康熙來了】主持人由外放的

徐熙娣及內斂的蔡康永擔任，兩人在節目中激盪的火花，開創台灣軟性談話節目的新風貌（李翠卿，2004）。

（三）連接聯想法

由某一事物連接到與之相關聯的事物上。例如：由警察聯想到警車、警棍、防彈衣等。此方法可應用在當節目已經播映數年，相關題材都已經拍攝殆盡的時候，可以藉此找出新的內容但卻又不致於背離節目的主軸。例如：當棒球節目已經介紹完國內著名的選手時，接下來可以拍攝的內容還可以包括球具製作（球棒、手套、棒球）、球場、球場工作人員、啦啦隊、球員卡等周邊商品的介紹。

（四）因果聯想法

由某事物的起因想到結果，或由事物的結果想到成因。例如：颱風便聯想到菜價上揚的結果，台灣人口出生率過低則聯想到女性社會地位逐年提高、經濟問題及社會福利政策等原因。因果聯想法對於要求涵蓋事實深度與影響層面廣度的紀錄片或是深度新聞報導而言，是基本的思考邏輯。舉例來說，紀錄片【無米樂】點出台灣加入WTO（世界貿易組織，World Trade Organization）對於本地農民的影響；近年各國積極拍攝的氣候變遷紀錄片則是包括了雙向的因果聯想——探究今時今日氣候反常的原因，以及對於未來人類生存的影響。

六、顛倒法

思考模式不能只從直線、單向發展，要從多方面去著手。顛倒法可視為逆向思考法，是一種突破習慣領域的發想方式。如果能以不同角度思考日常生活中的某些原理、原則、假設與觀念，會發現意想不到的結果。

三國時代諸葛亮焚香操琴的空城計，便是使用顛倒法；野生動物園打破動物被關籠子內供人觀賞的創意，也是顛倒法的印證。近來年女性商品頻頻找男性擔任代言的顛倒操作手法，意在製造話題、吸引媒體的效果及增加消費者的記憶，經常比女性代言人的效果更好。民國90年代末期，在台灣的綜藝節目依然一貫以藝人表演為主的年代，詹仁雄所製作的【我

猜我猜我猜猜】也以顛倒法的思維方式，在每一集設定一個特殊主題，邀請有特殊長相、才藝的觀眾上節目，把觀眾當主角，結果大受歡迎。一般在進行一個新節目發想時，企劃人員多半會思考的問題是：「觀眾想看什麼」。如果以顛倒法進行創意思考，想想「觀眾不想看什麼」，也許會有意想不到的收穫。

　　除了上述各項從既存的人事物發揮的聯想技巧外，Edward De Bono提出的水平思考法（lateral thinking）和六頂思考帽（six thinking hats）、Alex Osborn發明的腦力激盪法（brainstorming）及檢核表法（checklist method）、Bernd Rohrbach推廣的635腦力激盪法（6-3-5 brainwriting）、Tony Buzan創造的心智圖法（mind mapping）以及今泉浩晃推行的曼陀羅思考法（memo）都是常見的方法，相關細節都可以在專書中獲得。技法或工具的效果會因人而異。例如：不擅公眾發言的人可能較合適以寫代說的635腦力激盪法。建議企劃人員先試著接觸各種不同的創意思考方式，再依據自身經驗取捨或調整，找出最合適的技法。當技巧內化為直覺後，在發想節目創意時，反應近乎自然產生，並不會意識到此刻是某種技巧的運用。

✳ 第四節　培養創意的生活習慣

　　創意思考訓練不一定在課堂或是工作中進行，也能在日常生活中培養。但工作上需要依靠大量創意的電視節目企劃人員，事實上擁有與一般人相似的日常生活環境與背景，若要能由生活經驗當中獲取靈感，生活習慣將是關鍵。創意能力或許會受先天優勢影響，但也可以經由後天努力而補強，而建立良好的生活習慣便為方式之一。以下為建議電視節目企劃人員可具備的五種生活習慣。

一、大量閱讀

想要創意能從腦袋中「輸出」，必然要先「輸入」原料。閱讀，就是輸入的方式。台灣幾位以創意著稱的人士皆同意閱讀與創意發想有很大關係，包括王偉忠、詹仁雄及詹宏志等都認為從閱讀中可獲取新知、打開眼界、對事情產生獨到見解，而這些成果也都反映在他們所製作的節目、唱片及編輯的報章、雜誌上。電視節目企劃人員需要透過大量的閱讀獲得豐厚的知識或常識，才不致讓節目落得不知所云或膚淺的下場。閱讀具文字厚度的書有助於辭彙的增加及熟悉文章架構，在撰寫企劃書時，才能清楚完整表達；閱讀富情節性的小說則有助於刺激想像（李欣頻，2003）。嘗試在閱讀時將文字在腦海中轉換成為畫面，有助培養電視節目企劃人員影像畫面概念。

詹宏志（1998）指出，在閱讀上要培養「快、多、久」。所謂的「快」指的是快速地找到一本書的重點，建議可以先翻閱導言，找到作者想以本書解答的問題，之後再閱讀目錄，瞭解作者將以何種途徑或架構來回答問題。閱讀的速度與經驗及對該書所屬領域的既有知識密切相關，相關知識愈充足，閱讀的速度也就愈快。「多」則是要善用每天剩餘或零碎的時間拼湊出閱讀時間，以達到大量閱讀的目標；「久」則是指將閱讀培養成為一種固定的習慣。除了單純的用眼睛讀及看之外，曾在人文、藝術、媒體等領域服務過的姚仁祿還鼓勵與書對話，自問自答，以增進並刺激思考（黃又怡，2008）。

平日閱讀不要只選擇特定的類型，閱讀種類儘量博雜，以拓展廣度；為了企劃某一類型或主題的節目時，可以閱讀特定領域的書籍，例如：製作美食節目的企劃人員可以選擇閱讀飲食文學、食譜、以烹飪為故事主題的漫畫等。如果當既有知識不足，無法撰寫完整具深度的節目企劃書或腳本時，電視節目企劃人員至少要閱讀5-10本以上相關領域書籍，建構基本的深度。在閱讀數量上，則依自身的能力及時間，設定閱讀冊數指標，以養成每天閱讀的習慣。

除了文字外，影像資料也是電視節目企劃人員可以閱讀的內容。詹仁雄強調，不論是廣告、電影等，只要是能引起好奇的事物，都當樂於接觸（王念綺，2005年9月）。電影或電視節目是社會的縮影，表達出社會現象及大眾的輪廓樣貌，電視節目企劃人員可藉以瞭解社會現象及傳播主流現象。觀看他人的影視作品也有助於反思自身的創作動機及能力。公共電視經營團隊藉由觀看其他國家公共電視節目，瞭解到節目可以做到教育目的及創意兼具（巫知諭，2010）。【台灣全紀錄】企劃巫少強（2010）則要求自己觀看國內外與生態環境有關的節目，瞭解他人探討的議題、節目架構與呈現方式，並會自問自答「如果是我，我會怎麼做」。在觀看具備娛樂性的電影或電視節目時，通常會看很多次，因為第一遍看攝影構圖、第二遍聽旁白及配樂，第三遍才能以觀眾的心情欣賞。李欣頻（2003）則建議在觀看電影時可使用「當主角」、「當主角的對手」、「當導演」、「當攝影師」及「當編劇」的五種觀影角度或是角色扮演，將可學到許多人生經驗及說故事的能力。

二、旅行

經常被拿來與閱讀相比擬的是旅行，因為兩者都是擴大視野的方式。旅行提供企劃人員在想點子時所需要的新鮮素材，珍貴的是，這些素材都是由直接經驗獲得。"ppaper"雜誌總編輯胡至宜建議，「要多用『腳』去看世界，到處亂走，才會有意外的收穫，一直待在辦公室，其實不會有新意」（陳建豪，2007年1月，頁7）。

長期待在某個環境會讓人陷入固定的模式，降低思考活力。藉由旅行接觸不同的文化，讓自己置身於不熟悉的環境中，可跳脫日常習慣生活及思考模式。李仁芳（2008）認為身處異國景致時，旅行者的六感（眼、耳、鼻、舌、身、意）會因外在強烈的刺激而得到啟發。旅行過程中所接觸到的新觀點及學習到的新事物，都可成為創意的最好素材。1999年到印度的一趟旅行，讓賴聲川得到靈感，將多年的想法串聯起來，造就了長達8小時的舞台劇——【如夢之夢】。

假如沒有時間到遠方旅行，找段時間走出家門或辦公室大門，哪怕只是在百貨公司的櫥窗前閒逛一下，都算是進行了一趟創意之旅，因為只要一走出門，就會把自己帶到各式各樣資訊的面前。生活環境中充滿可以學習的對象，重點不在於去了什麼地方，而是這趟出門所激發出的靈感、敏感度以及新事物帶來的感受。電視節目企劃人員得從生活當中發掘新鮮事物，所以旅行不再只是旅行；逛街也不僅是逛街，要觀察流行趨勢、體驗不同事物及與各式各樣的人接觸。這些當下看似微不足道的體驗，可能成為日後企劃節目時的資訊來源。

三、打破慣性

在日常生活中，人們不需要創意的機會比需要創意的機會多；處理生活瑣事多半依靠例行性的思考途徑，也可以稱為直覺反應，或是習慣。這些習慣動作為人們解決了泰半的生活事物，卻也成為妨礙創意的枷鎖。其次，人們喜好以維持現狀的方式維護眼前既得利益，所產生出的惰性與恐懼是另一道阻礙創意的枷鎖。新奇與非預期狀況是靈感的重要來源，可以刺激大腦、引起較大的情緒波動，比墨守在固定生活環境、模式中容易獲得啟發。

姚仁祿認為創意就是遇見陌生並與之相處，唯有如此才可能打破習以為常的思考及做事方式（黃又怡，2008），而旅行便是方式之一。創意的發想來自生活，多元且異質的生活經驗可刺激靈感。在日常生活中增加與陌生相遇的方式，包括以不同路線或交通工具到達目的地、到不同的餐廳用餐、用非慣用手處理日常生活小事等等。打破習慣後所感受到的不熟悉感，可轉換制式的習慣及固有的觀點，讓人從異於以往的視角看待習以為常的事情，成為激發創意的源頭。

四、觀察

日本知名漫畫家弘兼憲史認為創意可從身邊獲得，只要對周遭事物多一點觀察，就可能產生靈感（滕淑芬，2004年5月）。一般人對於生活

周遭發生的瑣事總是掠影即過，回想一下每一天上下班或上下課必經之路上有哪一間店舖開了或是關了；有沒有哪一個路口的看板又更新了；或是每天通勤時有沒有固定會遇見哪一個陌生人，他／她是在哪一站上車。這些看似無意義的觀察，將轉換成為潛意識中資料庫的累積，會在某次發想中，無預警的從腦海閃出，成為靈感。

觀察是一種天賦，卻不是人人都懂得要如何觀察。在此所指的觀察，並非是發現特殊的事件，而是從看似平常的事件中看見人們細微的反應。例如：在公共場所中觀察來往人群的言談舉止、眼神體態、性格特點、手勢姿態，再進一步推測他們的職業及家庭背景，藉以產生很多的想像。小山薰堂便曾利用在餐廳無意間聽見鄰桌兩位老婆婆的對話，而發展出一篇短篇小說；台灣連續劇【白色巨塔】的編劇吳洛纓有時坐在咖啡館寫稿，同時觀察人群和他們的說話對白、穿著打扮，做為劇情人物素材（林淑宜，2008）。

人們對於所處的環境經常感到平淡無奇，其實在生活周遭環境中存在許多令人讚嘆的事物，問題在於人們對環境現象的敏感度或細膩度太低，或者說，人們不懂得要如何觀察這個環境。觀察是一個感知過程，首先必須要對事情產生興趣及關注，唯有真正投注情感後，才有可能觀察到一些其他人所看不到的東西。而當所見與人不同時，所想的東西也會與人不同。

五、紀律

源於人們對於創意產生過程的不熟悉，以及慣於把創意與不受約束之間畫上等號，電視節目製作這項極度仰賴創意的工作，被認為需要高度的自由，所以紀律被誤認為是此行業的絆腳石。孫大偉卻持有不同看法，認為創意工作所需的自由必須以紀律為前提，所以謹守紀律才能擁有自由（李雪莉，2009年10月）。

創意工作者所需的紀律，並非是外在的壓迫規定，而是自我要求，也可稱為自律。郝明義（2006）解釋自律的功能在於讓自身不受到外在或

內在的因素干擾，維持一定的工作節奏。自我要求的紀律之所以成爲產生創意所需的生活習慣之一，在於紀律有助於工作的程序、方法、時間的掌握。電視創作是一項與時間競賽的工作，常常要在很短的時間內產生創意並在規定的時間內完成節目作品，所以需要訂出工作行事曆並確實遵守。然而由於創意是不受控制的，根本無法掌控其出現的時機，但電視節目企劃人員不能以此爲藉口放縱自我，只要能夠持續專注其中，自然能夠有所獲得。易智言導演在撰寫電視劇【危險心靈】劇本時，每天不間斷的寫和刪，期間長達一年半，漫長的過程中所依靠的就是紀律，所以易智言認爲，創意根本就是個紀律的行業，沒有紀律就沒有創意（林芝安，2008年4月）。

第五節 資料蒐集

廣告大師Bill Bernbach曾說，「再有創意也不能從空無跳躍到偉大。他需要資訊的跳板」（Foster,1996／吳國卿譯，2006，頁155）。在Wallas（1926）的創意累積四階段中，資料蒐集屬於第一階段準備期的功課。就如同任何產品的產製流程一樣，必須要先有原料輸入經過加工粹鍊才會有成品輸出。身爲一名電視節目企劃人員，首先要廣泛的接觸有興趣或有價值的資料，再透過分析過濾，讓龐雜的原始資料變成可培養創意的養分。以下將資料蒐集分成三個階段進行說明：蒐集什麼、如何蒐集以及如何管理。

一、蒐集什麼

蒐集資料的方向可分爲平日累積及特定目的性。平日累積指的是電視節目企劃人員個人一般的涉獵，通常是興趣導向或是針對某一塊已長期經營的領域。例如：【台灣全紀錄】企劃巫少強（2010）平日習於蒐集任何與台灣生態或是山岳相關的資料，在當下雖沒有產生立即性的功能，但

在未來創意發想或是企劃書撰寫上都可能成為重要參考資訊。特定目的性則指的是為了撰寫某一特定企劃書時，有目的性地蒐集所需的相關資料。舉例來說，客家電視台【廚房的幸福味道】製作人宋嘉玲（2010）在企劃以棒球教練徐生明為主要來賓的節目內容時，不僅在網路上找資料、買徐教練的書來看，甚至還到新聞部調出新聞資料帶，做為擬訂訪談問題的依據。

二、如何蒐集

企劃人員被期許要像海綿一樣不斷地吸收資訊。身處在傳播技術快速改變及資源暴增的今日，不論是資料數量、豐富度或取得方式上都比以往多元。可蒐集資料的管道包括有：網路、書籍、報紙、雜誌及實地訪談。前面四種屬於開放式資料，也就是任何人都可以獲取的資料，第五種方式為一手資料，是親眼所見、所聽及所聞，只有資料蒐集者本人才可以體會的資料。以下簡單分析六種資料蒐集管道的優劣。

上網查詢是時下最便捷也是最多人採用的方法，只要進入口網站或搜尋網站鍵入適當的關鍵字，便可找到許多相關資訊。另外，政府機關的網站、企業或產業協會的官網也提供具有參考價值的資訊。由於網路為人人可發表意見的開放空間，許多發表的文章不知撰寫者真實身分、佐證資料或是引用來源，在可信度上難免遭到質疑。建議在企劃書中採用可信度高的資料，其他網路資訊僅作個人參考或是資料蒐集的方向提示。

相較之下，傳統資料來源如書籍、報紙或雜誌的可信度就高出許多。在前一節中已提及閱讀與企劃人員創意產生的關聯性，因此，在此所討論的是如何尋找所需要的書籍。書局與圖書館是最方便的查閱場所，電視節目企劃人員實有必要養成定期逛書局的習慣，可以藉此瞭解新書出版訊息，並且有機會瀏覽翻閱不同知識領域的資料，未來如果有需要用到相關資訊時，便可快速找到。除了到書局翻閱，利用網路書店查詢書籍資訊也是另一種方式，只要以關鍵字找出一本書籍，便可透過推薦機制連結到其他同性質的書籍介紹，節省許多時間。在圖書館方面，近年來台灣各大圖

書館已完成圖書資料數位化，使用者在資料找尋上更爲方便快速。電子資料庫固然省時省力，但不一定所有資料都有完整刊出，因此有時還是得親自到圖書館查閱。在台灣除中央圖書館外，各縣市圖書館與學校圖書館多採開架式管理，讀者可自由閱覽所有藏書及資料。開架式圖書館多依書籍類別分類與編目，使用者可在特定書架上瀏覽翻閱同類型的書籍，獲得更多相關知識。

　　書籍提供的資料具完整性，可協助建立企劃人員的概念及決定企劃書的大方向，但因書籍通常不是即時資訊，時效性相對較低，報章雜誌便可以做爲補充資料。報紙屬平面媒體中最具時效性。閱讀報紙是電視節目企劃人員每日必做的功課，爲了獲得最完整及全面性的消息，每日至少要看3份以上的報紙。台灣地區目前的主要報紙有：中國時報、聯合報、自由時報、蘋果日報、工商時報、經濟日報、聯合晚報等。電視製作人王偉忠聘請一名工作人員，每天早上約花2小時，閱讀6-7份綜合性報紙及新出刊的主要雜誌，把其中一些趨勢性、生活面的話題消化並簡報給他聽。王偉忠在聽完這些資訊後，很快速地抓住要點，應用到案子或節目當中（王仕琦，2006年5月29日）。近年來許多人開始閱讀網路新聞，而放棄印刷報紙。網路新聞固然可提供更爲及時的資訊，但也因過於追求時效性，新聞內容趨於片段與淺顯化。此外，網路新聞並非將整份報紙內容刊出，部分新聞內容只刊載於印刷報紙，因此建議電視節目企劃人員依然能以閱讀印刷報紙爲首要選擇。

　　與報紙相較，郭泰（2001）認爲雜誌較具深度、專業與聚焦性，對於企劃人員而言，更具有參考價值。依出刊頻率，雜誌可分爲季刊、月刊、週刊、雙週刊、不定期特刊等。企劃人員除在執行專案時會大量參考專業雜誌外，平時當養成習慣閱讀各類雜誌以瞭解社會脈動與趨勢。台灣每週或每月出刊的雜誌上百種，並可區分爲政經管理、投資理財、休閒娛樂等14大類，各類雜誌提供不同知識領域的資料。企劃人員可藉由閱讀政經管理類雜誌以掌握社會脈動及趨勢，另針對所負責的節目體裁搜尋相關的專業雜誌以獲得最新情報，如男／女性時尚類雜誌可歸類爲美容保養節

目的專業雜誌，生活類雜誌則是室內設計類節目的專業雜誌。14類雜誌分別為：

(1)政經管理類：新新聞、天下雜誌、財訊月刊、遠見雜誌

(2)投資理財類：理財周刊、先探投資週刊

(3)休閒娛樂類：TVBS周刊、時報周刊、壹週刊、LOOK電影雜誌

(4)生活類：居家DECO、室內設計、漂亮家居

(5)女性時尚類：BAZAAR哈潑時尚、Cosmopolitan柯夢波丹、VOGUE時尚

(6)男性時尚類：Esquire君子雜誌、FHM男人幫國際中文版、GQ

(7)文摘類：讀者文摘、講義

(8)電腦類：PC home 電腦家庭、電玩通周刊

(9)旅遊類：AZ時尚旅遊、國家地理雜誌中文版、台灣山岳雜誌

(10)運動類：SLAM美國職籃畫刊、高爾夫文摘、DUNK

(11)汽車類：汽車購買指南、車主雜誌AUTO DRIVER、超越車訊

(12)語言類：CNN互動英語雜誌、常春藤生活英語雜誌、Let's Talk in English大家說英語

(13)健康類：康健雜誌、大家健康雜誌

(14)嬰兒類：媽咪寶貝、育兒生活

由於企劃工作繁忙，可以分配給閱讀報章、雜誌的時間也相當有限，所以閱讀報章雜誌也是有訣竅的。首先將每份報紙雜誌快速掃描一次，看到有興趣的或與工作相關的部分先做記號，待之後有時間再詳細閱讀。

目前台灣主要報章雜誌皆已各自建立線上資料庫，解決以往報紙關於同一事件、同一領域的資料，因刊載在多日甚至隔幾天再出版，所造成資料蒐集不易的問題，同時也節省到圖書館使用報紙微縮影片或從成堆泛黃紙張中找尋多年前新聞的精力與時間。使用者可在線上資料庫中由關鍵字查詢到過往的新聞，甚至包含新聞照片。一般而言，報紙的近期資訊會在所屬電子報上或主要入口網站上免費公開，但於一定期間後，如一週或一個月，便納入電子資料庫，使用者非經付費，將無從接觸取得相關資料。

雜誌除了同樣採用付費線上資料庫外，當期的雜誌大部分內容採會員制，付費才得以閱讀。

三、如何管理

除了會蒐集資料外，篩選、整理、保存資料的技術及習慣也十分重要。印刷紙本方面，先將蒐集到的報紙、雜誌或書籍放置於一個固定的地方，經過1-2個禮拜的沉澱後重新檢視是否有存檔的必要。如果經過時間的考驗，資料仍有保存的價值，便開始進行分類整理。首先依個別主題分類製作檔案夾，最初不要超過5個，以較常使用的類別為主，當資料數量日益增多時可再進一步細分。另也可設置一個「其他」或「待分類」檔案夾，用以存放暫無法判斷屬性或是以往沒有蒐集的新類別資料。其次將資料以相同尺寸保存，其目的在於容易歸檔和檢索。A4為最理想的尺寸，因為市面上的資料夾、公文架等均以A4大小製作。若取得的資料為B4尺寸，縮小A4；A3尺寸的資料，則對半裁為兩張A4。書籍除影印所需的資料外，別忘了也要印製書封及目錄，以便於查詢參考來源；雜誌可撕下或影印；報紙則剪下貼在A4紙上，一則新聞一張。各類資料需在固定的位置標上出版或出刊日期，方便日後查詢。資料要發揮用途才有價值，養成習慣定期檢視收錄於檔案夾內的資料，捨得丟棄不需要的資料，不要存有「某天可能會用到」的錯誤想法。在決定資料的存捨時，只要有一點猶豫的念頭，就當放棄。

電子資料可用樹狀概念建立分類架構，意即先建立主資料夾，再分層建立子資料夾。主資料夾的建立方式可參考紙本文件的分類法，或是建立三個主資料夾，分別為「立即使用資料」（現正籌備／製作節目）、「較常使用資料」（工具類資訊，如：撰寫標案須知）、「未來可能使用資料」（未來計畫籌備／製作節目），各自再依類別細分子資料夾。定時檢查、淘汰不需要及過時的資料為不變的原則。另外，為避免因使用不同電腦而造成資料分散各處，建議使用隨身碟做為儲存工具。電子資料需定期做備份，以避免硬體故障、軟體損壞或病毒破壞問題發生。

Young（1988／許晉福譯，2009）所推薦的「卡片索引法」為另一種整理保存資料的方式。運用有線格的3×5英吋卡片，將蒐集到的資料摘錄抄寫在上面，以一張卡片一個訊息為原則，之後再分類歸檔。在撰寫企劃書時，可找出相關內容卡片，藉以排列出大綱或組合成段落及句子。這個方法有助於資料的閱讀及整理，讓資料從蒐集提昇到消化的過程。

除了各類媒體上的資料外，田野調查是影視創作者經常使用的直接觀察方式。與真實生活中人物與事件的親身接觸，對劇情片導演及編劇而言都有可能成為構思劇情及人物角色的靈感來源。對紀錄片工作者而言，大量的書面資料提供田野調查時的切入話題，有助於拉近採訪者與受訪者的距離，更重要的是，田野調查可以印證書面資料，做為調整拍攝方向的依據。製作人李景白認為，身為旅遊節目的製作人，和當地人深入地聊天是掌握在地風土民情的最佳方式，同時也可得知人們所關心的話題（謝其濬，2007）。影視創作者進行田野調查的作業方式及技巧，將於第三章詳細說明。

當所有人都知道創意是舊有的元素透過新的組合而產生時，「如何組合」成為創意發生的真正關鍵。Mednick（1962）認為，知識結構與組合能力成正向關係，知識結構愈緊密的人，愈容易重組不同的概念、形成創意。知識結構要靠不斷的吸收才能愈加深廣，同時也需要建構完備的資料庫協助保存。電視節目企劃人員想要產生源源不絕的創意，不但需要培養可以協助醞釀創意的各種生活習慣，還要知道建構管理資料庫的方式。

第 3 章 ▶▶▶

田野調查

　　網路搜尋功能使得資訊蒐集工作更為便捷。雖然網路資訊多元而豐富，然而龐大資訊量中卻也充斥著許多錯誤、不可信的訊息。對影像創作者而言，過度相信這些經由他人轉述、分析或再詮釋的二手資料，可能導致的後果是悖離現實或與真實狀況不符。2008年，由觀光局出資攝製以推銷台灣旅遊景點為目的的偶像劇【這裡發現愛】，取景於台北市古蹟東門（景福門）時，劇中女主角卻將之介紹為小南門（重熙門），建造時間也從原本的清朝說成是日據時代。造成此類錯誤的可能原因是工作團隊過度相信網路資訊，沒有再進行確認就直接播出。

　　在本書第二章第五節「資料蒐集」中，曾提及田野調查是影視創作者獲得原始資料（第一手資料）的最好方式。「田野調查」（field research，或稱field study）是質性研究方法之一，被實踐與應用的範疇十分廣泛，其中包括歷史事實的還原與釐清，並能重新建構過往事實及提供詮釋觀點，這也是田野調查為何對於影像創作如此重要的主要原因。影像創作者正式進入拍攝工作之前，經常透過實地參與取得原始資料，協助創意發想或企劃書撰寫。田野調查並非漫無目的或毫無準備的前往現場實地工作記錄，事前準備、與受訪者

之間關係維繫、訪談方法、事後記錄與整理等都是影像創作者在進行田野調查工作時需要注意的事項。

✳ 第一節 田野調查的定義及目的

田野調查做為一種研究方法，最早是生物學家進入自然環境中觀察記錄動物的行為作息，以及地質學家、考古學家觀察地形、地質的方式。由於人類活動的真實動機經常隱含在日常生活裡，「浸入」（immerse）田野是瞭解人類真實的生活過程與文化運作樣貌的最佳途徑。英國人類學家Bronisław Malinowski實地參與觀察Trobriand Island島民的生活方式與文化，記錄其所見所聞，將田野調查引入人類學科研究。人與文化是影視創作的重要元素，田野調查所得的一手資料因而也成為影視創作最佳的素材。

在影像製作的過程中，田野調查是前製期重點工作之一。除了企劃人員外，導演、編劇、美術、演員等都可藉由進入觀察對象或資料提供者所處環境，獲得大量的描述性第一手資料，讓節目或影片內容更貼近真實並且完整。田野調查法最常使用的三種資料蒐集技術為觀察法（observational method）、深入訪談法（in-depth interview）及問卷調查（questionnaire survey）。

一、觀察法

觀察是人類天生本能，包括了「看」及「想」；換言之，觀察不只是人類透過感官直接知覺事物的過程，另也包括大腦思維活動的過程（潘淑滿，2003）。田野調查中的觀察範圍廣泛，包括人、事、時、地、物。與日常生活的觀察不同之處在於，田野調查中的觀察法是觀察者有目的、有計畫、有系統地直接透過感覺器官知覺某個現象、行為或事件，之後再以科學方式記錄與分析。

在田野調查中，觀察法係指參與觀察法（participant observation），從字面上便清楚瞭解工作的內容以及重點。觀察者也因「參與」及「觀察」涉入程度的差異，而在角色的扮演上有所不同，其範圍從「完全參與者」作為一個極端到「完全觀察者」的另一個極端。「完全參與者」為觀察者實際參與被觀察者的日常生活及行動，對被觀察者表明身分或目的，但也有觀察者採取隱瞞的方式。此種方式可能會因為觀察者的涉入過深，而影響被觀察者或事件的發展；相對的，觀察者也可能因與被觀察者接觸後建立情感，而影響價值或真實的判斷能力。另一個極端「完全觀察者」則是，觀察者採取不介入及不干擾的方式，刻意避免涉入所觀察的世界，因此被觀察者並不會知道自己正被他人觀察中。此一方式較為粗略與暫時性，也不易從觀察對象身上獲得全面及細微的理解。

事實上，「參與」及「觀察」之間應為相輔相成，而非絕對的衝突及競爭。一個技巧熟練並具有自覺的觀察者可在廣泛積極參與過程的同時，對周遭的世界進行有效及正確的體驗與觀察（Jorgensen, 1989 / 王昭正、朱瑞淵譯，1999）。劉還月（1996）持有相同的看法，並認為過度強調客觀而與觀察對象保持一定的距離，反而會失去更多因參與而獲得的資訊。此外，在觀察過程中因某些限制而有所疏漏的部分，也可經由參與來彌補此一缺陷。

以拍攝各地傳統祭典為例，製作團隊絕對無法僅藉由文獻資料的閱讀後，就直接在活動當天到場拍攝。企劃人員應當在祭典籌備期間，便開始進行參與觀察，並在過程中讓負責籌備的單位或人員認識製作團隊，進而建立良好的關係，如此在祭典正式舉行時，製作團隊才有機會獲得較大的拍攝空間。另一方面，製作團隊也可利用長期的觀察，瞭解該祭典的來龍去脈，或許也會因與拍攝對象建立起相互信任的友好關係，進而獲得一些無法從一般二手資料中得知的寶貴訊息。

拍攝紀錄片需要長時間的參與，讓拍攝者逐漸從一個外來的陌生人成為被認同的一分子，如此才能看到拍攝對象更真實且更多面的樣貌。要被拍攝對象或相關人員、團體所接納並不容易，除了個人的態度誠懇，也需

要勤於互動。例如：拍攝一個家中以種植農作物維生的對象時，拍攝者可在一定的範圍內協助農務工作，可藉此觀察並瞭解拍攝對象與家人的相處及關係，或藉由家人間的互動，發現某些現象背後的原因或是發掘更多素材。另一方面，也可因此得到拍攝對象及其家庭成員的好感與互信。

演員或編劇較常以完全觀察者的身分出現在田野調查現場。編劇在建構角色、對話或場景時，需要觀察人的行爲或動作、言談行爲、表現行爲及空間陳設；演員則仔細觀察所要詮釋角色的說話方式、動作、表情等細微行爲，甚至包括動作或神色之間的轉換，都是演出時的必要養分。許多演員都爲詮釋盲人的角色，演出前均須花上一段時間與盲胞相處，再觀察盲胞的姿態、動作、表情，還包括如何走路回家、穿衣、吃飯等日常瑣事。

觀察法是田野調查中的首要工作重點，但並非萬能，因爲仍存有許多資訊如親屬關係、歷史或較具內涵性的問題，是觀察者無法透過觀察而獲得的部分。此時，便可以透過深入訪談法及問卷調查補強，藉以更深入地進入被觀察者的內心世界（劉還月，1996）。

二、深度訪談法

訪談是一種具特定目標取向的口語溝通行爲，訪問者利用與受訪者之間的口語交談過程與內容，獲取所需資訊。與一般面對面的訪談不同，深度訪談具有明確的目的，希望能發掘或分析事件眞相或背後眞正的意涵，抑或受訪者對某事的動機、信念、態度、作法及看法等（畢恆達，1996）。訪談之所以具有「深度」，在於可以詳細而廣泛的探索特定事物（Jorgensen, 1989／王昭正、朱瑞淵譯，1999）。訪問者依據所建立之特定主題及對話方向，隨著受訪者的記憶及經驗分享慢慢地進入受訪者內心深處，並藉由持續的深入對話獲取一些在既有文獻或資料中無法得知或不完整的資訊。

胡幼慧（1996）指出，深入訪談的種類可分爲結構式訪談、非結構式訪談，以及半結構式訪談。結構式訪談是三種形式中最缺乏彈性的，又

被稱爲「標準式訪談」或「調查式訪談」。在每次訪談的過程中，訪問者都是使用相同的問題及一致的措辭，並依照擬定的問題及順序提問，即便受訪者對問題有疑義而要求說明，訪問者也不可對問題提供解釋。三種形式中，最具彈性的則爲非結構式訪談，類似於朋友間日常的交談對話，既無指定的問題也沒有一定的提問順序，訪問者有極大的提問空間，而受訪者也被鼓勵表達意見、看法及態度。半結構式訪談則是訪問者事先已瞭解受訪者的背景與曾涉入的特殊經驗，以較寬廣的訪談大綱做爲訪談依據，引導受訪者呈現較眞實的認知感受。

　　影視製作所採用的深度訪談，偏向於非結構式訪談以及半結構式訪談。訪談前，訪問者必須熟悉相關題材，雖無須先設定題目，但還是要歸納出訪問重點，依訪問者自身的需求及訪談技巧，拋出主題後以引導的方式，將受訪者的談話帶入訪問者所需的範圍，進行具深度及廣度的對話。訪談時，訪問者要留意「線索標記」（marker），意指受訪者在過程中提及的任何一個稍縱即逝、對某個重要事件或感覺狀態的參考線索（Weiss, 1994:77／轉引自Neuman, 1997／朱若柔譯，2000，頁692-693）。例如：在訪談中受訪者提到之前從未提及的人或事件，而那個人或那件事對受訪者於當時是具重要性時，研究者應記下此線索標記，在訪談話題告一段落後再加以詢問。王建雄（2008）認爲，深度訪談並不是訪問者挖掘存於受訪者腦海中的想法與情緒，而是透過兩者間持續的互動過程，共同「經歷」、「選取」及「感染」，重新建構的意見及情緒。因此，深度訪談所產生的資訊，爲訪問者及受訪者雙方共同營造的成果。爲達此目的，每次深度訪談的時間可能會長達一小時以上，也可能是在某一段時間內持續進行。

　　深度訪談也可做爲觀察法的延伸。當透過觀察找出某些特定對象後，若該對象願意接受深度訪談，將別具價值。深度訪談的優點在於能夠獲取豐富而詳盡的訪談資料，並且對於敏感性的問題提供精確的回答，在訪談的過程中，訪問者同時也可以仔細觀察受訪者的非語言反應（Wimmer & Dominick, 1994／李天任、藍辛譯，1995）。然而，深入訪談法亦容易因

為受訪者的個人立場、好惡或記憶而影響正確性，因此要經過多方多次檢驗，以免發生錯誤。

三、問卷調查

問卷調查與深入訪談不同之處在於，前者會事先針對某些問題設計一套具結構性的預設題目，之後再選擇特定的區域，以完全相同的題目在短時間內訪問不同的對象。透過相同形式及題目，期望從不同對象獲得相同或相異的答案，主要是為了蒐集群體行為數據。問卷題項之型式可分為結構性、開放性，以及半開放半封閉式。結構性題項為受訪者被迫在訪問者預先設計的固定數量答案中，選擇其中之一為答案；開放式題項則是受訪者可以不受問卷上所擬定的答案所限制，自由提供答案；半開放半封閉式題項則為，在答案選項中加入「其他」選項，保留受訪者提供開放意見的機會。在執行方式上，問卷調查不一定是在訪問者與受訪者面對面接觸時進行，訪問者可以透過電話執行問卷調查，也可以採用郵寄的方式或請人轉交，之後待受訪者填答完畢後再取回問卷。透過問卷調查所計算出的量化數據，雖然有時僅能呈現表面現象，無法完全表達數字背後所隱含之意義，但依然可做為瞭解某一群人特定行為或是價值判斷的參考資訊。

第二節　影視製作與田野調查

田野調查在影視製作上非常重要，運用範圍也十分廣泛，包括新聞紀實類、劇情類以及綜藝類等節目類型上。在影視製作工作團隊中，不僅企劃人員、導演或編劇需要具備田野調查的能力，其他職務也有賴田野調查的協助，才能順利完成工作。影視工作人員經常會因為「田野調查」這個學術專用名稱，心生排斥或畏懼。事實上，田野調查在影視製作前製期中無所不在，只是經常被冠以不同的名稱，如勘景或事前訪問等。本節將以上述三種節目類型為例，說明田野調查與影視製作之間的關聯性，以及如

何被運用在影視製作之中。

　　有鑑於新聞之基本原則爲正確、客觀及平衡報導，因此新聞紀實節目工作人員不能僅依賴二手資料，而須經由親身訪問以獲得有助於建構事件發生過程，以及還原眞相的一手資料。新聞紀實類節目也因此成爲最常運用田野調查的節目。一般文史工作者在研究文化現象時，講求實證，會從田野調查的資料與文獻材料中不斷梳理，重建該地、該族群或該時期的歷史，並界定其意義及特質。此一還原眞相的精神與新聞工作者不謀而合，只是前者以文字呈現其發現結果，後者則是採用影像述說故事。「事件」要成爲新聞的首要條件，必須具備特殊性、重要性及趣味性，所以並非每則事件都有機會成爲新聞。而每天出現在各式媒體上的上百則新聞中，能發展成爲專題的，少之又少，有時一天找不到一則，而新聞專題再往內延伸則有可能成爲一部紀錄片。

　　能讓一則新聞報導進而成爲新聞專題或是紀錄片的關鍵因素，便是田野調查。事件發生之初，新聞台的攝影記者與文字記者抵達現場後，所做的只是記錄當下發生的事，回到電視台後，編輯台或是文字記者則會思考該則新聞有沒有持續追蹤報導的價值及必要性。如果決定要進行後續追蹤報導，記者須重返現場，找到相關人物進行訪問，此過程可稱做是田野調查。透過田野調查找到具有廣度及深度的資料，該則新聞報導方具備成爲新聞專題的能量。在田野調查的過程中，可能會發現更多有趣、有意義的資料或發掘出其他支線，成爲一部紀錄片的資料庫；又或者利用蒐集而來的資料背景、事件或人物再加入杜撰內容，造就出戲劇類節目或一部劇情片。

　　田野調查讓一則新聞增加廣度、深度且具有更多發展性的最佳例子是在第一章中曾提及電影【賽德克‧巴萊】的創作發想過程。該片導演魏德聖由一則1997年報導原住民「還我土地」的新聞回憶起霧社事件，再透過二手資料與田野調查完成電影【賽德克‧巴萊】的劇本。另外也有從劇情片進而發展爲紀錄片的例子，沈可尚導演爲籌拍一部有自閉症角色的電影，在進行田野調查資料蒐集時發現，在台灣許多人對自閉症患者都是

一知半解，甚至是誤解。於是，開啟他拍攝以自閉症為主題的紀錄片的想法，也就是後來在公共電視播出的【遙遠星球的孩子】。在決定拍攝自閉症主題後，導演觀看來自世界各國與自閉症相關的影像紀錄，也實際接觸自閉症患者，拜訪50位以上患者的家長，同時也向醫師、專家及學者請益，花費在田野調查上的時間將近1年（吳慧敏，2011年12月）。

田野調查對於劇情影片的重要性並不少於新聞紀實節目，除了前面提到可以提供故事發想及題材的功能外，在決定拍攝方向及主題後，編劇、導演、美術、服裝等工作人員更需要透過田野調查蒐集資料，使得劇情呈現更貼近真實、更具有說服力。以拍攝眷村故事為例，雖然目前台灣地區大部分的眷村都已拆除改建，但目前具有眷村生活經驗的人仍有很多。負責田野調查的工作人員可以先訪問數個曾居住於眷村的人，藉以瞭解當時的生活狀況或是蒐集一些故事，也可以請求受訪者提供照片參考，並以照片追蹤出更多動人的故事或是詢問照片上沒有看到的細節。舉例而言，藉由一張一群小孩穿著制服的合照，可以詢問眷村孩童當時是如何相處、眷村小孩通常在放學後的活動為何等問題，編劇就可藉此開始架構故事雛型。

編劇對於故事發生的時代背景描述以及人物角色個性刻劃，都有賴資料蒐集、觀察或訪問。關於故事發生的時代背景，編劇需要知道的資訊包括有：當代所發生的重要事件、當代的人穿著方式、說話方式、生活習慣、流行文化等；在人物角色個性方面，則是包括故事角色可能有的肢體語言、動作、說話的方式等，這些可能與個性或職業相關。例如：脾氣暴躁的人在遇到事情時，通常會產生的反應，或者醫師在巡房、會診時慣用的說話語氣、詞彙以及習慣動作等。唯有在充分瞭解並分析相關資料之後，才能把整個劇本寫得活靈活現。

每個人的人生經驗及所知都是有限的，編劇不能僅依靠自己既有的認知而隨意編寫。例如：一位長年生活在台北的編劇，在塑造一名南部計程車司機的角色時，應當要實際到南部各地搭乘計程車並進行觀察，不同地方的計程車，所使用的車款、車內擺設上、工作習慣、收聽的廣播頻道等

都可能會有所差異。編劇若以為台灣從南到北的計程車司機都是一樣，而以就近在台北觀察代替實地觀察，角色的真實性便會顯得不足，對具有南部生活經驗的觀眾而言，更是不具有說服力。

此外，在劇情中經常會出現特殊職業或罕見疾病等情形，就更需要透過田野調查獲取更為精確及完整的資訊。例如：若在劇情中提及某種特殊疾病，編劇便需先從二手資料中瞭解它的定義、病情症狀以及相關基本資訊，另可參考過往曾討論過此類疾病的影片，之後再訪問具相關專業的醫師，將所蒐集到的一手及二手資料交叉印證。如果有機會接觸到病患及其親朋好友，可以透過觀察或深度訪問，瞭解病患的心理狀態或常出現的情緒反應，以及病患的家屬及朋友如何與病患互動及心情反應等細節。當編劇藉由觀察或田野調查完成腳本之後，負責場景、人物造型及道具等的工作人員則須針對腳本設定的時代背景開始分工，個別進行田野調查，考究當代的生活模式及可能會出現的物品等。

目前國內各個頻道盛行的綜藝談話類節目多為帶狀類節目，由於製作成本低廉且前製時間有限，企劃人員經常需要在很短的時間內找到大量資料提供節目主持人及來賓參考。這些資料大多為沒有時間求證的網路二手資料，內容錯誤百出，若來賓對該議題的熟悉度並不高時，在節目中的發言就會多依據企劃人員所提供可能有錯誤的資料。為避免發生錯誤，企劃人員最好的做法，除了提昇蒐集資料的能力外，在規劃來賓人選時，應當想辦法找到熟悉該領域且平日就有蒐集相關資料的專家參與節目錄影，如同在田野調查中應找到關鍵受訪對象的道理一樣。如此，專家的發言及所提供的資料在可信度上相對較高，另可請專家針對節目所蒐集之內容提供指導，而不只是一再請來賓重述網路上以訛傳訛的訊息。

廣受台灣觀眾喜愛的美食節目，一樣需要先進行二手資料蒐集與田野調查等步驟。以製作美食節目為例，企劃人員須先行蒐集二手資料，挑選出具有拍攝價值的店家，詢問當地人對這些店家的印象，爾後親自到這些店家觀察及試吃，並詢問現場的客人及鄰居對該店的看法。除了二手資料的蒐集外，前述的每個步驟均可被稱為田野調查。

有些美食節目中，也會介紹一些當地季節限定農產品，但因全球氣候的轉變，生態因自然環境的改變而產生變化，因此企劃人員不能過度相信二手資料。例如：資料顯示每年11月第1-2個星期間是採收烏魚的季節，但採收期可能因該年氣候因素而提前結束。若企劃人員省略親身調查，僅依照過往資料規劃拍攝期程，將可能會發生拍不到畫面的窘境。對影視節目而言，缺乏畫面等於一無所有。

綜藝節目有時也會採用實境節目的方式呈現。在觀眾眼中看似沒有劇本或隨機發生的情況，其實更需要企劃人員事前到拍攝地點進行仔細觀察及詳細規劃。舉例來說，節目中設計兩組主持人由同一個地點出發，抵達同一個目的地，但過程中以抽籤或丟骰子決定搭乘的交通工具及中繼點。事前，節目企劃人員需搭乘各種不同的交通工具，親自完成一趟行程，以瞭解搭乘不同交通工具所需花費的時間及費用、大眾交通工具時刻表、中繼點附近的景點美食等，才能排列出所有可能的行程組合，進而規劃穿插其中的單元內容以及規劃錄影時程。

在影視製作的前製作業流程中，田野調查其實經常與其他工作項目一起進行，如現場調查的勘景工作，亦算是田野調查的一部分。攝影及燈光人員的田野調查內容，包括：拍攝場景的方位（東、西方位置）、日出／日落的時間、光線會不會或在什麼時間會照射進場景內、場景的空間距離等。製片的勘景則是可以從初勘、履勘，再到定勘，雖然是到同一個場景，但每次觀察的目的或對象可能不盡相同。

❋ 第三節 ┃ 田野調查法的流程

田野調查所包含的工作項目十分繁瑣，基本上可依工作時程區分為四階段：事前準備工作、訪問及觀察、資料整理，以及建檔與運用。以下分別針對各階段的工作內容及應注意事項進行說明：

一、事前準備工作

正式展開田野調查前，工作人員會盡其所能大量蒐集及詳細閱讀各種二手資料，循線找出合適的受訪對象，以期對於拍攝對象之背景建立初步認識，藉以發掘問題、找出問題的切入點，最後順利進入實際調查（劉還月，1996）。二手資料所指範圍十分廣泛，包括書籍、文獻、論文、報章雜誌、影片以及網路資料等。各種資料都有其利弊：學術文獻報告雖然專業，但因有較多數據及專有名詞，較為艱深；書籍則可能因出版時代久遠，內容已與現實情況不符；網站資料可信度較低，發生錯誤的機率也偏高；報章雜誌內容通俗易懂並兼具深度，惟因資料數量龐大，資料蒐集上較為費時。藉由網路蒐集二手資料時，建議應以國家機構或可信度較高的組織機構所建構的網站為主要搜尋對象。另外，在閱讀二手資料時，除可由內容上獲得資訊外，內文之後的參考文獻也是很重要的二手資料搜尋線索。

蒐集二手資料時，應以多方且廣泛為目的，因為同一事件在不同資料來源上可能出現不同的觀點或描述，甚至發生瑕疵或錯誤。由於每一位二手資料撰寫者都有其立場與觀點，文史工作者簡史朗建議，在閱讀二手資料時應當抱持檢驗的態度，對文獻進行解構，也就是多加思索文獻作者的個人身分背景、立場、動機，以及陳述事件的角度與觀點（李尚蘭、黃小娟，1999）。為維持二手資料的可信度、客觀性、正確性與完整性，避免採用單一或少數來源，即使是某個領域的權威書籍，也可能會有疏漏。在閱讀二手資料時，養成邊看邊進行整理歸納及交叉比對的習慣。閱讀資料的同時，要進行二手資料的勘誤，遇到不同的書籍或文獻不一致之處，要特別標示及註明，並做為之後深入訪談的提問問題。

詳細閱讀完資料後，企劃人員便可開始擬定發展方向、歸納主要問題並排列出架構與題綱，從來源不同的二手資料中篩選出符合需求的內容，並分類至最合適的各個題綱中，逐步發展故事邏輯架構。建構完成後再仔細閱讀審查，若有不足之處，則繼續從不同來源及管道蒐集資料並補足相

關資訊。各學派及研究者對於田野調查有不同的實踐應用或主張看法,但也都一致同意在實際進入田野工作現場前,必須透過廣泛而完整的資料蒐集與詳細分析、閱讀,才能對調查的人、事、物、地有更深入的瞭解,找出更多問題及線索,直至正式進行田野調查時,才能避免發生不必要的錯誤(劉還月,1996)。

　　因製作需求不同,每個節目倚重二手資料及田野調查的比重也會有所差異。有些節目受限於節目長度,無法容納過多或過於深入的內容,或是節目本身的目的就只是設定在提供觀眾一個廣泛的概念,並沒有要針對單一主題進行深入介紹,因此大部分內容僅仰賴二手資料整理,只有極小部分需要田野調查。以紀錄片為例,約40%-50%的內容在整理二手資料時便可完成其架構,另外的50%-60%則是資料中延伸到田野調查時獲得,延伸的部分會因內容獨特,進而讓影片更具可看性。

　　二手資料彙整完成後,下一步就是要找到進入田野調查的管道,也就是關鍵人物。關鍵人物扮演極為重要的角色,攸關後續作業的執行方向,如果找到不對的人,不僅無法提供協助,甚至會阻礙田野調查的進行。關鍵人物的找尋,可先從二手資料中列出的幾位重要人物開始著手,有時可以是二手資料的作者,也可以從當地的店家、鄉鎮公所、各種組織系統中探聽。進行田野調查時,要牢記一個觀念:找尋一個人或一樣東西,不能單靠一條線或一個方法,要從許多旁枝開始著手,最後才能輾轉找到目標。有時會因此花費許多時間,但為了達成目的,這是必然的過程;有時也可能運氣好,快速地找到關鍵人物。另一方面,在田野調查過程中,受訪者可能會熱心建議其他受訪人選,在獲得這些經由介紹的受訪人選名單後,切勿立即聯絡對方,務必先做好相關的背景調查。若是不小心接觸到較具爭議性的人物,反而因此被當地其他人貼上標籤,而拒絕接受訪問。關鍵人物不一定是要當地最具權勢或地位最高的人,有可能是人緣最好、最具誠信或大家都相信的人士。

二、訪問及觀察

對影視工作人員來說，攝影機是重要的資料記錄工具。聯絡受訪者時，就須告知受訪者會使用攝影機，而不是受訪者到了現場才發現要以影像方式記錄訪談過程，而有拒絕受訪等不愉快情形發生。一般受訪者在聽到或看到攝影機時，會覺得很不自在甚至於排斥；訪問者應讓受訪者瞭解到拍攝的目的及重要性，之後再讓受訪對象及其周遭的人逐漸習慣攝影機及工作人員的存在。有時候，雖然受訪對象願意接受訪問，但不願其影像及聲音曝光。若該受訪對象有其重要性及不可取代性，訪問者在消化並吸收訪問內容後，可做為日後思考方向、轉化為旁白或是訪問他人的提問問題。

進入田野展開訪談時，除了訪談技巧外，態度也是同等重要。訪談的基本原則是以不讓受訪對象感到不舒服的態度提問，也不應以施壓及強迫的方式要求受訪對象回答某些問題；相反的，應以請求受訪者提供協助的態度進行訪問，讓受訪者感到受尊重或覺得自己因具有特殊的認知及見解，對影片的拍攝有不可取代的重要性。以下有九點訪談時應注意的事項及基本原則，提供參考：

（一）完整的事前準備

訪問者在二手資料蒐集的完整度及消化程度，會直接反映在提問問題上。受訪者也會衡量訪問者知道的程度而決定回應內容的深淺。如果缺乏二手資料的支持，訪問者只問一些基本、較為表面的問題時，會讓受訪者感到不受尊重，以致草率回答。相對的，充分的準備可讓訪問者提問具有深度的問題，受訪者也會願意分享更多的內容，訪問者所得到的收穫也會比別人多。某些受訪者由於是該事件或領域的關鍵人物，經常接受訪問，因此在接受訪問時不會流露太多的情緒及表情，並採以制式的方式回答。此時為展現二手資料整理實力的最佳時機，當受訪者以制式方式回答時，訪問者可以說：「其實，還有○○○的問題想要請問您，因為書上並沒有說得很清楚，有人的說法是○○○，但也有人認為是○○○，所以……」

當受訪者感受到眼前的訪問者對於許多細節均已瞭解並進行查證，凸顯出與其他訪問者的不同之處時，也更願意在訪問者的引導下分享更多不同的資訊。

（二）提問問題分等級

訪問的進行可能會受到時間的限制或是突發的外在因素而臨時中斷，為確保能在訪問中獲得所需的重要資訊，訪問前可以先依照重要性將提問問題分為三個等級，分別是基本問題、核心問題，以及延伸問題。基本問題多用做求證之用，例如：不同資料對某一事件的發生年分有不同紀載，可藉由基本問題而獲得釐清。但因為其重要性不如另兩類問題，可待訪問至最後若有多餘時間再提問。核心問題則是非問不可的問題，為該次訪問的最主要目的，因此是訪問中應最先被提出的問題。延伸問題則屬於旁枝或較次要的問題，可在核心問題問完後再提出。

（三）多問「如何」（how），少問「為什麼」（why）

「為什麼」及要求解釋事情「意義」的提問方式，容易造成受訪者的壓力。訪問者可依事、時、地發展提問問題。「如何」是較能獲得敘述性資料的方式，因為受訪者在說明的同時，多半會提到動機與理由以及後續產生的意義或影響（Spradley, 1979: 81-83 轉引自Jorgensen, 1989／王昭正、朱瑞淵譯，1999，頁127）。

（四）言簡意賅，避免閒扯漫談

為了讓受訪者能理解提問問題並回答切題，訪問者應當避免提出冗長、迂迴、一連串且缺乏重點的問題。所提的問題要簡要清楚並且具體，而且要隨時掌控問題的主軸。訪談過程中難免離題或提到題外話，若該內容具有價值或發展性應當立即記下，但不可因此而被帶離該次訪談的主軸，要適時拉回主題，待核心問題訪問完後，有時間或下次訪談時，再進一步詢問。

（五）耐心聆聽，避免搶話、打岔

讓訪問者把話說完再提出下一個問題。打岔會造成話柄中斷或影響訪問者的思緒並且也不禮貌，之後更可能會不容易接回原先話題或是難以再

恢復先前談話的情緒。即便是訪問者所說的內容均為已知資訊，也要讓受訪者把話講完，中途打斷會使受訪者受挫，並產生「既然你都已經知道，為什麼還來問我」的心態，也可能造成之後的回答意興闌珊。

（六）合宜的回應

因為使用攝影機做為記錄工具，回應訪問者時應儘量避免出聲，以免造成日後在後製上的困擾。可使用點頭替代出聲，並以目光與受訪者接觸，讓受訪者感受到尊重以及訪問者對談話內容的認同及興趣。當受訪者的說話告一段落後，訪問者可簡單扼要地重複受訪者的談話內容，除了讓受訪者知道訪問者所聽到與理解內容的正確性，若與本意有所落差，受訪者可藉以修正、補強、澄清或解釋，也可表達出訪問者對內容的興趣（Jorgensen, 1989／王昭正、朱瑞淵譯，1999）。

（七）把握時間，但不預設時間

進行訪談最好控制在兩個小時之內（李尚蘭、黃小娟，1999），以免耽擱受訪者的時間，尤其要避免影響受訪者的生活作息。但也有例外之狀況，有時因受訪者感到開心投緣，願意額外分享許多資訊，超出預設的時間長度，甚至介紹更多的受訪者或是拿出珍藏許久的資料。若訪問者事先預設並另排其他行程而無法訪問，將喪失寶貴的機會。由於世事難料，受訪者可能隨時消失或辭世，把握好每一次得來不易的機會，因為不知如此的機會是否依然存在。另一方面，若受訪者因臨時突發狀況必須半途中止訪問，訪問者應當心平氣和地接受並安排下次的訪問時間，而不是強迫受訪者在匆促的狀況下完成訪問。

（八）不與受訪者爭辯

訪問者的工作是提問以及引導受訪者，避免進行價值批判或與受訪者爭論與人事物相關的是非、對錯及功過。除了會影響受訪者的心情外，也會造成受訪者產生防禦的心態。

（九）儘量現場處理輔助資料

受訪者如有提供相關輔助資料如信件、照片、文件、錄影帶等，可豐富影像畫面並增加可信度，對田野調查有重大的助益。有時訪問者會請

求受訪者提供，或是受訪者自願提供，無論如何，建議儘量不要將資料帶離現場。許多田野工作者在借用時，信誓旦旦承諾一定歸還，但之後因各種原因而忘記歸還，甚至可能因爲自身的疏忽而遺失，造成受訪者及後續訪問者的困擾。這些輔助資料多爲受訪者珍藏及重要回憶，有其不可取代性，建議儘量不外借，可在徵得訪問者同意後翻拍，或是隨身攜帶掃瞄機儲存。若萬不得已必須借出，一定要信守承諾，將輔助資料完好無缺的準時歸還。

三、資料整理

田野調查結束後，整理素材的速度愈快愈好，因爲時間一久遠，許多事情容易遺忘或混淆。資料的整理除了拍攝內容外，還包括在拍攝過程中以文字詳細記錄的筆記。筆記的內容包括時間表、私人日記、事件日誌、草稿等，田野工作者可以使用前述的任何一種形式，將田野調查期間的人事物、個人經驗、交談或其他可能具重要性的事物，以有系統的方式記錄下來。許多田野工作者看到什麼就寫下什麼，並未做特別的區隔，導致自己最後在資料彙整時發生混淆。

在質性研究參考書籍中，除了田野調查，經常可見「田野日誌」、「田野日記」、「田野筆記」、「田野雜記」等各種名詞，各家解釋也不盡相同。完整的田野調查文字紀錄包括描述性（descriptive）的內容─著重於描繪事件、人物、動作及對話，以及反思性（reflective）資料，並強調田野工作者個人心理層面、想法組成。以下分別針對以循序按日或按事件記錄的「田野日誌」（field journal），以及於不定時記下主觀感受、想法以提醒自己思慮的「田野筆記」（field note）這兩種常見的資料撰寫方式進行說明。

（一）田野日誌

田野日誌是指在田野調查工作期間的一般紀實，採用日誌（log-book）的形式，以較爲客觀和理性的態度，按照田野工作期間事件發生的先後順序，將所看、所聽、所感受到的大小事件，鉅細靡遺地記載下

來，目的在於捕捉生活中的各個片段，將田野調查工作的過程轉化為可供閱讀的文字。田野工作者在觀察或訪問期間或短暫的空檔間，盡可能即刻詳細做記錄，但若有實行上的困難，則可在每次田野活動結束後盡速撰寫。田野調查是一項從開始便很繁雜的工作，新的資料會不斷累積，再加上時間一長，許多事情很容易被忽略或遺忘。田野日誌屬於描述性的紀錄方式，雖然內容類似於一本流水帳，但也因為詳細、確實且具體地記載田野觀察及經驗，田野工作者日後翻閱時，有助於喚起回憶，做為內容補強、佐證之用，甚至因此發現另外一條可以追蹤發展的線。有關田野日誌的實際撰寫方式，請見本章附錄範例。

（二）田野筆記

田野筆記偏向主觀、感性、隨性及私人性質（劉還月，1996），田野工作者毫無保留地記錄訪問過程中的真實感受和心得，是多面向的田野觀察及經驗紀錄。田野筆記的內容可以包括當時對周遭人事物的好惡、感覺、感想、看法、立場或心情，例如：田野工作者可寫下因遭遇困難而產生的焦慮及不安情緒。田野筆記沒有固定的撰寫方式，多半在工作結束後，田野工作者寫下因當天經歷某些事件所產生強烈感受，有時只是隻字片語，有時則可能是長篇大論，完全視田野工作者當時的感受及想法而定。田野筆記除可做事後為瞭解當時心情以及當時所處環境的反思工具，也因為內容較為感性與情緒，有助於撰寫出動人及感性的旁白或者轉化為影片後記中的拍攝心得。

進入後製期間，田野工作者依然可以持續撰寫田野日誌或是田野筆記，例如：在田野日誌上註記剪接時所思考的攝影鏡頭之間的關聯或是加註觀影筆記做為田野筆記的延伸。

使用深度訪談法時，多以錄影或錄音方式記錄的資料內容。為了能夠進行分析及詮釋，必須要進行「轉換」，最常使用的方式為逐字聽打，也就是將每位受訪者所說的話，一字不漏、正確地聽打成文字。在進行聽打之前，要先填妥與該次訪談及受訪者相關資料，如日期、地點、工作人員、受訪對象基本資料、時間起迄、空間位置等，有助於日後組織及整理

第三章 田野調查

073

資料，當需要某些資料時，可輕鬆找到。聽打者最好由參與訪談的工作人員負責，因爲在訪談時，訪問者已消化過一次受訪者所講述的內容，工作效率會較高。在進行現場訪問時，訪問者會因爲專注於觀察受訪者的眼神或肢體語言，而忽略某些細節。在聽打逐字稿時，等於是複習，可能產生新的想法或延伸出其他訪問問題。若產生新的想法，可回過頭再去查閱二手資料驗證，或另外註記等待下次進行深度訪談時再詢問受訪者。

　　此外，盡可能在訪問完成當天，立即著手進行聽打工作。因爲剛離開現場時，一切記憶猶新，較容易延伸出其他問題；拖一陣子後再聽打逐字稿，現場感會變得沒有那麼強烈，還需花一段時間熟悉內容，才能進入當時的情境，感覺也無法那麼敏銳。聽打逐字稿是一件耗時的工作，聽打人員需要不斷來回重複聆聽訪談內容，確定所繕打的內容無誤。一般而言，1個小時約可完成長度6分鐘的聽打內容；換言之，1個小時的訪談需要花費10個小時才能完成聽打逐字稿。若等到訪問結束後才開始聽打工作，累積的拍攝內容可能會高達上百個小時，換算爲聽打所需時間相當可觀。

　　負責聽打的工作人員在進行逐字稿時，絕對要遵守一字不改的原則，即使受訪者說話不順暢、摻雜贅詞或內容零亂，也須依照實際情形繕打。也許經過潤飾整理後的文稿會更爲通順完整，但它並無法忠實呈現受訪者的表達情形。經過整理的文字稿與實際訪談內容可能會存有落差，文字稿上鏗鏘有力的字句，在實際的訪問情形可能是受訪者結結巴巴、辭不達意。造成的結果是，導演受到文字稿上的內容所吸引並找到該段影片，之後才發現，原來並非那麼一回事，整段訪談其實是完全無法使用。逐字稿另有助於快速找尋相對應畫面以及上字幕；若該段訪談運用在影片之中，因爲已經逐字繕打，便可以直接挑出使用，不需要再重打一次。若時間允許，完成的逐字稿可以讓受訪者校閱，一方面讓受訪者思考是否有不合宜之處，受訪者也可藉此整理思緒並針對先前遺漏的部分進一步補充說明。

四、建檔與運用

　　影音建檔是爲了有效管理龐大的拍攝檔案，完整並有系統的建檔方式

將有助於找尋所需要的特定影片內容；簡而言之，就是分類。檔案的分類盡可能愈細愈好，之後運用的時候才能產生功效。影音建檔通常以「天」為基礎分類方式，之後可以再以「場景」、「環境」等細分。在進行檔案命名時，若當天僅拍攝一個受訪對象，檔案命名便可以由日期、受訪者姓名及編號組合而成，如「1001005 林大華001」。若為活動拍攝，命名則可由日期、主題、活動名稱再加上編號排列──「20120211元宵節慶典炸寒單001」。在文字建檔方面，則需註記受訪者、受訪時間、地點及所講述的內容大意，之後只要根據前述條件便可以快速地找到逐字稿，再循線找到影片內容。找尋畫面時，建議可先由文字檔著手，為較為省時的方式，若影音建檔清楚詳細，將可提高查詢與調閱影音檔案的速度。

　　資料運用之前要經過多方驗證，尤其是較具爭議性或較為模糊、敏感的部分，務必經過再三求證及考證，以避免日後產生不必要的紛爭。二手資料與田野調查所獲得的資料需要不斷交互使用與應證，二手資料並不會因為進入田野調查就被捨棄，因為二手資料有助於驗證訪談資料。在此所指的「驗證」，是對於「事實」的驗證。驗證工作從蒐集二手資料時便已開始，整理資料時可能會發現，同一個人或同一件事，在不同的書籍或文獻中會有所出入，將此部分特別註明或挑出來，成為深度訪談時的提問問題。進入田野調查後，再經由觀察及深度訪談與二手資料比對。最後，由田野現場帶回經整理過後的一手資料，仍需要進行最後的驗證，找出各個資料來源之間的出入，不停地進行交叉比對，找出最貼近事實的陳述。引用資料時，要格外小心謹慎；如果無法確認資料精確與否，寧可捨棄不用，因為錯誤的訊息比遺漏訊息更為嚴重。

　　田野調查是一件繁複且瑣碎的工作，但其中的樂趣又會讓田野調查工作者容易上癮，因為過程像是探險家在尋寶或是偵探在挖掘真相。透過各方的資料，會不斷地找到新的連結點，原為一集節目所進行的田野調查，可能因此發現更多題材，進而發展出一系列的節目內容；又或者原本只是為了一部紀錄片而做的田野調查，到最後發展出一部劇情片。透過田野調查所蒐集到的資料也不僅是為當下籌拍的節目之用，也可以成為影視工作

人員的個人資料庫，供未來發想或構思節目之用。

　　在田野調查的過程中，工作人員仔細觀察及記錄受訪者的言行；同樣的，工作人員在期間的言行舉止也被受訪者注意著。工作人員的口碑也因此而點滴建立，彼此相識的受訪者事後或許會相互交流討論受訪經驗。若工作人員的專業及態度獲得受訪者的認同，久而久之更多的人會願意接受訪問，無形中也降低田野調查的難度。最後，必須提醒的是，訪問者應當要時時保有感恩的心，因為受訪者經常是不計報酬地提供資料與分享所知及經驗，尤其是辛苦保存文化資產和文物的在地文史工作者。影視工作者經常在影片播出或得獎時忘記感謝受訪者，事實上，這些人才是真正成就該影片的人，因為沒有受訪者所提供的資料，就不可能成就一部完整的影視作品。

附錄
《西螺鎮七崁武術調查研究與影像紀錄拍攝》計畫案
田野日誌　資料表

1. 資料清單編號：98年01月17日／西螺鎮公館里／序號04
2. 蒐集者：陳翼漢／其他工作人員：林建享、李佳懷、廖英棚、陳秋子
3. 訪談對象：廖○
4. 年齡：
5. 戶籍住址：
6. 電話：05-xxxxxxx
7. 訪談對象簡述：

　　西螺鎮公館里里長、西螺鎮公館上區發展協會理事長、西螺七崁武術發展協會理事長
8. 訪談內容：

　　10點約在西螺交流道與秋子等人會合，一行人先前往振興宮，這是著名的阿善師（劉明善）埋身長眠之處，廟埕剛好有喜宴正在準備中。振興宮十分的樸素，阿善師生於乾隆死於同治，算是經歷了滿清中衰的過程，而西螺武術也是由他帶入。他的籍貫為漳州詔安，功夫師承為南少林，然後在西螺落地生根，功夫傳承也開枝散葉，為當地振興社及振興館的源頭。

　　在振興宮聯絡了鳳山館的廖里長（廖○）後，我們又驅車前往位於公館里的廖里長住處，中途還在廣興國小問路，廖里長的武館在田野中央，已經迫近虎尾的惠來厝。廖里長約四十初頭，身材圓胖結實，談吐幽默風趣，還有幾名年輕弟子幫忙打理庶務。他提到自己練的路線跟父親不同，因為自身是二十幾歲才真正在練，所以沒跟父親同個武術流派，而廖里長因為年紀較輕，對於武術傳承的概念比較有在思考，因此他提到自己一直與學校合作，推動國中小學生的武術教育活動，既可健身又可傳承延續武

館的文化，這與一般泡老人茶感嘆人才凋零的老師傅不同，廖里長可是泡古坑咖啡來招待我們，並且強調這樣才不會有斷層現象，年輕人來這邊練武也才不會在外面趴趴走。

　　廖里長也提到武術的訓練跟表演，必須隨時代的進步而改變，例如：在西螺的寺廟前表演，就應遵照老祖先的方式，以嚴肅的態度及精神展現傳統武術，但若是受邀到外地進行武術表演，由於偏向娛樂的性質，就可以添加一些電音的東西，同時也能維持年輕人對武術的興趣，所以兩種都必須要學習訓練。廖里長提到過去自己帶出的表演，相當受到歡迎等等，由於我只是初次與廖里長碰面，所以是哪些地方的活動也不清楚，研習拳術的教拳師傅方面也聽得霧煞煞，至於舞獅的獅頭、動作等等，也同樣不太清楚，不過里長說他現在因為鄉里事務繁忙，外地的邀約能推就儘量推。

　　剛好我們問了里長表演的「眉角」何在？而在里長身後2、3公尺的徒弟們，正俏皮的比著「眉角」在扮鬼臉，就被里長抓來表演示範一番。里長說這兩位都是廣興國小畢業，兩人對打時特別有默契，剛開始兩人還帶著笑臉作無聲對打，里長就說「您們兩個是打無聲的啊」，於是重新開始正式比畫，果然虎虎生風。但是里長還是提醒著小心摩托車等等，里長說他們示範的是四部招，先以美人照鏡來上下撥擋，再快速左右出拳。他也提到表演必須要觀察好地形環境，才不會發生不順利的意外，這就要有靠長年的經驗及相互的默契來應變。他自身經驗是只要連續發生一次、兩次的不順，當天的活動通常就一路不順到底，所以這還是有冥冥中的東西在其間。像他的弟子有次表演雙刀時，一隻刀子居然脫手飛出去，幸好他經驗足，就繼續舞著單刀完成表演，沒有中途中斷去找刀子，搞不好觀眾還以為這是安排好的橋段，但是懂得的人就知道是出錯了。

　　談到這邊也差不多了，廖里長說很多資料被借走都沒回來了，所以能夠提供的部分也有限，但建享跟里長說，所有的資料都會現場複製絕不帶走。接著我們又去廣興國小一趟，因為里長請學校示範一下學生的訓練給我們看，我們就看到武術社的小朋友，各個氣灌丹田的比劃出招式。不一

會兒小朋友就滿頭汗，然後又練習對打及舞獅頭，由小朋友先表演，再由畢業的這兩位學長壓軸示範，其間里長還點一位清秀漂亮的女學生，拿棍棒對打，我們看她大概比較想轉身就跑吧！示範一結束，她就喊著手很痛哩！而計畫主持人建享，則跟武術社的指導老師談話。李老師是走勤習堂路線，他的父親也是勤習堂的路線，不過他父親對於流派脈絡並不清楚，只是因為有師父到庄頭來教拳，就跟著學習練拳，由於沒有什麼交流的關係，反而招式最傳統，不像年輕一輩到處見習自創，混雜到別派的功夫等等。建享就說原來這種有別於明館的暗館，就如周星馳的影片所演的一般，存在於鄉野民間之中。

結束了廣興國小的部分，廖里長很熱心的帶我們去找大新里的邱里長（邱○○），由於帶著關刀、雙刀等武器上車，他還笑說自己是要去拼館了。繞過高速公路經過大新國小不久，就到了邱里長的農藥行。邱里長是振興社的負責人，他對我們的到來顯得意外，說這樣沒有先安排準備，會讓我們失望，不過建享說我們只是來拜訪，以後才會正式訪問紀錄等，邱里長才放鬆神情。廖里長說這邊的獅頭是紙糊的，樣式非常的傳統，眉宇間的突出特別有氣勢，而這邊的盾牌是依古法自製，十分耐用可靠，他們鳳山館是去嘉義買的盾牌，弟子拿真傢伙一劈就壞，前臂還紅腫痛得要死等。

完成了邱里長的拜訪工作，廖里長也要回去練習下週六廣福宮前的表演活動，我們便自行前往廣福宮看看。廟前左方住家的阿婆還在包著手工水餃，之後我們便結束今日的工作，等下星期六（2009.1.24）再相會了。

9. 其他說明：無。

第 4 章 ▶▶▶
電視節目製作基礎概要

公共電視企編巫知諭（2010）認為，不是隨便的一個人就可以勝任企劃的工作，企劃必須要懂很多細節，才能和製作人構想出節目的雛型，也才會知道實際執行時不會有問題，所以企劃可以說有點像全能人才。為了具備全能人才所需的技能，電視節目企劃人員除了追求創意能力外，對於節目製作流程及相關工作人員職掌也要有一定程度瞭解，才能具備規劃人力、進度及預算的知能。

本章將說明節目製作流程、節目製作過程中各項工作人員的工作內容與電視台內專業工作場域，提供企劃人員完整的電視節目製作相關基礎概念。

❋ 第一節 電視的發展

1926年多天，John Baird發明的電視首次在倫敦公開展示，雖然那台簡陋的「東西」只能呈現模糊的黑白影像，但的確稱得上是一台可播放影像的「電視」。二次世界大戰延後了電視時代的來臨，大多數西方工業國家開始發展電視事業的時間約在1950年初。爾後，彩色電視、衛星電視及有線

電視等技術的發明，幫助電視在短短數十年間迅速取代其他傳統媒介，成為傳播媒介中的佼佼者，甚至被稱為「二十世紀最好的發明之一」。

　　電視問世是多項發明的累積成果，可溯及1839年法國物理學家Alexander E. Becquerel提出的電化效應／光電效應（electrochemistry of light）。1873年，英國科學家Joseph May於實驗中發現硒（Selenium）可將光轉換為電能，因而聯想到將他處影像經電流傳送此端用光因子，以顯現出影像之理論。1884年，德國科學家Paul Nipkow在金屬板上開鑿許多有規律的小孔，當金屬板旋轉時，影像的光線依序透過小孔，分割成許多小單元，藉由光電效應轉換成電波訊號。利用電線將電波訊號傳至另一端接有同步旋轉的圓盤接收器，依序將傳來的電波訊號重新組合，使畫面重現，這種將畫面先分解再重組的方法稱為「機械式掃描法」（彭芸、黃新生、顧立漢、陳東園，1997）。1920年代，Philo Farnsworth與Valdimier K. Zworykin一系列的發明，將電視技術帶領至另一個發展階段。

　　電視的發明徹底改變人們的生活、思考及行為，也影響人們娛樂休閒及資訊的獲取方式。電視在現代社會中扮演的是多重角色，除了娛樂消遣，還包括陪伴、聯繫家庭情感和保母等。而電視媒介之所以迷人，在於其所兼具的視覺及聽覺雙重作用，綜合文字、聲音及影像。電視建構真實的能力，使得觀眾有身歷其境的感覺，並投入情感，隨螢光幕上的人事物落淚或歡笑。鄭貞銘（1994）歸納出電視媒介的特性：

一、形、聲的組合媒介

　　電視是具有視覺及聽覺雙重綜合效果的媒介，同時具有聲音、文字及影像要素。

二、時間的媒介

　　因時間而非空間存在。例如：電視台播出的節目並不會因該時段觀眾的背景程度相異而有不同，即使觀眾對該節目的理解吸收不同。

三、頻道多樣化

電視頻道迅速增加且彼此間競爭激烈，觀眾可依自己的需求及喜好，選擇可以滿足需求的頻道及內容。

四、操作複雜而昂貴的媒介

電視製作成本較高，所要求的專業技術操作複雜，製作時間也長。

五、廣告是主要收入

廣告是電視營運的命脈，也是生存依靠。

台灣電視事業的發展可追溯至1957年，台電工程師張仲智自美國帶回小型無線電視播送機，配合接收機做公開試映，此為台灣首次的電視播出（王天濱，2002）。1960年5月20日，蔣中正與陳誠連任第三任總統與副總統，中國廣播公司與日本電器株式會社合作實況播就職典禮，並於公共場所架設電視機供民眾觀看，這是台灣第一次無線電視節目播映（莊永明，2002；彭芸等，1997）。很快的，台灣在1962年成立第一家電視台——教育電視實驗播電台，每天播出2小時教學節目；同年10月10日，台灣省政府與四間日商公司（富士電視台、東芝、日立、NEC）合資創辦的台灣首家商業電視台——台灣電視公司正式開播。隨後國人獨資創設中國電視公司及由教育電台擴大建構的中華電視台亦相繼於1968年及1971年開播。往後近30年間，三家無線電視台鼎足而立，直到1997年6月，民間全民電視台的開播才打破此一局面。

有線電視在台灣發展的歷史由早期的「社區共同天線」初露雛型。最初只是為解決因地處偏遠或受大樓阻隔所造成的無線電視訊號收視不良情況，因而架設共同天線。1969年，花蓮縣豐濱鄉首度出現由民間社區團體利用同軸電纜（Coaxial cable）傳送無線三台電視影像及聲音的小規模有線電視系統，此為台灣地區有線電視的開端（江德利，1992）。1970

年代起，社區共同天線的角色悄悄產生變化，它的作用不再僅是改善收視品質。1977年台灣第一個非法播放錄影帶的第四台在基隆地區出現（劉恩良，1998），播送影帶的內容多為日本摔角、侵權的國內外電影，甚至包括色情片。

1993年8月，「有線電視法」通過並公布實施，非法第四台紛紛競相爭取成為合法有線電視台。之後陸續的政策及法令，如「有線電視節目播送系統暫行管理辦法」及「有線廣播電視法」等將台灣地區有線電視逐漸導入正途。依據2011年2月國家通訊傳播委員會（NCC）統計，台灣地區衛星廣播電視節目供應者（頻道商）104家（本國業者82家、境外業者30家、境內境外兼營者8家）、269個頻道（本國業者167個頻道）、有線電視系統經營者59家。電視頻道百花齊放提供多元的節目內容，滿足不同族群的相異需求，有線電視以各類型節目區隔瓜分無線電視的市場。

2012年6月30日，台灣使用50年的類比無線電視訊號走入歷史，邁向數位無線電視的新紀元，無線電視頻道數由5個增至16個。完成無線電視全面數位化後，NCC預計於2014年落實台灣電視發展的下一階段—有線電視頻道的數位化。數位電視壓縮技術的改進，使頻譜利用更具效率，屆時數位電視頻道也將超越有線電視時代的上百個頻道，影音品質也將大幅提昇。頻道的增多意味著觀眾具有更多的選擇，電視台則需要更多的節目內容以滿足觀眾的需求；相對的，頻道間的競爭將更為激烈。惟具創意且內容有深度的節目才能從上千個國內、外節目中脫穎而出，滿足閱聽眾在娛樂、資訊上的需求。鄭自隆（2006）指出，電視數位化後之電視品牌價值，將取決於節目而不在於頻道，電視產業宣告正式進入「內容為王」的時代。

除因應技術的變革外，電視媒體還須面對來自網際網路的挑戰。1990年代後，網路普及率逐年大幅提昇、應用範圍日益擴大，網路取代電視的替代說法不曾間斷。然而截至2012年為止，人類依賴電視的程度並無因為其他科技的誕生而有所減少，不論是孩童還是大學生，看電視的時數都有增加的趨勢。2010年台灣民眾平均每週花在看電視的時間是

19.13小時，居所有媒體之冠，比2007年增加2.19小時（台灣閱讀大調查發現，2010年10月）。網際網路的發明的確改變社會大眾的媒介使用行為，但由上述數據可知，網際網路並沒有完全取代電視收視需求。在過去的數十年間，電視早已滲透於多數人日常生活中許多層面，甚至難以切割，使用電視已成為人們的一種生活習慣。相較於網路，電視使用門檻較簡易，不需要過多的涉入與注意力，也不需要熟練的技巧或採取任何行動，就能滿足閱聽人放鬆、娛樂的需求。新浪網執行長兼總裁曹國偉指出，傳統影視媒體和網路之間不論存有多少顯著區別，對於「內容」的需求將是一致的；日本電視廣播公司社長久保申太郎更是看好傳統影視媒體在內容上的競爭性（傅慶萱、趙繽言，2006年6月19日）。

　　無論是面對數位化所帶來的改變或是伴隨網際網路而至的衝擊，「內容」成為電視產業未來的生存關鍵。內容由兩個部分組成，一是企劃，一是製作，前端企劃產出的創意必須仰賴後端製作的執行。不同於網路影音，電視是一個高門檻、高投資、高產出及高專業的產業，內容的產出如同其他企業生產製作的商品一樣，有一定的分工與製作流程。也由於電視節目製作程序繁複並使用多項專業設備器材，從概念產生到完成，非得仰賴各階段之各類專業人員方可順利完成製播。企劃人員須熟悉影視製作的分工流程，瞭解影視製作的共同語言，才能整合規劃各階段工作。

❋ 第二節　電視製作流程

　　電視節目的產製過程類似於貨物生產，但與一般產品製造流程相比，更為複雜並高度分工（Abercrombie, 1996／陳芸芸譯，2004）。若按照工作的時間流程區隔，電視節目製作程序可分為四個階段：前製期[1]負責構思、製作期為拍攝，後製期則包括剪接、配樂、配音、電腦特技、動畫等

1　也可寫為前置期，「置」意指工作與人力的配置。

工作，最後的第四階段為宣傳與播出。四個階段的工作內容重點分述如下：

一、前製期（Pre-production Period）

一個節目的成敗與其前製期規劃工作的完善程度有密切相關。前製期所疏忽的細節，可能導致後續在製作期及後製期付出更大代價。完備的前製作業成為決定節目能否成功的重要因素。前製期主要為籌備工作，如蒐集資料、撰寫企劃書、編寫腳本、召開製作會議、道具、布景及服裝訂定、勘景、籌組工作團隊、選定演出人員與訪問對象以及規劃拍攝設備租借與申請安排場地、公文作業等。前製期所需的時間長短取決於節目的複雜程度及製作期的長短。李秀美（1996）另有提出建議，如節目內容需要專業諮詢，前製期就應邀請專家學者加入，協助訂定節目大方向，如此一來不僅可縮短在前製期的摸索時間，也有助提昇節目的深度。

二、製作期（Production Period）

又可稱為拍攝期，是電視節目製作四個階段中，風險最高及參與人員最多的階段。工作人員將前製期的規劃付諸實踐，工作項目包括布景陳設、打光、現場彩排、走位、攝影機拍攝、麥克風收音、演員演出等。製作期的主要任務除了節目拍攝外，整體進度執行及預算控管，亦為不可忽視之重要項目。

三、後製期（Post-production Period）

製作期之後到節目完成，都可視為後製期，為節目最終及具決定性的階段。工作內容為整理製作期間的拍攝畫面，包括剪輯（粗／初剪）、特效、旁白撰稿、配音、上字幕、音樂及音效搭配、動畫合成等。現場直播節目的製作期等同於節目播出，因此並無所謂的後製期，節目中所使用的片頭、字卡、單元內容、音樂、音效等在進行直播之前，就需完成製作。

四、播出及宣傳期（Premiere and Promotion）

節目製作完成後的工作並非只有被動的等待播出。節目在上檔播出前或是在播出期間會利用各式各樣的宣傳管道增加節目的知名度、話題性，以引起更多潛在觀眾的興趣及好奇。例如：召開記者會、試映會、發新聞稿、照片、製播宣傳預告影片（on air promotions）等。

除了前述大多數影視工作者熟知的製播四階段外，鄭瑞城（1988）另認為資料素材的蒐集與整理不應當只限於前製期，而是隨著資料素材的整理而持續不斷，因此提出另一種電視節目製作流程概念，將創作過程分為構想選擇、素材選擇及成品三個階段，依序包括七個步驟：

表3-1 電視節目製作流程

階段一 構想選擇	(1)決定粗略節目構想及綱要		(5)製作詳細劇本及進行細部工作規劃
階段二 素材選擇	(2)根據構想及綱要搜集資料素材	(4)重新篩選素材並補充新素材	(6)精選、剪輯素材
階段三 成品	(3)匯集資料素材		(7)錄製完成

總的來說，步驟(1)與(5)為構想選擇階段；步驟(2)、(4)及(6)為素材選擇階段；步驟(3)與(7)則為成品。如此的分類較為著重於節目內容企劃工作，但對技術工程環節較為忽視。

依電視台節目控管流程角度，節目製作則可分為四個階段：審查階段、試錄階段、製播階段及修正階段。審查階段為接受各製作單位所提出的企劃書，通過初審的製作單位受邀至審查會議中提報，最後評選出合適的製作單位進入試錄階段。獲選的製作單位將依會議中審查委員們所提出的意見進行企劃書修正，並與電視台負責單位密切溝通。確定節目內容流程及主持人選等事宜後，便展開試錄作業。試錄的目的在於確定節目呈現效果是否符合電視台的期待，以及檢討需要改善之處。製播階段為節目正

式開始錄製到完成播出帶為止，期間製作人除了控制節目的品質、進度外，也開始與電視台研擬宣傳計畫。最後階段則為修正階段，製作團隊將依節目播出後的收視率及觀眾反應，做為日後節目內容及單元的調整參考。

　　觀眾收看電視節目，短短的30分鐘或60分鐘一閃而過，卻是電視節目工作人員們投注許多心力及時間的成果。日本美食節目【料理東西軍】的前製作業就花費近2個月的時間（林曉娟，2006年8月21日），在棚內錄製的部分則需要4個半小時，使用7台攝影機，動員30位的工作人員（羅沁穎，2003年12月24日）。在台灣，同為60分鐘的非戲劇類節目製作流程中，節目內容企劃及腳本撰寫需要數星期的時間，實際拍攝時間則視節目內容、型態及拍攝地點而異。製作流程較為簡單的棚內談話節目，從開棚準備到錄完影可能需要3-4個小時；外景節目則需要1-2班的實際拍攝時間（一班為8小時）。後製工作更是費時，從串帶、特效、配音、音效到上字幕，需要數十個工作小時。

　　以台灣製作的外景60分鐘節目【食尚玩家】為例，一般從企劃到製作完成一集約需20-30天。擬定主題後以2-3天找尋相關資料，接著企劃執行再利用2天先行勘景，回來後聯絡採訪對象及撰寫粗略腳本。外景拍攝約3天，之後需4-5天撰寫剪接腳本，最後進入後製階段，剪接需4-5天，而音效則需2天。若是特別企劃專題或出國拍攝，在企劃及聯絡上所花費的時間將增加（鍾文芳，2010）。境外頻道製作的外景旅遊節目【瘋台灣】從設定拍攝地點到完成播出帶也需約25-30天（鄭淑文，2007）。同為60分鐘（實際播出48分鐘）的棚內節目【廚房的幸福味道】，內容包括棚內訪問、棚內烹飪、紀錄片、類戲劇四個部分，從開始蒐集資料到最後節目完成約為3個星期，製作流程依序為敲來賓通告、預訪來賓（瞭解來賓心中最懷念的料理及相關故事）、外景拍攝VCR、來賓故事類戲劇拍攝，以及進棚錄影（宋嘉玲，2010）。

✺ 第三節 電視節目工作人員

　　電視節目的誕生可能源自於某個人的靈光乍現，但將創意付諸於實行到最後呈現於觀眾眼前，則並非由個人的一己之力可完成的。觀眾經常把電視節目的光環加持在演出人員、導演或製作人身上，但沒有其他幕後工作人員的配合和時間心力付出，節目將無法完美呈現。電視節目工作強調的是團隊工作（team work）精神，極度仰賴於幕前與幕後的配合演出。如Abercrombie（1996／陳芸芸譯，2004）所指，要製作出成功的電視節目，關鍵在於將一群具有廣泛技能的人湊在一起，並發揮團隊合作的功能。雖然電視節目工作人員因工作性質及器材操作項目而在職稱上有所區隔，但基本上每一名工作人員包括演出人員，都有其重要性及必要性，也都需要得到自己及其他團隊成員的尊重。

　　一名稱職的電視節目企劃人員之所以需要瞭解各個電視節目工作人員的職掌，主要目的在於規劃人力與編列預算。各個電視節目製作團隊中，相同職稱者的工作內容大致相同，但實際工作細節則可能會因節目屬性而有所差異。舉例而言，「與製作單位溝通錄影當日流程及內容」是電視新聞助理導播與戲劇節目助理導播共同的任務，然而電視新聞助理導播與戲劇節目助理導播的工作內容亦有所差異，包括「新聞播帶之驗帶作業」及「各節新聞之Live Roll帶作業」等（戴國良，2006）。

　　以下將參與電視節目製作的工作人員區分為行政與節目內容製作人員、幕前演出人員、節目攝製技術人員及後製技術人員，並說明各職稱的工作性質及職責。

一、行政與節目內容製作人員

　　在電視工作團隊中，除演員外，工作人員可區分為技術性人員及非技術性人員。這裡所指稱之「技術」為硬體設備器材的操作，行政與節目內容製作人員工作內容不涉及器材設備，屬於非技術性人員。

（一）監製（executive producer）

監製是電視節目最高階決策者與管理者，對節目工作人員及節目內容負有監督輔導責任。主要工作內容是擬定節目基本方針及性質，細節包括節目經費預算核定、製作人指派、進度掌握、節目品質管理等。在台灣電視節目製作流程中，監製一職多由電視台或製作單位的最高管理階層掛名，並不實際參與節目製作。通常該台在同一時期播出的節目，同一名監製會掛名一個以上節目，每一個節目實際參與製作的負責人則爲製作人。

（二）製作人（producer）

以工作責任而言，製作人是節目的實際品管負責人（吳聲品，2002），統籌並管理該節目。節目製作初期，製作人必須先瞭解該時段或該台目標觀眾的胃口，進而鎖定節目方向並尋找適合的題材、演員、主持人及劇組人員。資深電視節目製作人黃義雄在承接製作一個新節目時，會先進行兩個步驟：首先，瞭解該電視台其他時段節目，接下來分析其他電視台同時段的節目，才能同中求異，製作出令觀眾耳目一新的節目內容（劉怡汝，2012）。在前製期，製作人主要的工作爲溝通協調，使各項作業能依照進度完成，順利進入製作期（覃崇耀、黃榮華、楊長林，2002）。

在錄影製作階段，拍攝現場由導演／播調度，製作人則負責掌控進度及調度資源，若遭遇各種突發狀況，製作人必須在最短時間內找出解決替代方案，才能使拍攝工作繼續進行，不至耽誤進度及工作人員的時間。節目上檔前，製作人與電視台公關部門需合作規劃記者會及展開媒體宣傳等工作，以及推銷節目至不同播放平台播映與發行。節目播出後，製作人必須一肩扛起收視之壓力；一些製作人會在錄影完後即召開檢討會議，針對錄影過程中各項環節與遭遇的問題做出討論，或是隔天看到收視率後開會檢討爲何該集或單元收視率不佳，做爲之後節目改進之依據，期待更符合觀眾之需求。

電視製作人需兼顧創作及管理兩個層面，Tunstall（1993）提出理想中的製作人應當具備的條件：

理想上，製作人應該同時擅長文字和影像，這兩者是電視的主要構成體。製作人需要理解某些電影磁帶、聲音、燈光與布景等基本的電視技術；大量特定節目「類型」的專門知識……；需要能理一些財務花招；需要充沛十足的精力；需要某些工作技巧：像是在整天長時間的工作中，使人充滿熱情並激勵其他人員的能力；還需要交際手腕來撫平自己躁怒的情緒，並且花費比對方所想要的報酬要少的金錢，來說服局外人在不同的時間做事情（頁6）。

（三）執行製作（assistant producer）

在節目製作過程中，能由前製到後製全程參與的人，就屬執行製作。執行製作主要任務為輔佐製作人及傳達製作人的指示給其他工作人員，對於製作人所做的大小決議，執行製作需貫徹執行。執行製作是節目第一線執行者，必須維繫製作單位與技術組人員之間的溝通。在製作人決定節目主軸後，執行製作開始協助製作人進行選角、勘景、籌組工作人員、規劃節目預算、進度與流程，以及準備所需的相關資料等。由於製作人無法全程於現場監督拍攝情形，因此在拍攝現場，執行製作反而成為製作團隊的負責人。

執行製作的工作期程等同於一個節目的製作流程。以一個在棚內錄影加上外景單元串成的節目為例，當企劃人員或編導將該集外景拍攝架構或腳本擬定後，執行製作須開始連絡外景拍攝的相關人員及單位，如受訪對象、拍攝場地、外景主持人、攝影師等；如果需要到外縣市進行拍攝，則要張羅交通與住宿事宜。出發前，執行製作要再三確認是否攜帶場記表（見本章附錄）、麥牌、腳本、道具等，最重要的是，準備足夠的拍攝帶。抵達外景現場後，若製作單位並未編制外景導演或節目編導時，執行製作便要展現外景能力——安排主持人與受訪對象互動、與攝影師溝通；倘若節目沒有規劃外景主持人時，執行製作亦需肩負起訪問的工作。

完成外景工作後，執行製作將拍攝帶中所需部分整理出來，也就是所

謂的「粗／初剪」，之後再進後製（剪接室、錄音室、特效及音效製作）將單元內容完成，以便在棚內錄影時使用。正式進棚錄影前，執行製作要發通告給主持人、來賓及棚內工作人員，並與主持人及來賓討論流程。進棚之後，執行製作要忙著訂便當、招呼來賓，若人手不足，還得兼任現場指導。錄完影後，執行製作進後製將內容串成播出帶，該集的工作才算完成。

執行製作所負責的工作相當繁雜，但工作內容會因節目內容或公司規模大小而有所差異。執行製作的工作經歷有助於瞭解電視台行政、製作流程等細節，視為製作人養成過程。

（四）執行製作助理（production assistant）

有些較大的製作單位或較具規模的節目，因製作人及執行製作所要負責的工作過於龐雜，會增聘協助處理行政事務的執行製作助理，專門負責基礎工作。所謂的基礎工作多指行政瑣事，如敲通告、跑帶、協調人員時間、資料整理、安排錄製、粗剪或是買便當，也就是分擔執行製作的工作。但若團隊中並無編制執行製作助理，前述工作將回歸到執行製作手中。執行製作助理是新進節目工作人員的立基點，至於要訓練多久方可成為執行製作，視每一個人的學習能力、反應能力以及所屬單位當時的狀況而定。

（五）企劃（proposal writer）

早期的電視製作單位不太重視企劃書，撰寫企劃書的工作也多由製作人、執行製作或編劇人員兼任。許多製作單位相信能否承接到節目無關乎企劃書的完整度，而是人脈。隨著主要掌管台灣影視創作補助經費單位（如：公共電視、文建會、文化部）日益重視企劃書的完整與嚴謹，企劃人員開始在節目製作流程中找尋應有的定位。目前一般電視台或製作公司均聘有專職企劃人員負責企劃書撰寫及提案等工作。

企劃人員需熟悉影視製作工作流程，最好也能具備實際現場拍攝經驗，在撰寫企劃書時才不至於只是憑空想像。此外，瞭解製作人的理念、可使用的預算範圍、播出頻道特性、時下流行趨勢等資訊均有助於撰寫企

劃書。經驗的累積，可以協助企劃人員判斷該做與不該做什麼樣的節目，以及在節目中有哪一些元素會影響觀眾收視意願及收視效果（李秀美，1998）。其他有關電視節目企劃人員應注意的事項，將在本書各章節中陸續詳細說明。

（六）編劇（scriptwriter/screenwriter）

編劇是一齣戲劇節目最基本但也是最重要的角色，沒有劇本便不會有後續戲劇節目的產生（謝章富，2003）。Hobson（2003／葉欣怡、林俊甫、王雅瑩譯，2004）稱編劇為戲劇節目的命脈，劇中的人物、劇情、對白皆出自編劇之手，而這些元素構成故事架構，也賦予劇中角色個性。

與企劃人員相似，編劇亦需要想像力、創造力、文字力、溝通力及組織力。編劇主要的工作為劇本寫作，但寫作方式不同於一般文字工作者，不特別講究艱澀及華麗的文字，而是著重在故事的創意、合理性及被拍攝的可行性。學習將文字表達視覺化，以做為攝影、燈光及美術等工作人員參考，也是編劇人員的重要課題。除掌握劇本獨特的寫作格式與方式外，編劇也需要對影視製作流程具備基本概念、瞭解影視媒體的聲光特性，與工作團隊建立良好的互動與合作關係，才能將創意呈現在觀眾面前。編劇王國光建議，從事編劇這份工作除了平日要廣泛閱讀以增進見聞外，並要細膩的觀察及感受周遭人事物，以應用在劇本寫作中的對白或角色塑造上（傳播人人力銀行鮮報，2007）。

二、幕前演出人員

幕前演出人員在螢光幕及鎂光燈的渲染下，成為許多人稱羨的對象。做為幕前演出人員，外表及演藝相關天分是首要條件，但機運與後天的努力也同等重要。幕前演出人員不同於一般領取固定薪資的上班族，其薪資取決於知名度、作品銷售、節目收視率的好壞等外在因素。俗語說：「台上一分鐘、台下十年功」，即是幕前演出人員準備工作過程的最好寫照。

以往電視節目中的幕前演出人員多為專業演藝人員，但近年台灣電視節目以製作成本較低的談話性節目為主流型態，愈來愈多非專業演藝人

員受邀爲談話性節目來賓。在政論性談話節目方面，因觀眾對新聞事件內幕或評論性資訊的需求，許多平面媒體資深記者轉任爲新聞評論員，成爲所謂的「名嘴」（胡幼偉，2011）；綜藝性談話節目則爲了能更貼近「眞實」，邀請各類素人來賓分享親身故事。不論是專業或非專業，都可稱爲幕前演出人員。

（一）主持人（host）

主持人是節目中穿針引線的靈魂人物，掌控節目的節奏、氛圍與質感，好的內容與稱職的主持人是成功節目缺一不可的要件。節目內容在節目前製作業中便已由企劃人員決定，主持人的任務就是利用個人魅力及口才強化節目內容，以吸引觀眾注意並激發觀眾持續收視的興趣（謝章富，1988）。節目主持人與演員不同之處在於，節目主持人是使用眞實身分演出，除遵循腳本外，亦須依照現場狀況即性發揮，加入個人特色，增加節目效果。雖然不像戲劇類節目的演員在演出前要熟背劇本，主持人在錄影前也需仔細閱讀消化製作單位準備的資料，才能順暢開場、串場以及適時切入主題重點。

台灣電視節目極少僅由一名主持人獨撐全場。以搭檔方式出現的主持群首重合作默契，製作單位依照個人專長、特色及節目所需效果，做明確分工。當節目中加入來賓時，主持人與來賓的互動將會影響節目節奏、現場氣氛與錄影進度。面對個性、表達能力不同的來賓時，主持人要以不同的方式引導。若來賓害羞寡言，主持人要耐心提問，消除來賓的緊張不安；若來賓長篇大論卻偏離主題時，主持人要技巧性地轉移話題或請其他來賓發言，以保持掌控節目進行的主導地位。主持人聆聽技巧與提問一樣重要，不要隨便打斷來賓，並以微笑、點頭及眼神表示認同來賓。

主持人需要熟悉電視作業，知道視線或表演要如何配合導播或攝影機的移動，並將每段節目的時間長度控制在企劃人員預期之內。電視節目的時間長度受嚴格的控管，主持人要清楚知道每段節目的應錄時間長度，並注意現場工作人員的提醒。現場直播節目主持人在節目進入破口或尾聲時，要適時地結束來賓發言並做結語，錄影節目雖可於後製時補救，但時

間過長或是過短都會造成後製剪接人員的困擾。

吳知賢（2002）認為主持人需外在形象與內在修養兼備，並具體指出主持人應具備「穩健的風度、悅耳的談吐、應變的機智與豐富的知識」（頁2）。主持人透過個人內涵、風格、表達技巧及表演能力詮釋企劃人員提供的素材，並達成節目設定宗旨、目的及走向。主持人被賦予節目鮮活樣貌及生命，可視為一種「再創作」型態。

（二）來賓（guest）

不論是政論性或是綜藝性談話類節目，來賓亦是影響節目精彩程度之關鍵要素之一。決定合適的來賓人選對節目企劃人員是一種挑戰，考驗著企劃人員對於時事動態的敏銳度以及觀察分析能力。來賓可分為兩種類型，第一種是專訪來賓，來賓為該集的主角，節目內容圍繞著來賓本身或相關的人事物，著重於來賓個人經驗深度分享，如【沈春華live秀】、【TVBS看板人物】等。這些來賓的特點是有知名度，如明星、名人、成功企業人士等，或是當下的新聞話題人物。

另一類來賓則屬於團體討論來賓，節目中會邀請一位以上來賓，在節目中依設定的主題與主持人、其他來賓或觀眾產生互動，營造群體討論氛圍。在政論性談話節目中，來賓回答主持人的提問，藉以發表個人對新聞人物或事件的看法和意見，或與其他來賓進行辯論，如【2100全民開講】與【大話新聞】等。來賓的知名度、政治立場、經歷背景與口才，以及能否提供觀眾具可信度的資訊，都是政論性談話節目製作單位的考量重點。綜藝性談話節目方面，來賓們依據製作單位設計的主題，分享自身遭遇的故事，在主持人穿針引線下架構起整個節目內容，如【康熙來了】、【今晚哪裡有問題】等。來賓人選以與該集主題的關聯性、知名度、節目配合度及觀眾喜好等因素為主。

台灣近年綜藝性談話節目開始邀請平民素人擔任來賓，將自己親身經驗公開與主持人、來賓及電視機前觀眾分享，如【沈春華我們秀】、【大學生了沒】或【爸媽囧很大】。素人來賓以個人經驗呼應當日節目主題，不只扮演故事陳述者，也是問題提問者；主持人及專家則扮演朋友及顧問

的角色，藉由互動的方式提供建議。對企劃人員而言，如何在有限的時間內把符合節目討論主題的素人來賓找齊，是此類型節目最大考驗。以【大學生了沒】為例，每集需要16位大學生代表參與討論，製作單位透過經紀公司、校園徵選，以及開放徵選等管道徵選大學生，並以外貌、擁有特殊經歷或職場經驗及表達能力為評選重點（莊知耕，2009年3月18日）。由於素人來賓不熟悉在媒體上發言的分寸拿捏，未經修飾的發言在節目播出後，容易造成觀眾的反感。節目製作單位應當把關、過濾，並可藉由主持人當場的導正或後製剪接的修飾，避免此類情形發生。

（三）演員（actor）

依據劇本描繪及設定，演員詮釋及創造編劇及導演創作理念下的角色。選角如果成功，將對整齣戲有極大加分作用；反之，如果挑選不合適的演員，戲劇效果將大打折扣。演員的自我訓練得從日常生活著手，留心生活細節，將周遭的人事物及環境轉化成為詮釋角色所需的素材。獲得角色後，演員開始揣摩角色心理、研讀劇本並背熟台詞；為能更符合劇中角色，需接受各式不同訓練，例如：唱歌、舞蹈、功夫、肢體表達、發聲、口條等等。進入拍攝期後，配合導演、其他演員及劇組完成拍攝工作。

三、節目攝製技術人員

電視節目是一個集體創作的成果，好的創意構想必須獲得各層面技術人員協助，才能成為一個好的節目。在節目錄製期間，導演或導播整合不同電視製作專業的技術並利用各項專業設備，才能將企劃書及腳本上的內容轉化為影像及聲音。以下為拍攝期間各主要技術人員介紹。

（一）導播（program director，簡稱PD）

導演與導播這兩個職稱經常引起混淆。台灣早期電視台分工中只有「導播」，因為當時節目受限於設備器材多在棚內錄製，後來因ENG單機作業之發展，節目錄製作業才開始走出攝影棚。自此，統籌棚內以多機方式作業的稱為「導播」，而指揮單機作業的則是「導演」。換言之，導演是一次拍攝一個鏡頭，演員反覆地做同一個動作或走位，完成同一場

戲、不同鏡位的拍攝，後製時再把各個鏡頭串聯成完整故事；導播則是在同一時間內使用一台以上的攝影機拍攝現場畫面，因為不是單一畫面拍攝，一次可拍攝一場戲或一整段節目而不需中斷。拍攝過程中，導播在副控室內負責串聯由不同攝影機所拍攝的不同角度鏡頭，如同現場剪接。也由於導播需在副控室內操控畫面切換機，無法像導演一樣坐在攝影機旁觀看監視器指導演員。近年來，部分棚內錄製的戲劇節目設有「戲劇指導」一職，分擔導戲的工作。導播只需專心指揮現場技術人員，將指導演員表演的工作交由戲劇指導負責。

　　導播是拍攝現場的領導者，如果節目內容品質歸屬為製作人的責任，節目的畫質、音質與鏡頭表情，就是導播的責任。導播是多機作業現場的靈魂人物，統籌指揮副控室及攝影棚，下達口令指示現場所有工作人員、調度攝影機、選擇切換畫面，使得節目銜接順暢，並藉由畫面銜接的節奏及排列，建立個人風格。導播在副控室的監視器（monitor）上觀看由攝影機傳回的訊號畫面，須於瞬間切換組合鏡頭畫面，並指揮成音師、字幕、燈光師等呈現電視節目必要之聲音與畫面。導播主要是負責技術層面，但仍參與前製期的規劃討論，扮演製播單位及製作單位的協調者。

　　錄影前，導播與演出人員及攝影師仔細溝通流程走位。若是細節較為複雜的節目，導播將進行彩排以確定鏡位及各環節的作業，如此才能避免在正式錄影時發生錯誤或拍攝無意義的鏡頭。導播需在短暫時間內選擇合適的鏡頭、準確地抓到稍縱即逝的反應鏡頭並構思之後所需畫面，反應速度與判斷能力是成為一名優秀導播的必要條件。

（二）導演（director）

　　導演是許多人嚮往的職務，但所承受的責任與壓力及事先所需要做的準備，非外人所能想像。導演是一份充滿個人風格及特色的工作，所做出的決定影響作品的走向、特色、節奏與呈現，因此，一齣戲的成敗有很大一部分掌控在導演手上。導演最重要的任務是將企劃書中的構想概念及劇本中的文字描述付諸於影像。導演除指導演員、掌控攝製過程外，工作人員情緒及工作環境氣氛都要注意，因此需要具備領導統馭的能力。每一位

導演都有自己擅長的類型、拍攝手法及風格，製作人在選擇導演時，除知名度外，也要考量節目屬性是否合適。

（三）**助理導播**（assistant director，**簡稱AD**）

助理導播是導播的左右手，扮演輔助角色。正式錄影前，助理導播須幫忙導播蒐集腳本及其他所需資料、陪同導播參與拍攝前會議、與製作單位討論節目細節並建立共識；正式拍攝時，則要控管錄影流程、提醒導播各項細節，包括時間長度與台詞等。例如：拍攝歌手現場演唱時，助理導播在彩排時就要記下歌手走位、動作、前奏秒數、間奏秒數等。助理導播須熟讀rundown表，熟記節目每一個段落需錄的長度，實際錄影時間長度若超過或不足時則須提醒導播，並在後續錄製的段落中修正，將時間控制在規定的長度之內。若是節目現場直播，助理導播還需負責與主控室之間的聯繫，所以必須十分清楚節目架構。

（四）**現場指導**（floor director，**簡稱FD**）

現場指導是導播在攝影棚中的發言人，也是導播與演出人員之間協調溝通的管道。正式錄影前，現場指導提醒棚內人員錄影時的注意事項，協助成音師為演出人員一一試音，並檢查布景及道具等細節。現場準備完畢後回報副控室，待副控室準備就緒後開始錄影。

進入錄影前倒數時，現場指導透過耳機聽到助理導播倒數讀秒口令，以聲音及攝影棚慣用手勢同步讀秒。讀秒是現場指導最基礎但重要的功課，若無法與助理導播維持同步，將使得表演人員無法精準地配合攝影師及導播的節奏和時機。讀秒同時高舉右手，在「5、4、3、2、cue」的倒數口令中，「2」儘量簡潔有力，「cue」是不出聲而將右手順勢劃下，避免錄進倒數聲音。節目進行時，現場指導須適時傳達副控室的指令，並留意棚內狀況，隨時向副控室回報。

如同其他職務，現場指導的工作內容也會因為節目類型的不同而有所差異，除了前述的固定工作外，有時現場指導還需負責大字報提詞。如有現場觀眾參與錄影工作時，也要負責掌控現場秩序及帶動觀眾情緒。

（五）視訊工程師（camera control unit/video engineer，簡稱CCU）

視訊工程師僅參與棚內及戶外轉播車錄製作業。攝影棚內或戶外轉播車所配置的每一部攝影機，均藉由一條電纜（cable）將訊號直接送到副控室或轉播車上的攝影控制器（camera control unit），每一台攝影控制器只控制一台攝影機。視訊工程師監看拍攝畫面的光線亮度是否有所偏差，並維持每一台攝影機的色調一致，才不致於導播在切換畫面時，因各台攝影機間的落差過大，而影響影像的品質。

正式錄影前，視訊工程師負責攝影機對白、色彩校正、畫質及圖像比例調整，以及檢查攝影機傳回的影像是否有雜訊或色偏，以確保訊號品質。節目進行拍攝時，視訊工程人員得隨時調整光圈。棚內節目的光源、亮度都由燈光師精確控制，視訊工程師作業難度較低；一般棚內三機錄影大多配給1-2名視訊工程師。戶外轉播工作因場地光源不定，且隨時發生變化，對視訊工程師而言，挑戰較大。國內轉播一場職業棒球賽配置10部以上的攝影機，加上球賽多在夜間進行，部分球場因照明設計不佳，球場亮度不均，因此需要3名或更多的視訊工程師配合。

（六）成音工程師（audio engineer）

在電視節目製作環節中，成音是很容易被忽視的一環。雖說電視是畫面與聲音的綜合體，但畫面奪去觀眾或導播大部分的注意力，對聲音的要求及考量相對較少。然而，畫面若是缺少聲音的搭配或襯托，會失色許多。在電視節目棚內製作流程中，成音工程師的工作是依節目類型及需求準備適當的麥克風（領夾麥克風、手持麥克風、頭戴式麥克風）、操作成音控制台（audio control console）、依導播選取的畫面配合聲音演出、控制音量及音質、適時地播放節目音樂（如開場襯底音樂、破口音樂或結尾音樂等），以及配合錄影及字幕人員播放聲音及音效。若節目中加入call-in或call-out，也由成音工程師協助連結電話線與成音系統。

戶外拍攝錄影時，成音工程師在錄影前須先架設收音設備。若為EFP或轉播車作業，則由助理人員在拍攝過程中擔任收音員（boom man）；成音工程師操作成音控制台。戲劇類節目單機作業時，則有專業錄音師，

舉凡演員的對話、動作聲音、環境音、音效等都要錄下，到後製混音時才不會苦於沒有足夠素材。台灣著名錄音師杜篤之分析，電視及電影成音因觀眾、播放空間的相異，以致採用不同的表現方式。由於電影在密閉空間中播映，各類聲音表現要極為細膩；電視觀眾在開放空間中觀影，又可以隨時轉台，因此聲音「大而清楚」成為首要條件（傾聽杜篤之，2012年7月）。

在台灣電視台的成音工程師尚要負責棚內與副控之間的對講系統（intercom）。所謂的對講系統，是以導播台為中心，以有線或無線對講機、室內通話器，提供導播與工作人員們之間的聯繫。因此，電視成音工程師除了對聲音及音樂保有敏感度外，基礎電子維修概念也是必備知識。

（七）攝影師（cameraman）

攝影師的工作，表面上看起來僅是單純操控攝影機，並依照導播或導演指示攝取畫面。事實上，身為專業的攝影師必須對影像符號有相當敏感度，在取景、構圖、光線、顏色及景深方面都要有深厚素養，並掌握攝影機的特性，如此才能在最快時間內達到導播或導演的要求。攝影師在多機作業及單機作業時的工作方式有所不同，多機作業時，每一台攝影機都被賦予特定的任務與責任畫面，攝影師無法自行決定畫面；在導播口令下，攝影師必須快速地提供導播所需要的畫面。開拍前，攝影師會與導播針對拍攝角度、拍攝對象相對位置、攝影機移動等多機作業拍攝細節充分溝通，避免正式拍攝時因分工不清而相互干擾。

戲劇類與非戲劇類單機作業規模差異極大，單機戲劇攝影師在拍攝前實地勘景，依導演影像意念及場地可行性繪製攝影機架設配置圖。拍攝時因一次拍攝一個鏡頭，每個鏡頭都可與導演充分溝通，達成導演想要的畫面意境。單機非戲劇攝影師的作業方式則類似於新聞攝影，在拍攝現場依編導指示拍攝；為避免畫面單調致使後製不易剪接，攝影師在拍攝完主要畫面後會再補拍特寫、中性鏡頭或空景等素材。

（八）燈光師（lighting director）

燈光是影像再現的基礎條件與影像創造力的泉源（謝章富，

2003），可被稱爲一項技術，但更適合被視爲一門藝術，而絕非一般人所認爲的「有光就好」。照明是燈光的基本功能，光線不足將使影像解析度降低、層次對比不明顯，雖可藉由增益（gain）增加亮度，但也會造成畫面顆粒較粗、品質較差的問題。

營造氣氛及提昇畫面質感爲燈光的進階功能（熊移山，2002）。拍攝單機戲劇類節目時，爲凸顯色彩及達到導演欲營造的情境氣氛，燈光師、導演、攝影、美術在拍攝前會先進行討論並繪製燈光配置圖，標明燈光架設位置及所使用燈具。拍攝時則按照配置圖架設燈光設備，並依現場實際狀況做修正，確認燈具不會擋到鏡頭或穿幫。拍攝棚內節目時，燈光師亦需先與製作單位及導播溝通，瞭解節目的屬性、類型及需求以設計光源。節目進行時，燈光師於副控室內依導播口令操作調光器（dimmer）及燈光調光控制台（light control console），調整燈光明暗與時間點（timing）。例如：節目開場時，攝影棚由黑轉亮；節目結尾時，燈光漸黑等；或是依演出者的表演內容，營造適當的燈光氛圍。

（九）技術指導（technical director，簡稱TD）

電視節目的工程技術包含視訊工程、成音工程、攝影及燈光，若涉及訊號傳送則加上微波工程。各項技術皆爲專業，也都有專人負責。但節目拍攝過程中，仍需要有一名熟悉前述各項工程技術及設備特性的人員，協助監控節目錄製過程中整體的工程品質。這位被視爲副控室工程技術與系統的總統籌的關鍵人物，就是技術指導（戴國良，2006）。以美國電視之工作模式而言，技術指導的工作是遵循導播所給的口令，操作畫面切換機（switcher），以切換攝影機畫面、播放錄影帶與啓動特殊效果。但在台灣副控室內，導播多親自操控畫面切換機；技術指導之任務則爲確保送至副控室或主控室的視頻訊號及聲頻訊號品質良好，並解決節目錄製中所發生的任何技術問題。

棚內節目一般在播出半小時前，各組工程技術人員均應完成工作站的設定；技術指導依照導播的需求設定畫面切換機，並與各組工程技術人員測試訊號。若爲現場直播節目，技術指導要在播出前15分鐘，完成與主控

室之間的播出訊號確認。

（十）字幕（character/graphics generator，簡稱CG）

此處所指的字幕並非在後製期間的字幕設計，而是在副控室內配合節目需求，操作字幕機製作字幕（如：主持人／來賓姓名、新聞圖卡、Ending roll card）的工作人員。

（十一）錄影（videotape engineer）

錄影人員掌管副控室內所有影帶播放以及將導播選擇的訊號錄存下，做為播出帶之用。在副控室內，至少備有多台專業錄放影機，其中一台是錄製節目拍攝內容、其他則是播放片頭／尾及節目VCR。在節目錄製過程中，錄影人員提醒導播素材帶所在的正確位置，使導播在畫面切換上更為順暢。錄影人員要清楚知道每卷素材帶的精確長度，以便正確讀秒，供導播及其他工作人員參考。隨時注意錄影機上的各項數據，確保錄製的影音品質良好。錄影完畢後，須仔細檢查錄影帶，確認各音軌音量及畫面正常。接著，細心填寫節目播控進行表（cue sheet）（見本章附錄），並正確地計算實際錄影長度，再三確認所填數據無誤。在錄製某些流程較簡單的節目時，則無編制錄影人員，而由助理導播兼任。

（十二）美術指導（art director）

只要涉及視覺效果方面的工作，包括場景圖繪製、攝影棚布景設計，場布、道具、服裝、人物造型，都由美術組負責。如何統一規劃零零種種的細節而使畫面呈現出美感及統一整體的視覺風格，是美術指導的首要任務。美術指導之下編有執行美術、美術助理、道具及道具助理；美術指導負責構想與監督，現場則有專人協助執行。

以棚內布景為例，製作單位向美術組提出需求並告知節目概念、整體設計方向、預算及預定進棚時間後，美術組開始繪製相關設計圖並與製作單位溝通，訂稿後再發包給製作廠商。美術指導於過程中不定時監督製作進度，並於錄影前在攝影棚現場監督搭設作業（戴國良，2006）。美術人員不僅需要具備美術方面的專業知識及技巧，文化素養也不可缺少。例如：在製作道具及服裝時，需要歷史相關背景考證。除此之外，也應當具

備與視覺呈現息息相關的攝影與燈光方面之知識概念。

四、後製技術人員

拍攝工作結束後進入最後階段——「後製期作業」。一般的後製流程為：粗剪完成節目基礎架構後，進行細剪、後製特效、上字；節目若需要旁白或音效，則交由錄音室負責完成，最後依照電視台訂定的交帶規格完成播出帶，並在規定期限內交到主控室後，製作單位的工作才算告一段落。以下為後製人員的工作內容介紹。

（一）動畫師

電腦動畫（computer graphic）與電視台後製作業的結合隨著電腦數位科技的發展日漸頻繁緊密。近年來，幾乎全數的台灣電視節目之大片頭、小片頭、片尾、氣象、節目預告及靜態底圖都應用電腦動畫。電腦動畫在新聞節目中多用於圖表、地圖及播報背景呈現；在戲劇節目方面，則多半在實際拍攝影片中加入動畫或特效橋段，以增進效果。例如：武俠劇便可使用動畫製造萬劍齊飛或是內功真氣流竄的畫面。另在綜藝節目中，則可營造誇張或煽動性的效果，如主持人的頭上飛過烏鴉、出現三條線、戴上皇冠或噴淚等類似漫畫的表現型態。

（二）剪輯師（editing engineer）

剪輯師的工作是將導演及導播在現場所拍攝的原始素材，編輯組合成觀眾看得懂的故事。剪接師段兆偉用「影像組合」四個字為剪輯這個工作做出定義（CJob人力網，2010）。熊移山（2002）將剪輯的功能歸納為：

1. 補充攝影運鏡不足之處
2. 補充場景與照明缺陷
3. 表現拍攝的主題

許多人以為剪輯師只是權充導演的手，照著畫好的分鏡或腳本編輯組合。然而資深剪輯師陳博文卻認為，剪接師可以是一份充滿創意的工作；如果導演與編劇的工作屬於「原創性」的創造，剪輯便是「再創新」的工

作。如果一名剪輯師可以提出導演先前沒有想到的構想或是重新整理戲劇架構，讓故事的戲劇處理更爲流暢，在陳博文的眼中，便是具備成爲優秀剪輯師的條件（蔡家燕，2003）。剪輯師除了對於各種剪輯器材的操作及應用非常熟稔外，人文素養（文學、美學及音樂）的充實更是不可少的，這些內涵部分都會反映在剪接作品上。

（三）錄音師（sound recordist）

在此所指的錄音師，爲在錄音間內操控錄音控制台，協助錄製配音的工作人員。

❀ 第四節　電視節目製作工作場域

從製作期、後製期到最後的節目播出，製作團隊人員在不同的專業工作場域中完成各項任務。每一個工作場域因爲特定的功能性而建構不同的專業硬體設備。以下介紹電視台中與技術操作相關的主要工作場域。

一、主控室（Master Control Room）

主控室負責各頻道節目播放、廣告播映及衛星訊號接收，是一個24小時全年無休的單位。節目製作單位在規定時間內將節目播出帶送達主控室以備播出；現場直播節目則由副控室或轉播車將節目訊號傳回主控室，再由主控室傳送至收視戶端或地方有線電視系統業者。主控室爲電視公司各頻道訊號的傳送做嚴密把關，所有送出的訊號均由主控導播或其他專業人員監控。台灣主要電視台的主控室均已採數位化自動播映系統，減少人力負擔及人爲產生的錯誤。主控室另設有字幕機，做爲播放頻道logo及上跑馬燈訊息之用。

二、副控室（Sub-Control Room）

副控室好比是指揮中心。在電視節目正式錄影（on air）時，除攝影

師及現場指導留在攝影棚內，導播與其他工作人員均在副控室中，透過標示鏡號的顯示器觀看攝影機的拍攝畫面，並於各自的工作台上進行各項操控作業。一般副控室的工作動線以長型控制台規劃，最中間放置導播操控的畫面切換機；視訊、成音、助理導播及燈光分坐於左右，錄影人員則可能在後方。每間副控室會依實際空間和需求做不同規劃，因此配置不盡相同。長型控制台的前方或上方有一排顯示器分別爲各台攝影機的拍攝畫面、錄放影機畫面、program畫面及preview畫面。導播選擇不同的視訊來源（如：攝影機、錄影機、字幕等），透過畫面切換機，運用不同轉接方式（如：切、溶、疊等）將畫面串聯爲播出內容。

三、攝影棚（Studio）

攝影棚是演出及攝製節目的工作場域，如果環境條件許可，攝影棚應設在低於副控室的位置，例如：攝影棚在一樓，副控室便設在二樓。若無法做此規劃，攝影棚與副控室相鄰之處則須設有隔音的透明玻璃窗，一般稱爲觀景窗，目的在於讓副控室可觀看棚內作業情形。

由於節目屬性不同，所使用的攝影棚大小也有所差異。綜藝節目與戲劇類節基於場景搭設、鏡頭運動及容納現場觀眾等需求考量，攝影棚空間需求較大，徐鉅昌（2001）建議可租用800平方公尺左右（約240坪）的攝影棚，如模仿選秀節目【超級模王大道】便是租用中視面積200坪的攝影棚。靜態類節目如社教節目、新聞節目及談話類節目則在面積較小，約200平方公尺（約60坪）的攝影棚中錄製便可。目前公共電視台有11間攝影棚，製作區面積從11.07坪到228.7坪（公共電視，2010）。

四、戶外轉播車（Outdoor/Outside Broadcasting Van）

戶外轉播車上備有與電視台副控室相類似的裝備。戶外轉播車車身爲貨櫃車，內部空間呈現長方型，因此在副控設備規劃上便與棚內的方式有所不同，多採區隔方式。若是大型轉播車，則將空間隔成三區，導播位置設於中間，助理導播、技術指導分別位於二側；最前方爲視訊，視訊人員

的前上方則是排列許多監視顯示器供導播做為取捨畫面之用；最後方則有字幕、成音及錄影人員。若是小型轉播車，工作區域則隔成二處，最前方是導播、助理導播視訊，其他人員在後方區域。由於空間拉長，每個區域均設有內部對講系統做為溝通之用。

戶外轉播車開抵轉播現場定位接上電源後，攝影師隨即架設攝影機並以電纜線連接戶外轉播車，各項系統設備經過調校後就可以展開拍攝作業。拍攝現場直播節目時，戶外轉播車將現場畫面以SNG、微波或光纖等方式傳送回主控室，再由主控室發送到第四台系統業者，再傳至各家用戶。戶外轉播車主要使用於轉播大型晚會、頒獎典禮、運動競賽、演唱會及戶外遊戲節目等。

五、剪輯室（Editing Room）

剪接設備分為線性與非線性兩種，雖然非線性剪輯系統未來將全數取代線性剪輯系統，但在過渡期間，部分電視台仍使用線性剪接。線性剪接系統分為單機對剪系統、雙機剪輯系統（A/B roll 多機剪輯）、多機剪輯系統。單機對剪系統是由1台Betacam播放機、1台Betacam錄影機及2台監視器所組成，剪輯模式分為「組合」(assemble) 與「插入」（insert）兩種，適合初剪或新聞帶剪接。

若畫面需要豐富的轉場效果，則需要使用雙機剪輯系統，所需設備有：2台Betacam播放機、1台Betacam錄影機、混音器（mixer）、控制盤（controller）等。雙機剪輯系統可處理畫面的重疊（overlap）或合成（composite），作業方式是透過兩個畫面來源，一台播放機為「A」Roll，另一台播放器為「B」Roll，經由控製盤製作多種轉場效果，如溶接（Dissolve）、外撥／擦拭（wipe），再錄至錄影機中。利用上述設備再加上更多播放機、視訊切換器（video switcher）、數位視訊特效機（digital video effect，簡稱DVE）及字幕機等成為多機剪輯系統，可產生更多功能與變化，如顏色去背（chroma key）、模糊（blur）、馬賽克（mosaic）等。

非線性剪輯系統是將拍攝畫面經由視訊擷取卡及傳輸線，擷取至電腦成為數位格式，利用軟體進行剪接。非線性剪輯主要優點為影像畫質不易流失、影像素材調動順序方便，修改容易。主要使用軟體包含Avid、Premiere、Final Cut、Vegas、Liquid。

六、錄音間（Recording Studio）

錄音室主要用途為錄製旁白或為節目預告配音。為達隔音效果，錄音室牆壁經過特殊設計處理，表面貼著吸音材料，並使用厚重的雙重隔音門。空間設計採用隔離式，將錄音師及配音員間以隔音玻璃窗分成兩個空間。配音員所在空間備有可看到影片畫面的監視器及麥克風；錄音師的工作環境則有專業錄放影機、監視器及操作成音控制台。錄音師於錄音期間全程監聽聲音品質，與配音員間使用通話器或對講機進行溝通

電視節目製作流程繁瑣，涉及工作人員眾多，要經歷前製期的籌備、製作期的拍攝，再到後製期的組合，才能將節目呈現在觀眾眼前，任何一個部門或環節的失誤都可能影響節目的品質及收視率。前製期間，製作單位依照所擁有的資源（預算及時間）做出嚴謹且周全的規劃，有助提昇拍攝效率並可減少拍攝期間不必要的開銷。一旦進入拍攝期，器材租金及工作人員的食、行及住都將是龐大開銷，任何突發狀況都考驗著工作團隊的應變能力，其中最為關鍵要素則包括如何在拍攝品質、進度及預算之間妥善拿捏。後製期的工作人員是節目成品的把關者，不只呈現前製期及拍攝期的努力成果，也以各種技術彌補前兩個階段的缺失及不足。製作團隊就像是一台機器，運轉的順利與否，端視每一個零件是否能發揮作用。每一名參與的工作人員都有負責的任務，哪怕只是一名助理，對節目的成果都具有關鍵的影響。

附錄

場記表

節目名稱：　　　　拍攝日期：　　　　填寫人：　　　　頁：

Time code In	Time code Out	Time code Dur	G/NG	拍攝地點	內容說明

節目播控進行表（Cue Sheet）

		PAGE _____ OF _____
電視台	VT/VC CUE SHEET	TAPE NO. _____
名稱	PROGRAMME _____

REC/DATE _____ SYSTEM _____ VERSION _____

P/B MC.NO. _____ REC MC NO. _____ SUBTITLE _____

STEREO ☐	SOURCE _____	Dꟽ IN ☐	A1 _____
MONO ☐	ENGLISH TITLE ☐	Dꟽ IN ☐	A2 _____
BILINGUE ☐	LOGO ☐	Dꟽ IN ☐	A3 _____
	NET DURATION	Dꟽ IN ☐	A4 _____

EPISODE NO. _____ REEL _____ OF _____

(1) _____ (2) _____ (3) _____

(4) _____ (5) _____ (6) _____

HH：MM：SS：FF	COLOR BAR & TONE	DURATION HH：MM：SS：FF	QUALITY CHECK
SOM ： ： ：			P/V IN FULL ☐
EOM ： ： ：		： ： ：	
SOM ： ： ：			S/R IN FULL ☐
EOM ： ： ：		： ： ：	
SOM ： ： ：			SPOT CHECK ☐
EOM ： ： ：		： ： ：	
SOM ： ： ：			SPOT CHECK NO. ☐
EOM ： ： ：		： ： ：	BLANK LAID
SOM ： ： ：			DATE _____
EOM ： ： ：		： ： ：	MC NO. _____ REC BY _____
SOM ： ： ：			OPERATOR SIGNATURE
EOM ： ： ：		： ： ：	
SOM ： ： ：			OPERATOR SIGNATURE
EOM ： ： ：		： ： ：	

TECHNICAL COMMENT

05

第 5 章 ▶▶▶

各類型節目介紹及企劃
撰寫要點（一）

　　節目類型（format）是節目基本形式，台灣《廣播電視法》將電視節目分為四大類：(1)新聞及政令宣導節目、(2)教育文化節目、(3)公共服務節目、(4)大眾娛樂節目。此種分類法過於模糊及粗略，無法協助電視節目企劃人員為節目準確定位。視為台灣電視產業從業人員最高榮譽的金鐘獎，在電視節目分類上則頻頻變動。例如：於2009年公布「廣播電視金鐘獎獎勵要點」中，因動畫影片發展迅速，為順應時代潮流自該年起增設「動畫節目獎」；另為鼓勵兒少節目從業人員，也增設「兒童少年節目獎」。除此之外，由於節目內容日趨多元化，單一節目內容可能同時涵蓋多種面向，原有的「娛樂綜藝節目獎」與「歌唱綜藝節目獎」因定義不夠明確，易造成節目屬性認定及報名時的困擾，便將兩者合併為「綜藝節目獎」。在2010年的獎勵要點中，刪除早已不為各電視台重視的「傳統戲劇節目獎」，另將原先在2007年獎勵要點中設有卻於2008年刪除的「社區綜藝節目獎」恢復，並更名為「行腳節目獎」。「民國101年度電視金鐘獎獎勵辦法」各類獎項節目的定義如下：

　　（一）戲劇節目獎：指播出之各集節目加總後之播出時間長度（包含廣告部分）為300分鐘以上之連續

劇。

（二）迷你劇集（電視電影）獎：指播出之電視電影或單元戲劇、迷你影集之各集節目加總後之播出時間長度（包含廣告部分）為300分鐘以內。

（三）教育文化節目獎：指以教育、藝術、文化為內容之節目。

（四）科學節目獎：指提供科學或科技相關知識，以提昇觀眾科學素養之節目。

（五）兒童少年節目獎：指針對兒童或少年製播之節目。

（六）行腳節目獎：指藉由主持人親身探訪，介紹在地采風、休閒旅遊、美食等內容之全外景節目。

（七）綜藝節目獎：指形式內容以娛樂觀眾為主要目的之節目。

（八）綜合節目獎：指提供生活資訊、流行新知、健康育樂等多元性、綜合性內容之節目。

（九）動畫節目獎。

金鐘獎已針對各類節目提出定義，但解釋與分類的標準依然引起各界爭議。舉例來說，由聯意製作股份有限公司製作的【食尚玩家】報名並入圍2011年「綜藝節目獎」，但其內容條件亦可符合行腳節目。節目內容型態朝多元發展，一直是有線及無線電視經營的概念（曾國峰，2005）；電視節目的分類也隨著時空變遷、觀眾需求，以及電視製作方式的進步，產生改變。許多節目早已跳脫傳統節目類型的製作模式，節目類型的區隔益發模糊多樣。

台灣電視節目相關研究中，也曾出現各種不同節目類型的分類方式。鍾起惠及陳炳宏（1999）將電視節目區分為21類，包括新聞報導、新聞類節目、談話性節目、社教節目、女性節目、藝術文化類節目、體育節目、兒童節目、卡通節目、電影、影集、綜藝節目、MTV、國語連續劇、台語連續劇、單元劇、日本連續劇、宗教性節目、風土民情、知識及資訊節目及其他等；盧非易（2003）在建構台灣1990-2003年電視節目資料庫時，則將節目分為新聞、戲劇、綜藝、音樂、文化、社教、體育

及動畫9大類，各類節目再細分為37個項目。本書綜整前述各家節目分類方式，並排除不需電視節目企劃人員參與的電影、國外影集、卡通等節目類型，將當前台灣經常出現的主要類型節目區分為6大類：戲劇類節目（drama）、綜藝類節目（variety show）、社教類節目（social-educational program）、新聞類節目（news program）、體育類節目（sports program）及兒童節目（children show），並分別於本章及第六章說明各類型節目於台灣的發展歷史及節目製作重點。

一、戲劇類節目

台灣第一齣戲劇類節目是1962年由台視製播的單元劇【浮生若夢】，當時電視台並無錄影設備，即便是戲劇類節目也採實況播出（台視三十年編輯委員會，1992）。1969年10月31日，中視開播，改變了台視多年獨占的局面。為了在市場占有一席之地，中視在開播後推出台視未曾製作過的節目類型——連續劇。中視製作的第一部國語連續劇【晶晶】在播出後大受好評，不久之後台視起而效尤，也推出連續劇【藍與黑】、【風蕭蕭】，自此，連續劇節目成為電視台的主力類型節目（王天濱，2002）。

1980年代，隨著國內三家無線電視台在週六或週日晚間輪流播放港劇。港劇如【楚留香】、【天龍八部】緊湊的劇情及明快的節奏廣受觀眾青睞及支持，嚴重衝擊台灣連續劇的收視率。1992年5月，衛視中文台開始於晚間八點黃金時段播出一系列日劇，掀起一陣日劇風，造成無線三台極大的收視壓力。同年11月間，新聞局解除長期以來對日劇的禁令，日劇開始漫延至無線三台，之後專門播放日本電視節目的電視頻道陸續成立，日劇成為該類型頻道主要播出節目內容（李丁讚、陳兆勇，1998）。1990年代中期，韓劇及大陸劇也開始進入台灣市場。

衛視中文台為最早引進韓劇的電視台，但最初韓劇並未能引起台灣觀眾太多的注意，直到2000年，八大電視台推出的【火花】、【藍色生死戀】、【美麗的日子】等，才開始引發韓劇在台灣的熱潮（劉伯姬，

第五章　各類型節目介紹及企劃撰寫要點（一）

2002年7月4日）。自此之後，韓劇收視率逐年攀升，2004年的【浪漫滿屋】及【大長今】收視率更是超過6%；1999年起，韓劇進入台灣承接日劇市場。大陸劇則是因政治氣氛改變及經濟利潤主導下，於 1996年左右開始在台灣播出，主要類型為歷史片、古裝片，如【三國演義】、【雍正王朝】、【康熙王朝】等。如同韓劇，台灣觀眾在一開始對大陸劇的接受度也並非很高，但因大陸劇製作精緻嚴謹，逐漸受台灣觀眾所喜好。雖90年代的台灣自製連續劇在本地仍有一定影響力，如【包青天】及中視劇場花系列，但前述外來劇漸進式地分食台灣戲劇類節目的市場，也影響台灣戲劇類節目製作方式以及文化。

　　長期以來，戲劇類節目為廣受台灣觀眾喜好的節目類型之一。戲劇類節目，尤其是連續劇的規律性、延續性及懸宕性，成為留住觀眾的利器，藉以提昇觀眾對電視台或頻道的忠誠度（Williams, 1974 ∕ 馮建三譯，1992），並協助頻道建立品牌性，因此成為電視台不可或缺的節目類型（Hobson, 2002 ∕ 葉欣怡、林俊甫、王雅瑩譯，2003）。劇戲類節目之所以吸引人，不在於資訊的提供，而是情感的發抒（蔡琰、臧國仁，2003）。簡妙如（2008）認為，「觀眾明知戲劇節目是虛構的，但只要劇情能捕捉到日常生活中的感覺結構，就能讓民眾感覺真實而受感動」（頁8-9）。所謂的戲劇類節目，泛指由某個特定社群中數個角色之間的關係所串起的劇情，而敘事則由錯綜的情節線索組成。

　　以播出方式進行分類，電視戲劇類節目可分為連續劇、單元劇及劇集三大類（謝章富，2003）：

　　（一）連續劇：每天或每週於固定時段播出一段，如同章回小說般，其故事內容具連貫性，且每集出現的均為固定主要角色，故事情節亦有脈絡可尋。

　　（二）單元劇：在單一固定時段中，每次播出一段獨立且完整的劇情，包括開場、高潮、餘波至結尾。

　　（三）劇集：人物連貫但情節獨立的戲劇形式。每集都有一個明確的「階段性」主旨，由固定的主要角色演出，其背景具連貫性，

但有各自獨立的故事內容。

由於電視單元劇受限於播出時間長度，劇情不宜過度複雜，以單一主題較為合適；連續劇則因集數較多，故事架構、人物角色較為複雜，採多線發展。連續劇中每條線都有屬於自己的故事主線，但都是圍繞在同一個主題發展，主線與副線間的關聯性，將影響故事的廣度及深度（徐鉅昌，2001）。

台灣連續劇播出的時間長度主要分為30分鐘、60分鐘及90分鐘，2007年起，無線電視台及三立電視台將八點檔連續劇由90分鐘延長至120分鐘。徐鉅昌建議，30分鐘電視劇本約需1萬字，60分鐘則需約2萬字，依此類推。在場景方面，30分鐘的戲可分為7場5景，60分鐘的戲則為15場10景，以上數字並非絕對，隨每齣戲之特色而有所增減，但場景過多與不足都不利劇情的發展與製作。

依照故事時代背景區分，戲劇類節目分為現代劇、古裝劇、台灣鄉土劇及民初劇等。2000年之後，台灣主要的兩種戲劇節目類型：一為台灣鄉土劇，另一為偶像劇。鄉土劇是指以閩南語發音的「鄉土型」或充滿本土「鄉土意識」的電視劇種（柯裕棻，2006）。早年因政治因素，以閩南語發音的戲劇類節目只能在中午及晚間六點半時段播出，婦女與年長觀眾為其主要收視對象，製作成本低，題材多侷限於市井小民的生活，無法成為收視主流。

1990年底，華視推出一部講述1950年代外省移民和本地居民由爭執、猜忌到相互瞭解關懷過程的連續劇——【愛】，為台灣電視史上首部融合國、台語的鄉土連續劇。此劇開啓了強調家庭倫理及愛鄉、愛國情操的鄉土劇潮流，之後民視及三立電視台的開播與定位將鄉土劇帶領到更為本土的境界（陳一香，2004）。其中，【親家不計較】及【鳥來伯與十三姨】便是以寫實手法將鄰里瑣事及生活時事題材融入劇情中，引起觀眾注意及共鳴，尤其是中南部觀眾及家庭主婦。近年來鄉土劇題材走出過往框架，不再只是著墨於市井小民的生活，開始加入現代都會生活、男女間愛恨糾葛。【台灣霹靂火】將鄉土劇的場景擴大至現代都會商場上爾虞

我詐的人際關係，劇中所使用的語言除國、台語外，時而夾雜英語，新興鄉土劇模式儼然形成，吸引許多年輕族群，收視率更是水漲船高（柯裕棻，2006）。

90年代中後期，日劇大舉入侵台灣市場，帶入「偶像劇」型態概念。偶像劇在日本稱之為「趨勢劇」（trend drama），泛指由偶像明星飾演的都會年輕男女所經歷的浪漫唯美愛情與友情故事。台灣製作單位開始模仿這類集數短（約20-25集）而精緻的製作方式，走出一條有別於台灣傳統連續劇的路線，其中最具代表性的為【流星花園】及【吐司男之吻】。吳怡國、姜易慧（2010）將偶像劇發展分為三個階段：第一階段為探索定位期（2001-2003年），劇情多取材自國內外故事腳本，以類似知名日韓劇的情節或風格呈現；第二階段為競爭淘汰期（2004-2006年），劇情仍以愛情為主軸，但開始加入年輕人的生活圈或具興趣的元素，為簡單的愛情故事增添引人入勝的背景，多元的題材讓故事內容更為豐富；第三階段深化轉型期（2007年-），考量最初接觸偶像劇的觀眾已步入職場，偶像及愛情已不再是吸睛條件，偶像劇開始加入更生活化的情節，如職場生態或社會現象。相較於鄉土劇，在集數控制之下，偶像劇的劇本結構較重視完整性、節奏感與緊湊性。偶像劇中的場景、人物造型等均跟隨時尚流行，因此觀眾以年輕族群居多。偶像劇採外景單機拍攝，雖整體製作時間拉長且製作過程更為繁複，但畫面、燈光、構圖較以往連續劇精緻及講究。剪接也不再只著重於演員及對白，採用跳躍式的剪接法，讓觀眾自行思索理解並補足劇中刻意設計的空白處（吳怡國、姜易慧，2010）。

台灣戲劇類節目的播出時段以八點檔連續劇為主，也是電視台收入的主要來源。1990年代之前的八點檔僅為國語連續劇，國台語摻雜的【愛】及【台灣水滸傳】打破了長久以來的禁忌，之後的【驚世媳婦】、【春天後母心】等讓完全以台語發音的連續劇登上了無線電視台的八點檔時段，爾後，三立電視台的加入使2000年開始閩南語連續劇逐漸成為收視大宗。

除了八點檔之外，電視台也曾嘗試在不同時段經營戲劇類節目，例如：1990年代週間及週末晚間9點30分以家庭主婦為訴求對象的【太陽花】等的花系列連續劇。近年來，台灣電視台持續開發週間八點檔以外的戲劇節目時段，2007年公共電視開始經營週六晚間九點時段，陸續播出幾部具深度及質感的連續劇[1]，帶動該時段競爭。2008年起，台視與三立合作，於週五晚間十點新開闢戲劇類節目時段，先後播出【波麗士大人】、【那一年的幸福時光】、【犀利人妻】等（吳怡國、姜易慧，2010），其中2011年4月15日播出的【犀利人妻】完結篇曾創下單集平均收視率9.45。在所有非八點檔連續劇時段中，又以無線電視台星期日晚間十點這個時段的競爭最為激烈。波仕特線上市調（2011年10月29日）指出，約45.4%的民眾在該時段有收看偶像劇的習慣，其中【命中注定我愛你】、【敗犬女王】、【我可能不會愛你】等都引發觀眾們熱烈的討論並創下亮眼的收視率。

　　時段屬性及收視群為規劃戲劇節目播出時段的主要考量因素，目前台灣八點檔國語連續劇之收視對象集中在35-49歲、閩南語連續劇為45-54歲，而偶像劇則是15-24歲（行政院新聞局，2012）。由於台灣八點檔連續劇以45歲以上的觀眾為主要收視族群，偏好淺顯易懂且高衝突性的劇情，不喜歡需要過多思考的劇情，情節、人物愈簡單，被接受程度愈高。偶像劇曾一度置於週間時段，甚至在無線電視台週間八點檔時段播出，如【流星花園2】、【名揚四海】、【白色巨塔】等。雖然【流星花園2】曾創下不錯的收視率，但由於後續其他齣偶像劇均叫好不叫座，陸續退出八點檔。導演楊冠玉指出，像【名揚四海】這類「淡淡的」、「慢醞釀」的敘事方式，會使八點檔觀眾失去耐性（轉引自高啟祥，2003：182）。由此可知，雖說皆為戲劇節目，但因市場的收視習慣不同，其製作方式亦有所差異。

---

[1]　例如：【我在墾丁天氣晴】、【痞子英雄】、【那年雨不停國】、【我們在畢業前一天爆炸】等。

爲清楚掌握市場脈動及閱聽眾之收視習慣與行爲，製作單位可透過定期市場調查與分析，瞭解不斷變動的生活型態中消費者之收視取向，並擬定長期經營策略，持續供應同類型節目，以培養觀眾的收視習慣與忠誠度，經營出新形態的時段屬性與節目。舉例而言，2011年12月，三立電視台以國語連續劇【眞愛找麻煩】，重新投入八點檔；以及2012年6月國語連續劇【我們發財了】開發九點檔。這種週一至週五播出、每集1小時、每部約70集的國語連續劇，被稱爲「華劇」。華劇多以棚內搭景、多機作業拍攝，雖同是以愛情爲主軸並由偶像明星擔綱演出，但記取以往偶像劇在八點檔失敗的經驗，華劇偏向輕鬆寫實，加入多一些家庭親情元素，並採用較簡易的敘事方式，以吸引該時段原有收視族群。

　　在所有電視節目類型中，戲劇類節目的製作難度最高，無法單靠明星個人的知名度吸引觀眾，也不同於由數位名嘴在兩小時內或數萬元的製作費便可完成的談話類型節目。戲劇類節目的工作人員少則數十人，多則上百，以三個月、半年或更長的時間拍攝，花費更達數百、千萬，但各項的投入並無法保證高品質或高收視率，其中不確定性因素極多（蔡琰，2004）。黃以功導演曾以「好題材遇到好人才、好器材就會有好看的電視劇」點出成功的戲劇類節目應具備的基本要素（引自蔡琰，2004）。題材、人才及器材係指戲劇類節目中的「劇本」、「製作團隊」、「演員」及「硬體設備」四方面。劇本，除首重創意，另要能引人入勝、節奏明快、情節合理且具說服力；演員則須能精確地詮釋劇中角色；製作團隊具執行能力及合作默契；製作技術則要純熟與嚴謹。技術層面則包括視覺品質、攝影、剪輯與切入之適切性、燈光及布景（鍾起惠、彭芸，2000）。

　　連續劇節目製作人王珮華發現，台灣觀眾由於生活步調太快，又深深被所處環境的政治及經濟因素牽動，在此社會環境下，即使製作精良的戲劇節目有時也無法得到觀眾全心的注意及欣賞（薛佩玉，2006）。另一方面，在日、韓及大陸劇夾擊之下，台灣戲劇類節目靠著鄉土劇及偶像劇，維持著自製節目在頻道上的部分優勢，然而節目內容的大同小異

影視節目企劃與寫作

與品質最爲人詬病，這亦成爲影響台灣戲劇類節目進步的絆腳石。蔡琰（2002）建議：

> 與其追隨收視率，遠不如重視文化、研究觀衆心理、尊重專業人才與積極培訓新人來得實際。什麼是戲？如何能好？對電視劇的明天而言，這是一個急需繼續探詢、研究與實驗的方向。
> （頁194）

二、綜藝類節目

　　從1962年台視開播時的「一台獨大」到今日各類型有線電視頻道林立，綜藝節目一直爲台灣電視主流節目類型之一，與新聞類節目及戲劇類節目並稱爲台灣收視市場中最主要的三種節目類型（楊繼群，2010年5月）。根據行政院新聞局所製定的101年電視金鐘獎獎勵要點，綜藝節目被定義爲「指形式內容以娛樂觀衆爲主要目的之節目」。綜藝節目的英文名稱爲variety show，意指多樣性、多元性或組合多樣節目型態的綜合體，由中國廣播公司的邱楠翻譯爲「綜藝」，並沿用至今（聶寅，1997）。然而，台灣早期綜藝類節目的內容卻相當簡單且不多元，多爲純歌唱類節目，如專門演唱國語歌曲的【群星會】、閩南語歌曲【寶島之歌】，以及表演西洋歌曲的【星期之歌】。由於早期電視節目僅有新聞、教育及歌唱類綜藝節目，雖說當時歌唱綜藝類節目的燈光及布景簡陋，但與其他兩類節目相比，已是最具娛樂性的，因此廣受觀衆喜愛。

　　1970年代起，台灣綜藝節目開始轉變，不僅布景華麗，排場氣勢浩大熱鬧，更以高知名度的主持人做爲節目號召，如白嘉莉主持的【銀河璇宮】。另一方面，隨著設備器材規格的提昇，使得綜藝節目開始走出攝影棚於戶外錄製，崔苔菁主持的【翠笛銀箏】便是台灣第一個在外景拍攝的節目。此一時期，綜藝節目最大的改變爲加入短劇、雜耍及舞蹈等非歌唱元素，綜合性綜藝節目的基本架構於焉成形。1970年代後期，歌廳秀的

內容被複製到電視綜藝節目上，由鳳飛飛所主持的【我愛週末】、【你愛週末】開啟秀場型綜藝節目。節目內容雖仍保留綜合性綜藝節目的各項元素，但主持人的功能不再只是制式的串場及訪問，而是需要展現更多才藝以融入節目內容之中。另為增加節目現場感及熱鬧氣氛，秀場型綜藝節目跳脫攝影棚，而改在豪華酒店搭景錄製，並邀請數百名觀眾參與錄影，營造現場歡樂氣氛。

　　短劇在1980年代初期由綜藝節目中的配角一躍成為主角，例如：以戲謔方式呈現各行各業辛苦的【三百六十行】，或是由觀眾身邊小人物的喜怒哀樂為表演題材的【小人物狂想曲】，都是純粹短劇的綜藝節目。節目型態顛覆長期台灣綜藝節目以歌為主的呈現方式，不僅帶動綜藝短劇風潮，同時開啟日後綜藝短劇以詼諧方式針砭社會時事的風格。影響所及包括同時期的【連環炮】、2002年的【2100全民亂講】，以及之後由王偉忠擔任製作人的「全民」系列節目，如【全民最大黨】、【全民大悶鍋】。不可諱言的，政治環境的開放亦是造就綜藝短劇崛起的因素之一。此外，閩南語綜藝節目是另一個受此短劇風潮影響而產生的新類型綜藝節目。以往受到法令限制播出的方言節目，在1980年代末期，閩南語綜藝節目開始以歌唱、短劇、說唱及俚語等方式呈現，廣受觀眾歡迎，其中最具代表性的節目為於午間時段播出的【金舞台】、【天天開心】。

　　台灣電視節目產製如同其他產業，受到產業內在狀況以及社會外在環境影響。在三台寡占時代，節目製作經費較為充裕，綜藝節目多屬大型綜合性綜藝節目，預算動輒200-300萬。有線電視頻道成立後，頻道數目及可播放時段暴增，導致廣告市場與收視族群稀釋與分散，最終影響利潤。受限於財力、物力、人力的有線電視頻道，無法製作高成本的綜合性綜藝節目，便以製作成本較低的談話性節目為主要綜藝節目製播類型。無線電視台雖仍在週末播映大型綜合性綜藝節目，但製作經費已不可同日而語，僅約為昔日的三分之一。

　　台灣社會的急遽變化連帶影響綜藝節目類型及內容，綜藝節目隨著台灣不同時期的生活方式、社會結構、行為模式與社會文化改變，而產生

各式各樣的變化。1980年代台灣經濟起飛、女性受高等教育比例與就業率逐年攀升、結婚率持續下降，1982年製播的【我愛紅娘】以及之後的同類型節目【來電五十】、【非常男女】等，都希望提供當時正值適婚年紀的男女觀眾正當交友管道。同一時期政府解除海外觀光限制，台灣出國觀光人口於1987年突破100萬人次，【世界真奇妙】及【繞著地球跑】等旅遊節目應運而生，提供觀眾瞭解台灣以外的世界以及旅遊相關知識。隨著政府開放大陸探親和旅遊，以大陸人文風景為主題的【八千里路雲和月】、【大陸尋奇】和【江山萬里情】，滿足當時台灣觀眾對中國大陸的好奇，並以動態影像取代以往書上的靜態風景圖片。1990年代初期台灣經濟開始衰退、景氣緊縮、失業率提昇，社會大眾對未來充滿不確定性，需要找尋心靈慰藉，命理節目於此時如雨後春筍在各頻道播出[2]。但隨景氣逐漸復甦，此類節目在1990年代中期便逐漸式微。進入21世紀後，商業與流行文化的推波助瀾使年輕男女開始重視外表打扮，在此一風潮帶動之下，2005年開始，以介紹女性保養、化粧、造型、瘦身資訊的美容流行節目成為廣受歡迎的綜藝節目類型[3]。

　　台灣綜藝節目的發展長期深受日本及美國綜藝節目影響，如綜合性綜藝節目【一道彩虹】中的短劇受到日本喜劇節目【志村大爆笑】（志村けんのだいじょうぶだぁ）表演模式影響、益智節目【大家一起來】類似美國益智節目【Family Feud】、歌唱綜藝節目【百萬大歌星】則參考美國節目【Don't Forget the Lyrics】。90年代初期歐美國家開始出現標榜「事實性」（factuality），強調以真人真事、沒有排練、不用劇本、不會套招，讓觀眾看到全然真實情況的reality TV，或稱factual entertainment programs（有多種中文譯名，包括真實電視、真人實境節目／秀、實境節目／秀、事實娛樂節目、真人秀等）。這類型的節目在世界各地掀起話題

---

[2]　例如：【命運大不同】、【開運鑑定團】、【命運好好玩等】等。

[3]　例如：【女人我最大】、【美麗藝能界】、【美鳳水噹噹】等。

並創下高收視率。歐美實境節目最早是將存於現實的眞人[4]放置於一個特定環境或情境之中，記錄眞人的一舉一動，經過剪輯後播出，以滿足觀眾深藏心底的偷窺慾望。其中以1999年在荷蘭首播，2000年在英國第4頻道（Channel 4）播出的【老大哥】（Big Brother），以及源自瑞典2000年在美國哥倫比亞電視網（Columbia Broadcasting System, CBS）播出的【我要活下去】或譯【倖存者】（Survivor）最具代表性。一時間各國電視台爭相購買此類型實境遊戲競賽節目的播映版權、再製作版權或開發類似節目[5]。這類節目採用紀錄片非虛構性的特質，使其有別於戲劇類及其他綜藝類節目，而強烈的娛樂性質與紀錄片之間亦有明顯區隔，被視爲一種新興節目類型（謝豫琦，2005）。

　　台灣綜藝節目也迅速地加入實境節目風潮之中。2000年Much TV[6]率先製播類似【老大哥】形式的【e起去同居】，將陌生男女安排在與外界隔絕的空間生活100天的實境遊戲競賽節目。2003-2004年間則是掀起一陣「本土眞人秀」的製播熱潮，節目製作方式區分爲兩種：由製作單位採以跟蹤、偷拍、側錄方式發掘眞相，如【TV搜查線】；或是在棚內現場錄製調解各種感情、家務糾紛的眞實過程，如【最後的晚餐】、【幸福委員會】等（簡妙如，2008）。此類節目多半自我定位爲「反映社會實際現象，具警示及防患未然功能」，節目中的主持人多扮演諮商輔導或行爲導正者，但節目內容經常荒誕乖離，充斥暴力及色情，招致社會各界批評及新聞局廣電處處分。此外，造假醜聞始終爲「本土眞人秀」最根本問題，

4　不一定爲一般平民大眾，也有以名人爲被拍攝者的實境節目，例如：歌手Jessica Simpson 的【新婚】（Newlyweds: Nick and Jessica）、歌手Britney Spears的【混亂天堂】（Britney & Kevin: Chaotic）。

5　例如：2001年CBS製播的【極速前進】（The Amazing Race）及美國福斯電視台（Fox Broadcasting Company）的【誘惑島】（Temptation Island）。

6　1994年開播爲年代集團旗下線衛星頻道，也是台灣最早以製播運動賽事爲主的衛星頻道。後曾更名爲TVIS、年代體育台（ERA Sports）。2000年因台灣體育節目熱潮退燒，年代體育台轉型爲Much TV，2003年再度更名爲年代MUCH台。

完全背離實境節目最基本的「眞實」條件。

　　二十一世紀以降，歐美各國電視台不斷利用「眞實」的元素演化出更多元的實境節目題材，包括選秀[7]、交友配對[8]、生活型態交換[9]、個人改造[10]等。具有競爭性質的選秀及遊戲競賽實境節目多備有高額獎金或令人稱羨的工作合約，透過不斷晉級及淘汰的過程，讓觀眾看到參賽者間的互動或參賽者內心世界；改造實境節目則是強調改造過程中的起起伏伏以及公布改造結果後的驚豔。台灣電視節目製作單位在各類型實境節目中，以製播歌唱選秀實境節目最爲成功，【超級星光大道】、【超級偶像】、【明日之星Super Star】等節目都創下亮眼的收視表現。交友配對實境節目則有公視爲熟齡男女製播的【50眞來電】，以及2012年分別由民視及台視推出的【好膽你就來】及【王子的約會】；遊戲競賽實境節目則有2011年交通部觀光局與旅遊生活頻道合作的【瘋台灣大挑戰】（Fun Taiwan Challenge）。受限於各項內外在因素，台灣並沒有製作整集以個人改造以及生活型態交換的實境節目，但兩者的概念都被引用在其他類型綜藝節目之中；前者如綜藝談話性節目及美容流行節目中的改造單元，後者爲公視與客家電視台合作製播的兒童節目【來我家Fun暑假】[11]。

　　實境節目廣獲世界各地觀眾歡迎，也成爲許多國家綜藝節目的主流型態，但在同時也因良莠不齊，節目內容充斥色情、暴力、扭曲的價值觀以及過度的人性貶抑而飽受批評。然而，不可就此將實境節目與負面內

---

[7]　例如：【美國偶像】（American Idol）、【決戰時裝伸展台】（Project Runway）以及【超級名模生死鬥】（America's Next Top Model）等。

[8]　例如：【誰想嫁給百萬富翁】（Who Wants to Marry a Multi-Millionaire）、【宅男辣妹大配對】（Bride Wannabes）、【單身漢】（The Bachelor）、Millionaire Matchmaker等。

[9]　例如：【同名大不同】（Same Name）、【黑‧白】（Black. White）等。

[10]　例如：【酷男的異想世界】（Queer Eye for the Straight Guy）、【完全改造：超級減重篇】（Extreme Makeover: Weight Loss Edition）、【醜小鴨變天鵝】（The Swan）等。

[11]　節目內容是由一位小朋友到生活背景相異的另外一位小朋友家中，以三天二夜體驗不同的生活。

容劃上等號。英國BBC第四頻道於2004年製播討論英國校園營養午餐的【校園主廚奧利佛】（Jamie's School Dinners），便是採用偏向實境節目的拍攝方式，而非傳統紀錄片或時事評論型態（蔡明燁，2005）。節目播出後引起全英國上下的熱烈討論，更促成英國政府編列預算改善學校餐廳的問題。台灣公共電視同樣也受實境節目風潮的影響，2008年製作以分享家庭生活場域和家人關係爲主軸的【誰來晚餐】。同樣是以反映社會眞實樣貌爲宗旨，【誰來晚餐】捨棄之前「本土眞人秀」所採用偷拍、相互辱罵、炒作家庭糾紛的方式，利用實境節目的眞實性，平實且溫和地達成節目核心概念。由此可見，節目型態只是一種呈現方式而不能代表節目的好壞，內容才是判別節目價値的依據。曾參與製作英國實境節目【Who Wants to be a Millionaire】、【Pop Idol】的David Liddiment認爲，實境節目之所以廣受歡迎，正因爲其型態具有動人之處，若運用得宜，將能對社會產生正面影響，甚至具有動員的力量，端看題材的選擇、內容的設計以及製作人的功力（轉引自蔡明燁，2005）。

在實境類節目發展的十餘年內，其主題或型態不斷的轉變，也加入以往綜藝節目的架構而成爲一種具有混雜性的節目類型。回溯國內外電視製播歷史，前述的各類型實境節目都稱不上創新，早在1965年台視就已製播由素人參加的歌唱競賽節目【五燈獎】，1982年【我愛紅娘】及1996年【非常男女】則爲素人電視交友節目，1988年戶外競賽節目【百戰百勝】亦爲素人組隊闖關。伴隨著媒體生態、社會環境及娛樂產業轉變，當代的實境節目已不同於以往相似類型節目如此簡單。除了採用該節目的原型外，最重要的是加入實境節目的元素，不僅讓觀眾看到「結果」也完整呈現「過程」，例如：加入素人背景故事、內心獨白、事前練習準備畫面、事後感言等（王維玲，2010）。此一方式增加節目眞實性，讓觀眾看到人性，更能將情感投射於節目演出者上，並與其同喜同悲。也因爲這些元素，讓現代實境節目具備不同於以往綜藝節目的特質。從實境節目的發展看到各類型綜藝節目不斷的混雜過程，實難將某一綜藝節目精確定

義、歸類或畫分於單一節目類別[12]。為方便討論，在此仍將台灣目前常見綜藝類節目依其基本架構區分六大類，但實境節目因其多變性，並未納入下列六大類綜藝節目之中。

（一）談話性節目（talk show/chat show）

談話性節目在電視誕生以來便存在，在國外早已風行多年，是一項由低成本概念衍生的節目類型。主持人費用為其主要成本開銷，受邀來賓則會因知名度高低在車馬費上有所不同，其他如人事開銷及布景道具的花費有限。

開啟台灣綜藝談話性節目的源頭可追朔至1996年張小燕於TVBS主持的【小燕window】，之後的談話性節目則跳脫單純的訪談模式，加入更多插科打諢情節。【康熙來了】的成功，成為其他節目爭相模仿的對象。另外，漸為社會大眾重視關心的生活資訊與美容資訊，也成為綜藝談話性節目另一支主流，如早期的【今晚哪裡有問題】、【女人我最大】等節目。

隨著台灣社會風氣變化及輿論權的開放，愈來愈多人願意在螢光幕前分享交換自身經驗與觀點，加上製作成本與難度較低，綜藝談話性節目搖身一變成為各家有線頻道綜藝節目的主力。另一項促成綜藝談話性節目大行其道的原因則是社會生活型態的轉變，觀眾就寢時間往後延，連帶拉長晚間收視時間。有線電視頻道為填滿晚間9-12點時段並吸引年輕收視族群，綜藝談話性節目便成為此一時段的主要節目類型。2011年台灣共製播121個綜藝節目，其中70個為談話性節目，比例高達58%（綜藝圈七嘴八舌停不了，2011年12月28日）。薛聖棻（2006）將各式各樣的綜藝談話性節目依節目進行方式區分為四類：敘事型談話[13]、辯論型談話[14]、討論

---

[12] 以【誰來晚餐】為例，便自我定位為真人實境加談話性節目。

[13] 例如【真情指數】、【封面人物】、【小燕小約】等。

[14] 例如【兩代電力公司】、【爸媽囧很大】、【大學生了沒】等。

型談話[15]，以及混合型談話[16]。進一步以參與來賓的背景區分：一類是以具知名度的藝人或名人為主，另一類則為一般觀眾；前者讓觀眾看到名人真實但較不為人知的一面，後者則以素人在節目中的自然真實反應吸引觀眾，讓觀眾產生心有戚戚焉進而對節目產生興趣。

有線電視頻道製播的綜藝談話性節目多以週一至週四帶狀方式播出，因此題材消耗量大。各綜藝談話性節目從原本既定的屬性、定位到後來節目內容走向包羅萬象，無論哪一種類型綜藝談話性節目，議題內容都遍及兩性、理財、命理、美容、健康保健、美食等。各節目間相互模仿，不僅受邀來賓相仿，當某一個主題受到觀眾好評或收視率肯定之後，同一主題就會如雨後春筍般出現在其他綜藝談話性節目中，節目雷同性高，造成觀眾對此類型節目產生收視倦怠感。

不論是哪一種類型綜藝談話性節目，主持人、來賓和談話主題是構成該類型節目的基本元素。也因為是藉由「談話」建構整個節目，內容與素材成為節目的成敗關鍵。製作單位須先找出觀眾有興趣的「話題」或「人物」做為發展主軸，邀請的來賓則可以為當事人、當事人的親朋好友、媒體記者等。綜藝談話性節目主題的選擇方式不同於新聞類節目，不以深度為考量，而以新鮮及引發觀眾好奇為重點。【康熙來了】製作人張彥銘在訂定節目主題時通常有一個表面目的，但實際上是另有一個潛在目的。例如：節目設計以「交換禮物」為主題，真正意圖卻是引導來賓吐露其他引發觀眾好奇的故事（吳永佳，2011年2月）。

綜藝談話性節目的節目流程與一般節目並無太大的不同，多由主持人開場介紹本集節目討論主題並帶出今日來賓，接著由主持人拋出事先規劃的議題進行訪談或討論。每一集的綜藝談話性節目，多由一個接一個延續不斷的橋段與話題組成，主持人和來賓必須在每個段落中創造高潮或笑點，因此會以誇張的言詞或反應，甚至表演引起觀眾興趣。一般而言，綜

---

[15] 例如【國民大會】、【WTO姐妹會】、【非關命運】等。

[16] 例如【康熙來了】、【國光幫幫忙】、【麻辣天后宮】等。

藝談話性節目在內容上除包括真實的資訊，也具備說故事的敘事特質（孫榮光，2009）。

（二）歌唱節目

　　歌唱節目係指節目以現場演唱形式進行，主持人與來賓採聊天方式談論音樂相關話題做為串場的節目。因捨棄一般綜藝節目中經常出現的短劇或其他搞笑橋段，與其他類型綜藝節目產生極大區隔。【群星會】為台灣最早出現的歌唱節目，在60-70年代初期紅極一時，之後因各類型節目崛起，歌唱節目本身又缺少變化和進步，於是逐漸喪失競爭力而無法繼續獨領風騷。1980-1988年，因應金鐘獎增設的男女歌手獎項，三家電視台開始每年選定台內2-3名簽約男女歌手錄製個人專輯性歌唱節目，做為報名金鐘獎最佳男女歌手獎項[17]之用。此類節目以角逐獎項為目的，製作精緻但並非為常態性節目，整集節目以該名歌手為主，過於單調且個人色彩濃厚，之後電視台也因金鐘獎廢除此一獎項而不再製作此類型節目。雖然「歌唱」開始與其他表演元素結合，建構不同綜藝節目類型，但純歌唱節目仍斷斷續續出現在螢光幕上。近年來，較為人熟知的歌唱節目為【費玉清的清音樂】、【週日狂熱夜】及【給你哈音樂】等，另外以演唱閩南語歌曲為主的歌唱節目則有【我的音樂你的歌】、【台灣的歌】、【台灣紅歌100年】等。歌唱節目之目標觀眾群為愛好音樂的社會大眾，但觀眾群會因主持人及演唱歌曲而有所區隔。

　　找尋合適的主持人及來賓是歌唱節目製作單位所面臨的挑戰。歌唱節目主持人除具現場演唱的能力以及豐富的音樂素養外，也要如同其他類型綜藝節目主持人一樣，具備帶動節目現場氣氛的技巧，節目才不至過於沉悶，而邀請到具有現唱演唱實力且能配合的歌手或藝人也並不容易。歌唱

---

[17] 當時新聞局規定角逐該獎項的歌手必須為三台旗下的簽約藝人，評選範圍也不同於後來金曲獎的音樂專輯，而是由電視錄製的電視專輯。曾獲得電視金鐘獎男女歌手獎項包括有代表台視的鄧麗君、王芷蕾，中視的鳳飛飛、費玉清、蕭孋珠，以及華視的劉文正、蘇芮等人。

節目的流程很固定，企劃人員主要心力花費在選曲、蒐集歌曲相關資料。通常歌唱節目主持人對歌曲與相關知識涉獵廣泛，也會實際參與節目企劃過程並提出專業意見。

「音樂」是歌唱節目最重要的元素。選定演唱歌曲後，便會由專人負責重新編曲，以配合主持人或來賓的演繹方式。由於歌唱節目多採現場收音，現場伴奏的樂隊的好壞，直接影響節目最後呈現品質。以八大電視台【台灣的歌】為例，現場伴奏成員超過20人，是歌唱節目一項重要的預算支出。歌唱節目在錄製前，需經過與主持人、來賓、樂隊不斷地溝通及排練；在正式錄影時，除了畫面之外，更要注意所錄下的音樂表演是否將細節與層次清楚地呈現。由於歌唱節目所牽涉到的細節及配合人員較多，錄影時間也較其他類型綜藝節目長。

歌唱節目因剔除一般綜藝節目中的插科打諢，純粹以歌曲演唱滿足觀眾，雖有特定族群的支持但收視率並不特別突出。在收視率與投入預算、製作時間不成正比的情形下，單一歌唱節目能維持播出的時間並不長。以公視【週日狂熱夜】為例，雖然節目獲得入圍金鐘獎及觀眾的肯定，但收視率卻只有約0.3，與製作單位起初預估的0.8有一段差距（巫崇嘉，2008年3月），即便播出頻道是在不以營利為目的的公視，最終仍難逃停播的命運。而由具豐富主持經驗的知名歌手庾澄慶製作、主持的【給你哈音樂】，也在播出兩季後結束。

（三）益智節目

在台灣電視節目發展過程中，最早的益智節目是在1966年左右，以賓果遊戲為架構的猜謎歌唱節目【大千世界】。但在早期受到節目贊助者不穩定的影響，益智節目播出時段經常變動，加上正值歌唱綜藝節目的黃金時代，益智節目本身才在萌芽階段，製作單位未能完全掌控節目節奏，因此未能掀起熱潮（台視三十年編輯委員會，1992）。然而，益智節目並未消失於台灣電視螢幕上，陸陸續續有【分秒必爭】、【挑戰】等。1983年台灣第一個帶狀益智節目——【大家一起來】，掀起益智節目收視高潮。該節目一開始參考1976年美國廣播電視公司（American Broadcasting Company, ABC）播出的【Family Feud】，同樣採用以家庭組隊的報名方式，但播出後市場反應並不熱烈。製作單位之後開放給公司行號組隊參賽，意外帶動收視率並將晚間7-8點創造為收視熱門時段。之後，1989年結合趣味影片的益智節目【強棒出擊】則再創造出另一波益智節目的收視佳績。由於益智節目的低成本及高效益，電視台紛紛起而效尤，推出各種益智節目。然而由於後續製播的益智節目在內容及型態上同質性高，無法在市場上占有一席之地；也由於內容缺乏變化，1980年代後期開始，益智節目逐漸失去其主流綜藝節目的寶座。2000年5月，台視取材於英國獨立電視台（Independent Television, ITV）益智節目【Who Wants to Be A Millionaire】，推出【超級大富翁】節目。隨著該節目收視率的成功，再一次帶動起台灣地區一陣益智節目熱潮。

　　益智節目之節目特性在於提供電視機前的觀眾參與空間，觀眾自我化身為節目的一分子，與參賽者一起回答製作單位準備的問題，節目內容成為觀眾茶餘飯後討論的話題，甚至興起報名參加念頭。舉例而言，1978年中視製播的【挑戰】，由於限定由大專校院學生組隊參賽，在校園間興起一陣熱潮。Fiske（1987）曾解構益智節目的多元意涵及節目架構，歸納出益智節目之所以能吸引觀眾在於它的不設腳本（unwrittenness）及真實（real）。有別於其他類型節目，益智節目具有互動參與的特質，觀眾藉由觀看過程，檢驗自身的知識程度，或是與參加節目的來賓及名人做一比較。綜言之，益智節目透過問答之間，重現現實社會中的競爭價值。科技的進步讓觀眾與益智節目間開始有了互動，而不再只是在電視前的自答。益智節目的製作單位開始將節目設計為現場直播，並加入觀眾撥打call-in付費語音電話之環節，使觀眾能參與節目問答或是在網路上同步參與，不但讓電視機前的觀眾成為真正的參與者，同時也為電視台開拓另一項營收項目。

　　知識、娛樂，以及競爭是益智節目的三項基本要素；而主持人、參賽者、遊戲規則，以及題目內容則決定益智節目好壞的關鍵。

1. 主持人

益智節目主持人擔任類似主考官的職務，是一個與參賽者對立的角色。主持人在參賽者答題思考的過程中，不斷地以各種方式讓參賽者產生懷疑及猶豫等反應，激發觀眾的緊張情緒，以製造戲劇性、懸疑性。益智節目主持人需具備足以扮演裁決者的說服力、口齒清晰、幽默感與親和力，才能掌握節目節奏，並激發觀眾參與感，以及營造時而緊張、時而有趣的氣氛。

2. 參賽者

可設定為名人或素人；前者可讓觀眾看到名人在答題壓力下所表現出與螢幕形象反差極大的反應，素人參賽者則容易使觀眾在觀看時進行反身的替代式參與，將自己想像為參賽者。參賽者的參加方式則可分為組隊或個人：組隊的形式讓隊員之間的默契及互動展現，成為節目另一項焦點；個人型態參賽則是可以公平展現個人實力，但缺點為較顯單調，倘若參賽者表現不佳或不具個人特色，會讓觀眾失去收看興趣。因此在以個人參賽的益智節目中，製作單位多半加入各種求助方式，像是call-out、現場觀眾協助等方式，讓更多人員參與其中以增加節目變化性。

3. 遊戲規則

遊戲規則的設計展現益智節目企劃人員的創意和規劃能力，但由於台灣製作的益智節目多半參考或模仿其他國家益智節目的遊戲規則，較欠缺原創性。益智節目不是考試，不能只以問與答方式進行；遊戲規則的訂定除了建立比賽方式及公平性，最重要還是用以控制節目起伏、攝影棚氣氛或激發出參賽者的人性弱點。因此，遊戲規則中的各項細節應當要能環環相扣，並一步一步凝聚比賽焦點。除了設計具創意的關卡、互動方式外，獎勵方法是遊戲規則中另一項重點。益智節目多以高額獎金做為誘因，吸引參賽者及觀眾並帶動收視率，通常獎金愈高，製造的話題性及收視率也就愈高。由於台灣的節目製作條件及環境並無法像美國電視公司動輒提供100萬美金（約新台幣3,000多萬元）的高額獎金，因此也較難塑造一夕致富的戲劇性傳奇。另須注意的是，遊戲規則不宜設計過於複雜，過多的細

節會降低觀眾觀看意願，也會讓主持人在節目中疲於解釋遊戲規則而影響節目進行。

4. 題目內容

每一個益智節目會依照該節目的風格及範圍建立題庫。有些節目出題範圍非常廣泛，無所不包；有些則因節目本身的性質，而有所限制。例如：【百萬小學堂】出題範圍限於國小1-6年級的不同學科課本，而早期以旅遊內容為主軸的益智節目如【繞著地球跑】則是將題目範圍設定在各國文化及風土民情上。益智節目的題目並非愈難愈顯專業，而是要能符合節目目標觀眾的平均程度，增加廣度並加入時事。如前所說，觀眾在觀看節目的同時也會參與答題，若題目難度過高將不易吸引觀眾參與也將難以引發共鳴。在編排題目的順序時，可掌握「先易後難」以及「難易搭配」兩個原則，才能讓節目有高低起伏。最重要的是，要再三確認答案的正確性，以免誤導觀眾進而引發後續的困擾。益智節目的題目耗用量大，國外益智節目的題目設計均由一群智囊人員或顧問負責，但台灣製作單位為節省節目成本多指派幾位企劃人員或執行製作依網路資料或參考書出題充數。當節目播出一段時間後，具水準的題目愈來愈少，使題目缺乏啟發性或趣味性，而流於一般知識問答，致使節目失去可看性。

益智類節目在台灣難以長久吸引觀眾目光，主要是受限於節目的可擴充性。許多益智節目因比賽方式類似及題目重複率高，造成收視率下降，最後黯然退場。如同其他綜藝型節目，益智節目在風光一時後會趨向沉寂，但不會消失，因為益智節目的獎金、題目、競賽所帶給觀眾的吸引力，都將會是這類型節目可以不斷捲土重來的原因。

（四）歌唱競賽節目

最早出現於台灣觀眾眼前的歌唱競賽節目是1965年台視播出的【五燈獎】。該節目的發想來自於擂台比賽，由全無專業演出經驗的素人擔任表演者。節目內容是由一連串的比賽所組成，具競爭性的過程及未知的結果是吸引觀眾收看的原因。電視機前的觀眾除了欣賞節目外，同時也扮演著評審的角色——以自己的標準評斷電視上與自己同樣平凡的演出者。

藉由觀眾對於表演者情感的投射，使得比賽的輸贏像連續劇的劇情般，吸引觀眾在固定時段守候在電視機前（宋秉忠，1993年3月）。二十一世紀始，世界各地吹起一股歌唱選秀節目風，包括英國【流行偶像】（Pop Idol）、美國【美國偶像】（American Idol）、中國【超級女聲】，以及台灣在2007年先後推出的【超級星光大道】與【超級偶像】。這類型節目的賣點，就如同【超級星光大道】執行製作呂品瑩所說，「讓看似平凡的路人也能搖身一變成為歌聲動人的藝人，而將他們努力發跡的過程，呈現在螢光幕前，訴諸於感性，勉勵觀眾有夢想就得去實現」（邱元儂、蔡菁怡，2007年7月19日，頁2）。謝奇任（2007年6月）綜整不同選秀歌唱節目，歸納出此類節目的基本共通點分別為新奇性（novelty）、平凡與真實性、觀眾參與性，以及參賽者的成長。

早期歌唱競賽節目結構單純，由參賽者的演出及主持人的串場貫穿整個節目。近年來的歌唱競賽節目，不再由參賽者每週自行決定演唱的歌曲，取而代之的是製作單位所設計的各式各樣主題關卡，參賽者須通過一關又一關的考驗，才能續留節目中表演。節目中除了有主持人負責於比賽中穿針引線外，也會邀請國內知名歌手、造型專家及唱片製作人擔任評審。評審們不只單純的評分，並要立即分析參賽者的表現，不僅增加節目中的互動性，也會使觀眾好奇且期待評審的陳述方式。使歌唱競賽節目更具吸引力的重要關鍵在於加入實境節目的特點，製作單位以攝影機拍攝參賽者在比賽前後的後台畫面，捕捉素人在各種情形下的情感表露，讓觀眾能更為認同參賽者。

在台灣，收看歌唱競賽節目觀眾群多介於15-24歲之間。以2006下半年及2007上半年收看歌唱競賽節目的觀眾結構來看，女性觀眾高於男性觀眾，並以學生及年輕工作者為主（艾傑比尼爾森媒體研究，2007），因此在主持人、評審、參賽者、比賽方式的設計，甚至於行銷手法都多以年輕族群的偏好為考量重點。然而，企劃人員在規劃節目內容時仍需考量到播映頻道的屬性以及各頻道觀眾族群的差異性。例如：民視於週六晚間8-10點播出的歌唱競賽節目【明日之星Super Star】，便分為國語組及台

語組，除能開發年輕族群觀眾，也有效穩固既有年長與中南部觀眾群。

　　2010年底開始，歌唱競賽節目收視情況逐漸下滑，顯示節目熱潮已退。這其中的原因，除了再次印證觀眾的喜好快速變化外，主要還是在於節目製作層面，包括參賽者水準的參差不齊或缺乏個人辨識度、評審不具號召力或專業性不足，評分制度公平性亦屢遭觀眾質疑，且節目企劃也未見新意，整體節目進行方式流於制式化，甚至部分節目多圍繞於參賽者背景故事而非歌唱才藝。

（五）遊戲節目

　　很多綜藝節目都會在節目中穿插「遊戲」單元橋段，例如：成語接龍、比手劃腳等，以增加節目的趣味性。遊戲節目則是指以接連的競賽闖關遊戲串聯而成的節目，節目中的關卡都是經過特殊設計並使用專門道具。如同於益智節目，遊戲節目亦具備競賽性質，但兩者不同之處在於遊戲節目多著重於趣味性，而非勝負。遊戲節目可在棚內或外景拍攝，參加對象可設定為藝人或素人，或是兩者穿插。不論以何種方式製作，遊戲比賽項目的設計（道具、布景及進行方式）是吸引觀眾的主要因素。受限於製作經費及其他外在因素，台灣的遊戲節目在內容或遊戲機具上多半模仿或引進國外成功單元，例如：早年於華視播出的大型戶外運動遊戲型節目【百戰百勝】便是參考日本TBS【風雲！たけし城】，而同在華視播出的【紅白勝利】就曾涉及抄襲日本朝日電視台【火焰挑戰者】（【ウッチャンナンチャンの炎のチャレンジャー これができたら100万円】）。

　　戶外拍攝的遊戲節目困難度較高，牽涉細節也較廣（如：拍攝地點選擇、安全性及氣候考量等）。以往多由製作單位選擇合適地點做為長期外景錄製場景，但近年來製作單位則是傾向每週選擇不同的校園或廟口做為錄影地點，與觀眾近距離接觸，如民視【綜藝大集合】。也因為素人配合度高，全力投入遊戲並樂於與主持人互動，加上現場觀看錄影人潮，營造節目極佳氣氛。

（六）綜合性綜藝節目

　　如前所述，台灣早期綜藝類節目內容單純，多為純歌唱類型。隨著影

視製作設備進步，綜藝節目的布景開始朝向精緻華麗發展，節目內容除了歌舞表演外，也加入訪談元素等。綜藝節目的發展漸趨成熟，多樣化的表演及短劇開始穿插於歌舞間，串聯各種不同特色的單元，綜合性綜藝節目雛型就此奠定，也成為無線電視台週末晚間的主要節目類型[18]。

綜合性綜藝節目因為節目呈現方式趨向複雜及播出長度較長，企劃工作需要投入更多的人力，才能做出周詳的企劃（王天濱，2002）。有線電視的加入、分食的市場造成創意匱乏及製作經費縮減，綜合性綜藝節目因需要華麗布景、具號召力及知名度的主持人、不斷創新的單元，以及大量的短劇腳本，然而偏低的製作預算使製作單位對綜合性綜藝節目卻步，大型綜合性綜藝節目不再成為各電視台爭相製作的節目類型。

根據尼爾森收視率調查顯示，綜藝節目的主要播映時段為有線電視台平日的晚間10點及週末無線電視台晚間8-12點，在無線電視台方面，週末晚間時段則是綜藝節目的主要戰場。15-44歲是綜藝節目主要收視族群，但不同族群偏好的綜藝節目類型不盡相同，且受到主持人、頻道及內容型態影響。舉例來說，民視製播的【綜藝大集合】及【豬哥會社】受到年長者、男性上班族、家庭主婦及中南部觀眾喜愛；華視【Power星期天】則是年輕族群、學生及北部地區觀眾接受度較高；台視及三立製播的【超級偶像】則是獲得25-54歲、女性上班族、家庭主婦、高中／大專程度及大台北地區觀眾青睞（楊繼群，2010年5月）。綜藝節目企劃人員應確實掌握主要收視族群，針對其偏好、需求設計節目內容，如【綜藝大集合】便鎖定較高年齡層及中南部的族群，將拍攝場景拉至各地廟口前，以更親近目標族群的方式獲得認同。

台灣綜藝節目長期以來為人詬病之處，在於缺乏創意、內容多半是抄襲美、日他國節目，或一窩蜂跟進製作當時高收視率節目類型。關尚仁（1999）批評，台灣電視台近視短利與急功好利的做法，忽視綜藝節目

---

[18] 著名的節目包括【綜藝一百】、【龍兄虎弟】、【玫瑰之夜】、【超級星期天】、【鑽石舞台】等。

的研發，影響台灣綜藝節目的製作走向。綜藝節目內容的發展及轉變與台灣社會具有密切相關，每一段時期都會發展出反應時代背景特色的綜藝文化。因此，綜藝節目企劃人員需要掌握當下社會脈動才得以滿足觀眾需求，進而獲得收視肯定。

三、社教節目

電視媒體除具告知（to inform）及娛樂（to entertain）的功能外，也肩負教育（to educate）大眾的責任。電視具備動態媒體跨越距離傳送影音的特質，若能善加利用電視媒體此一特質，讓觀眾能在家中透過動態影像學習，亦可達成教育功能。在各類型的節目中，社教節目便是被設定為「提供觀眾常識、觀念、風俗文化等具社會教育功能的節目」（劉幼琍、蔡琰，1995，頁90），在台灣《廣播電視法施行細則》中更直接將「推廣社會教育」訂為教育文化類節目被期待的功能之一。

由於觀看電視是一種無拘束的自發行為，觀眾可選擇的節目內容眾多，且一般觀眾對於電視娛樂功能的期待多於教育功能，因此社教節目並非是一種容易獲得電視市場觀眾群青睞的節目類型。倘若節目整體氣氛傾向單調、沉悶並配上枯燥的畫面，更是無法吸引觀眾的目光。社教節目企劃人員必須瞭解社教節目與教學節目之間的區隔。教學節目具有明確的教育目標並預期觀後的學習效果，觀眾的觀看意願多為非自願及被動的；社教節目的觀眾則是抱持著獲得娛樂滿足的主動收視者，隨時可以中止觀看行為，若非其內容或形式有趣或具獨特性，將難以吸引觀眾的目光。台灣社教節目因缺乏廣告量及觀眾群的後盾，向來不受商業電視台重視，所獲得的預算偏低且多被安排於冷門播映時段，在此惡性循環下，內容上易流於固定說教形式，造成一般觀眾對於此類節目產生排拒。

1994年美國Discovery傳播集團（Discovery Communications, DCI）來台設立分公司，1998年國家地理頻道（National Geography Channel, NGC）亦來台灣發展，兩大跨國休閒社教類頻道相繼進入台灣有線電視系統。國家地理頻道的定位為「奠基於事實的知性娛樂」，內容以普及科

學、科技、人文、歷史考古和自然奇觀為主；Discovery頻道則標榜「提供觀眾引人入勝的高品質『紀實娛樂節目』，內容五花八門，包括優質的自然、科技、古代與當代歷史、冒險、文化和時事紀錄片」。Discovery傳播集團及國家地理頻道所播映的節目內容符合前述社教節目的定義，但所製播的節目內容卻是呈現多元化，讓知識以各種不同型態呈現，如紀錄片、綜藝節目、兒童節目等；製作方式則是精緻並具有吸引力，給予台灣觀眾不同於以往社教節目僵硬刻板的觀感。

由境外頻道的例子可發現，社教節目可以不需要以嚴肅的方式呈現。Discovery加拿大分部總裁Paul Lewis認為，觀眾並不想在電視上看到一場科學講座，而是希望可以透過節目「身歷其境」（林天宏、施雨岑，2006年12月6日）。教育和娛樂是可以共存的，社教節目企劃人員的挑戰就是找到讓教育性議題變得有趣的方式，以及在節目深度與趣味性之中取得一個平衡點。社教節目在題材的選擇上可以包羅萬象，不拘限於高深的學問，才不致於曲高和寡或流於精英取向。事實上，觀眾最容易產生興趣的題材，是可以在日常生活中親身觸碰到的人事物。社教節目的企劃人員可試著由生活化及具真實性的題材著手，並以觀眾需求及觀看角度為出發點。曾與Discovery頻道合作的本地影像工作者認為，「說故事的方式」是該頻道節目受到觀眾歡迎的主要原因，其拍攝手法、影像風格、呈現方式及畫面節奏都有別於國內以往社教節目的教條式呈現，節目內容敘事不僅限於報導型態，戲劇性的風格也可納入其中（鄭淑文，2007）。

台灣電視節目製作環境為因應電視市場需求而產生變化，進而衝擊節目企劃及製作方式。現今的電視節目已難確切分類，因為它們可能同時具備許多節目類型的特質（劉幼琍，1997）。節目類型與觀眾屬性特質具有內在聯結關係（鍾起惠、陳炳宏，1999），觀眾會依本身的需求，自行分辨節目類型並找尋合適的節目類型。因此，不論是製作何種類型節目，掌握目標觀眾是節目企劃人員的首要任務。不同族群對於不同主題各有偏好，喜好的節目類型也有所差異。觀眾偏好某些特定節目類型與個人的工作、社會階層、世代、年齡、教育程度、性別等因素相關，各類節目

企劃人員需要精準掌握主要觀眾群及次要觀眾群輪廓與其喜好和需求。此外，相同的電視節目類型也可能因方式呈現的不同，發展出新的觀眾族群。

第 6 章 ▶▶▶
各類型節目介紹及企劃撰寫要點（二）

本章將延續前一章，針對另三種節目類型包括新聞類節目、兒童節目及體育節目進行討論。

四、新聞類節目

電視新聞類節目是許多現代人主要資訊來源之一，提供觀眾知悉國內外重大新聞事件之管道，或針對發生事件深入分析評論，提出多方見解供觀眾參考。1990年代初期，SNG（satellite news gathering）的加入，增加電視新聞報導的時效性與臨場感，不僅帶給觀眾高度參與感，同時也提昇觀眾收看電視新聞報導的興趣。

台灣無線電視頻道每天平均播出約4小時的新聞類節目，包括晨、午、晚間新聞各1小時，以及1小時其他語言別的新聞。有線電視頻道播出型態不同於無線電視台，各頻道有其節目特色。台灣主要的8家有線電視家族頻道中，除衛視、緯來電視、八大電視外，其他5家均設有新聞頻道。新聞類節目除純粹報導型的新聞報導與氣象報導外，還包括政論性談話節目、新聞雜誌新聞與紀錄片。

（一）新聞報導與氣象報導

新聞之主要功能為傳遞新知，電視新聞報導突破時空的限制，結合畫面、聲音及文字，讓觀眾能快速掌握世界

脈動。台灣電視新聞報導在戒嚴時期，扮演國民黨政府的宣傳工具，在1993年有線電視開放後，24小時有線電視新聞頻道相繼成立，台灣電視新聞媒體生態產生巨大變化。新聞報導在各頻道間變得極度競爭，在市場壓力的驅使下，各新聞頻道爲求收視率及利潤，開始轉向商業掛帥，以腥羶色新聞內容吸引觀眾，破壞新聞專業事件層出不窮。

新聞報導不同於其他類型節目，具有引導民意以及輿論監督的功能，其本質爲客觀、眞實及專業責任。美國民間「新聞自由委員會」（Commission on Freedom of the Press，又稱 Hutchins Commission）早於1947年列舉新聞應當符合的標準：（徐佳士，1973，頁56）

1. 提供當日事件正確、完備而明智的紀錄，且不可忽略其背景，致使閱聽人無法明瞭事件的意義。
2. 成爲一個交換評論與批評的場所。
3. 對社會中各組成團體，做出有代表性的描繪。
4. 闡明社會的目標和價值標準。
5. 充分接觸當日消息的管道。

依循以上五點，電視新聞報導節目的製作宗旨可寫爲：

■針對國內外新聞與議題，提供多元及正確資訊管道。

■協助民眾掌握社會脈動。

■確保社會大眾知的權利，滿足大眾對資訊取得的需求。

■教育及喚醒大眾警覺的責任。

■服務公眾並促進社會之進步。

■滿足人類好奇及求知的天性。

新聞報導和其他類型電視節目一樣，是一項需要團體配合才能完成的工作，從最初議題規劃、記者採訪新聞後配音及剪輯、編輯專業判斷並編排新聞順序、主播完成播報後，才算完成。電視新聞報導的製作流程與其他類型節目有很大差異，大致情形如下所述，但也會因各電視台的作業模式不同而有些許差異。

新聞部每天早上及下午分別針對午間新聞內容及晚間新聞內容舉行

編採會議，與會人員包括製作人、各採訪中心主管、編輯人員（主編、編輯、助理編輯）、導播等。編採會議中將決定播出的新聞、製作方向及分配採訪工作。新聞製作團體主要決策人員為製作人；主編負責篩選新聞，決定新聞的播出與否；編輯負責新聞排序以及下標題；採訪中心主管則分派各組記者採訪路線。一般文字記者盡可能在前一天下班前，依照主跑路線官員既定行程、採訪通知，或自身規劃的採訪主題，安排隔天的採訪計畫；若記者沒有任何行程，則執行採訪中心主管指派的任務。記者在外出採訪過程中會向採訪中心主管回報實際採訪情形。編輯人員的工作則依照新聞內容及規格設計製作「主播播報鏡面」[1]，並在開播前一小時完成編印流程表（rundown）。該流程表須清楚載明每則新聞之播出順序及搭配的「主播播報鏡面」，相關人員則按照流程表製作圖卡、撰稿與剪輯。

電視新聞記者與報社、雜誌及廣播記者不同之處在於畫面的追求。一則新聞發生，攝影及文字記者到達現場後進行採訪及拍攝，實際停留現場的時間不會太久，因為要趕回電視台進行後續工作。每組記者（一名文字記者及一名攝影記者）平均一天約需跑3-4則新聞，並須在各節新聞截稿時間前完成文稿、稿頭[2]、過音以及剪輯工作。在輸入完稿頭並將播出新聞帶交給副控室工作人員後，記者的工作才算告一段落。一般而言，一則新聞的長度多半在60-80秒之間，如遇重大事件發生則可能加長至90秒，專題報導則可長達3分鐘左右。以1小時長度的晚間新聞為例，扣除廣告及氣象時間，實際播出長度約40分鐘，新聞則數約莫30-35則，其中還包括外電新聞。

新聞主播是美國觀眾選擇收看特定頻道新聞報導時主要考量元素（Westin, 1982），並被視為該頻道的招牌或新聞報導節目的品質保證。

---

[1] 主播播報稿頭時，電視螢幕上呈現的視覺元素，包括主播畫面、影帶畫面、天氣預報圖文、文標、即時股／匯市、即時時間碼、新聞預告跑馬燈等。

[2] 主播播報該則新聞前的導言不宜過長，以提綱挈領的方式，點出該則新聞重點。

1962年台視開播後，於每晚8點到8點15分播出的15分鐘【電視新聞】[3]，為台灣最早的新聞報導節目。新聞報導的畫面為靜態照片、圖表、字卡及影片，聲音則是由播音員搭配背景音樂於幕後念稿（台視三十年編輯委員會，1992）。直至1963年1月，才開始由一名記者面對鏡頭播報，同年10月改為男女記者搭配播報。早期台灣的電視公司多選擇具專業的男性為主播人選，如顧安生、盛竹如及張繼正等，之後李豔秋、沈春華與陳月卿等女性主播的出現改變此一局面。

一名優秀的新聞主播需經歷一段完整而長期的培訓，多由採訪記者開始，慢慢累積經驗才得以登上主播台。其工作除了播報新聞外，也包括改寫新聞稿，採訪或參與製作。隨著全天候有線新聞頻道的增設，新聞主播需求量大為增加，在供不應求的情形下，電視台只得以外表與表達能力兩項做為篩選電視新聞主播的標準，專業能力的要求變成次要條件，明星主播化的現象儼然形成。

黃新生（1994）認為一名稱職的主播需具備的條件為：精通新聞專業的技能、洋溢著親和力、表現專業的權威、外貌與音質令人舒服及具有即席報導新聞的能力。除了上述條件外，TVBS主播詹慶齡補充，不斷的自我充實是必要的，如大量閱讀各類型書籍以增加字彙、避免詞窮及培養敏銳的社會觀察能力，都是專業電視新聞主播的必備條件（羅敏，2007年10月）。

台灣電視新聞製作可區分為「編採（播）分離制」及「主播制」。「編採（播）分離制」是主播依照主編或製作人的指示將新聞一則一則的讀出；「主播制」亦稱為「編採（播）合一制」，意謂資深主播具有新聞編輯能力及權力，參與編輯會議，以其專業判斷引導新聞內容走向、順序安排及播報方式。一般而言，具資歷、新聞專業及高知名度的主播多擔任電視開機率最高的晚間新聞主播並身兼製作人，屬於「主播制」；新進主播或一般整點新聞主播編輯製作過程中參與較少、主導性較弱則為「編採

---

[3]　中視於1969年開播後，台視才將【電視新聞】更名為【台視新聞】。

（播）分離制」。

　　選擇男主播、女主播、單主播、雙主播或多人主播是各家電視台在大同小異的新聞播報模式中可求取變化之處。雙主播及多人主播使新聞呈現較為活潑、節奏加快、新聞較為流暢並提高可看性，但如此的編制也會使得主播對談時間增加，反而減少新聞實際播出時間；須考量的重點是主播間的默契及和諧度（媒體掀起雙主播風潮，2003年12月9日）。此外，主播是要正襟危坐地在主播台上播報，還是以輕鬆的方式坐在沙發上聊新聞，又或者是要在棚內或是外景播報，這些改變都可以賦予新聞報導不同風貌。除了新聞內容、主播之外，布景或片頭也都成為各台新聞部較勁之處。2000年時，台視、中視、華視及東森甚至嘗試以虛擬主播播報新聞，以期增加新聞可看性。

　　氣象報告長久以來在電視新聞中扮演附屬角色。以往氣象播報員多由主播兼任或選擇口齒清晰、外型亮眼，但欠缺專業氣象知識的記者擔任。鑑於專業知識的不足導致笑話百出及引發民眾不必要的恐慌，電視台開始思索聘請專業氣象主播的必要性。隨著馮鵬年、任立渝等具氣象專業知識的人士轉任新聞氣象主播後，開啟電視台氣象主播專業化的風潮。但三立新聞部協理楊荊蓀則認為，觀眾需要的是氣象資訊，播報人選似乎沒有太大的差別（氣象新聞播報方式趨向多元，2003年12月30日）。除氣象主播的人選外，氣象播報科技的日新月異發展，例如：主播播報時身後的圖像，包括氣象圖、等壓線、雲圖等，搭配影視科技如虛擬攝影棚，都可提升氣象播報的專業性。

　　電視新聞報導工作人員的專業不僅限於技術與知識，還包括判斷與堅持；其新聞判斷所影響的不僅是觀眾的認知及價值觀，同時決定整個國家的人民的高度和國際視野。對於許多觀眾而言，電視新聞是認識外在世界的重要管道，此意味著新聞記者及新聞報導幕後工作人員肩負著重大的社會責任及職業道德。然而在惡性競爭之下，台灣電視新聞報導品質日益下降，新聞的重要性和影響性不再成為主編選擇新聞的標準，趣味性和收視率成為判斷新聞價值的依據。台灣新聞報導開始充斥著八卦、娛樂、網

路翻拍影片、美食以及置入性行銷新聞，攸關國家發展或全民權益的議題反倒受到漠視，重要國際新聞事件更是經常僅由主播唸稿配合畫面簡以帶過。

（二）政論性談話節目

盧世祥、林育卉（2004）將政論性談話節目定義為討論政治新聞事件或法律議題的節目。80年代後期至90年代初期台灣電視上開始出現政論性談話節目，如中視【新聞眼】、華視【國際瞭望】、公共電視【媒體面對面】等。此時的政論性談話節目多為邀請學者專家及政府官員針對時事、趨勢發表議論，節目以直播方式播出，時段則安排於週日上午時段。由於在節目中並未規劃來賓與觀眾間的互動且於冷門時段播出，鮮少受到觀眾注意。

隨著公民參與意識抬頭，政論性談話節目不再只是學者、專家與媒體人員的專利，節目製作單位開始在政論性談話節目中加入call-in、e-mail或傳真等方式，讓觀眾得以表達意見及看法；政論性談話節目進入雙向互動的時代。1994年台灣省市長選舉造就台灣電視史上第一個談話call-in節目——【選舉大家談】，也就是目前TVBS【2100全民開講】的前身（楊意菁，2004）。【2100全民開講】的出現也改變台灣政論性談話節目的樣貌，call-in成為政論性談話節目的代名詞。所謂的call-in節目（香港稱為phone-in），是指藉由現場直播的政論性談話節目，讓觀眾與主持人或來賓針對當日討論議題進行意見交換。Call-in源自於美國30年代的廣播節目（Herbst，1995），並在80年代開始出現在電視上。然而，直到1992年美國總統選舉才讓美國觀眾注意到此類型節目（Horowitz，1993），因為當年美國總統選舉期間，獨立參選人Ross Perot在著名call-in節目——【Larry King Live】中正式宣布參選。

台灣call-in節目風氣隨著社會群體間的政治對立，由地下電台迅速蔓延開來。台灣政治環境轉變，這種讓民眾「說出話來」（speak out）的政論性談話節目，正符合台灣觀眾的需求。此類以探討時事為主，由主持人、來賓、觀眾call-in討論議題構成的政論性談話節目快速增加，成為各

新聞頻道必備新聞類節目，包括三立電視台【大話新聞】、TVBS【2100全民開講】、民視【頭家來開講】等。另亦有維持主持人與來賓對話而未開放觀眾call-in的政論性談話節目，如TVBS【新聞夜總會】、年代電視台【新聞面對面】，這類非call-in的政論談話性節目採錄影的方式，主持人較容易掌握節目節奏、不會被觀眾打亂，來賓發表意見的時間也相對增加。

　　基於保障言論自由，提供民眾表達意見之管道，促進社會多元發展之製作動機，目前台灣call-in政論性談話節目的宗旨大致包括下列三點：

■ 以電子公共領域提供民眾表達或討論政治議題，提昇閱聽人政治參與機會。

■ 提高政治及社會透明度並藉以伸張社會公義。

■ 反映及討論國家政策得失，以供政府施政參考。

　　無論是否正值選舉時期，台灣政論性談話節目所討論議題範圍多偏重具衝突性的選舉與政黨議題，而較忽略其他公共政策的討論（盛治仁，2005）。節目中所討論的議題通常在早報（下午錄影之節目）或晚報（晚上錄影之節目）發刊後方才確定，實際作業時間相當急迫。在時間的限制下，資料來源僅限於報紙或來賓本身，節目的深度及正確度無法顧及。政論性談話節目在製作人力的配置上約為4-6人，製作人或主持人先閱讀當天報章雜誌找尋合適議題，與製作團隊討論後擬出當天節目議題主軸，擬定邀請來賓名單並開始連絡。進棚錄影前，企劃人員負責蒐集主持人及製作人所需與議題主軸相關的資料並著手撰寫節目流程表；執行製作負責挑選可配合當日討論議題之影像及畫面資料、製作相關手板；製作助理則負責接待來賓等行政事務（黃創夏，2011）。一般而言，不論是call-in或非call-in政論性談話節目，前製作業都大同小異；錄影時，若為現場直播的call-in節目，執行製作或企劃人員於副控室接聽call-in電話，並將call-in觀眾的基本資料轉達予助理導播及字幕人員並協助下標。

　　主持人、來賓及其所討論的議題，影響政論性談話節目的收視率。主持人的風格為政論性談話節目成功與否的重要因素，惟有明確的個人風格

才能與其他同類型節目做出區隔。主持人在政論性談話節目中的功能包括控制節目節奏、決定發言者、與call-in觀眾對談及負責提問，主持人有時也會發表個人言論。主持人主導節目流程及討論議題，可視為是話題辯論的引發者及仲裁者（黃創夏，2011）。

政論性談話節目所邀請的來賓著重在其專業性、口才與意願。目前出現在台灣政論性談話節目的來賓，多為立法委員、政治評論家與新聞媒體記者。節目製作單位通常以當日節目討論議題的性質，做為擬定來賓人選的依據，再由主持人主導、與製作人商量後進行邀訪。有時也會受到來賓個人意願、時間配合或他台節目已邀約等因素影響，導致節目播出時實際出席來賓與規劃屬意邀約對象有相當大的落差。由於議題決定時間非常短促，其他同類型節目可能同時邀約相同來賓，因此久而久之製作單位發展出固定邀約來賓的模式。然而，此一模式相對的造成同一節目來賓重複率高、所討論議題也並非由專業合適來賓參與討論的問題（彭芸，2001）。

在政論性談話節目逐漸成為台灣新聞類主流節目之一的同時，也因為來賓過於煽情聳動的語言與節目本身偏頗的立場，招致各方批評，逐漸失去理性評論的功能。台灣的政論性談話節目更經常因為電視台或主持人的政治立場偏向某一政黨而吸引政治立場相同的民眾，讓政客利用機會製造族群對立或醜化某些人物，與當初所期許扮演的民主公共論壇背道而馳。不論節目的呈現方式如何改變，政論性談話節目都應顧及分析新聞事件、監督政府、反映民意，以及引導變革等功能。

在毋需精緻的布景或過多節目製作技術下，政論性談話節目預算編列主要在於主持人費及來賓的車馬費。也因為其低製作成本與高收視率及廣告報酬，台灣政論性談話節目不只在週一至週五晚間播出，還延伸至週末或週間下午時段。台灣民眾高度的政治參與，造就政論性談話節目之盛行，而此類型節目也逐漸成為「綜藝」、「戲劇」與「新聞」三大主流類型外的「第四主流」（盛治仁，2005）。

（三）新聞雜誌節目

　　電視新聞報導受限於其時效性，無法像報紙、雜誌進行針對單一議題進行深入探討。1968年，美國哥倫比亞廣播公司【60 minutes】開啓新聞雜誌節目的製作類型，美國廣播公司也陸續製作類似型態的節目，如【Nightline】及【20/20】。【60 minutes】以節目長度命名，【20/20】則是歐美國家視力測試的用語，表示最佳的視力，引伸透過節目可以把事件看得更爲透徹。這類介於新聞報導與紀錄片之間的新聞雜誌節目，內容比新聞報導完整度高，透過細節及畫面讓觀眾與記者一起發掘眞相，提供觀眾另一種接收新聞的角度。因其製作成本較節目長度相同的情境劇[4]來得低，1990年代新聞雜誌節目成爲美國商業電視網黃金時段的主流節目（康來成、郭俐紅，2007）。美國知名新聞雜誌節目屹立不搖，支撐點爲其重量級的主持人、明星記者，以及緊湊完整的報導。因此，每當重大新聞事件發生時，新聞雜誌節目便成爲觀眾選擇獲得完整資訊的管道之一。

　　以美國新聞雜誌節目【60 minutes】爲例，節目內容包羅萬象，從社會名流軼事到社會福利、軍事、外交、經濟，並不侷限於嚴肅的硬新聞，風格也隨著議題調整、變化。節目架構簡單固定，每集以3則報導串成，每則報導由1名記者負責，同時也擔任該段落的主持人。將3位主持人各自的介紹剪輯成節目開場：第一段多爲較具政治性及時效性的報導，長度約爲20分鐘；第二段仍選擇以較嚴謹議題爲主，但時間長度略短；第三段則爲風格較輕鬆的報導。節目結束前由著名資深媒體工作者Andy Rooney發表短評或抱怨，本段落稱爲「與安迪魯尼的幾分鐘」（A few minutes with Andy Rooney），抱怨的對象遍及生活大小事。

4　情境喜劇（Situation comedy，簡稱Sitcom）是喜劇戲劇節目，由一個劇情主軸發展多條交叉進行的故事線。每集具備一個完整主題，由固定演員於固定場景演出，並搭配現場觀眾或罐頭笑聲。著名的情境喜劇有美國影集【六人行】（Friends）、【天才老爹】（The Cosby Show）。

1970年，中視在成立的初期播出類似電視新聞雜誌型的節目【新聞集錦】，節目由3-5個單元串聯而成，每個單元長度5-10分鐘不等，穿插國內外新聞影片，內容包括民俗、藝術、社會百態及人物專訪等。1976年，中視參考美國哥倫比亞廣播公司【60 minutes】的製作型態，推出每週播出一次的新聞雜誌節目【60分鐘】，一集節目中包括2-3個以新聞報導呈現的單元，每個單元時間長度不一。【新聞集錦】及【60分鐘】都可被視為台灣新聞雜誌節目的濫觴。爾後，【華視新聞雜誌】、【民視異言堂】、【客家新聞雜誌】等節目陸續推出，台灣電視新聞雜誌節目成為增加觀眾政經知識或傳遞生活、社會及文化資訊的重要管道。然而在有線電視開放後，部分有線電視頻道所製播的新聞雜誌節目轉向以聳動性題材號召收視群，報導內容不見得有事實根基，如【台灣頭條秘辛】、【社會追緝令】，明顯偏離新聞雜誌節目的基本製作宗旨。

新聞雜誌節目屬深度報導（in-depth report），周慶祥（2009）將深度報導解釋為一種有系統而深入的報導方式，得以反映社會重大新聞事件、闡明事件因果關係並揭示或探索新聞事件發展趨勢。新聞雜誌節目取材自每日新聞報導，選取其中有必要進行深入分析探討的事件或人物，為新聞報導的延伸。兩者間不同之處在於，從新聞報導中可得知事件或事件主角、發生時間、情境、地點、事件主角行為動作等新聞敘事基本要件，但在深度報導中卻可進一步瞭解事件發展的背景、歷史、預測、批評等論述。以新聞寫作基本元素5W1H，可看出新聞報導與新聞雜誌節目相異之處如下：

表6-1　新聞報導與新聞雜誌節目相異之處

新聞寫作基本元素	新聞報導	新聞雜誌節目
Who（人物）	事件當事者	直接、間接關係人
When（時間）	事件發生當時	事件的過去、事件未來可能發展或結果
What（事件）	事件本身	事件的特點、細節、相關其他內容
Where（地點）	事件發生地點	所有相關地點

（續）

新聞寫作基本元素	新聞報導	新聞雜誌節目
Why（原因）	（未提及）	近因、遠因、旁因、其他可能原因
How（過程）	當下發生過程	後果、未來發展

整理自周慶祥（2009），頁9-5。

　　製作新聞雜誌節目費時費力，企劃人員及相關製作人員都需要扎實的新聞製作經驗、學識、新聞觸覺及認知。事前充分蒐集及分析資料，過程中的連絡工作、訪談，資料畫面取得都需要大量人力及物力配合。一般一則電視新聞報導的長度為60-90秒，新聞雜誌節目一個單元卻要長達10幾分鐘，但也由於新聞雜誌節目製作時間較為充裕，在採訪、拍攝、剪輯與後製等各個環節上應當更為嚴謹（王泰俐，2004）。

　　徐鉅昌（2001）認為，新聞雜誌節目需要把握題材新鮮、內容豐富，以及與觀眾具切身關係之三大原則，才能引起觀眾興趣。謝章富（2003）歸納製作新聞雜誌節目的要件，包括廣泛資料的蒐集及謹慎的運用、建立完整製作團隊、選擇合適的主持人及創意的加入。此外，在嚴肅的政治與國際民生議題之外，可加入較為貼近觀眾的軟性議題，使節目得以知性與感性兼具。

（四）紀錄片

　　1974年中視延續新聞雜誌節目【新聞集錦】及【六十分鐘】，與國禾傳播公司合作製播電視紀錄片集【芬芳寶島】。不同於當時偏向政策宣導的新聞類節目，【芬芳寶島】以當時民間社會的民俗風情為拍攝題材，內容採抒情論述旁白，並以影像為輔（李道明，2009）。雖【芬芳寶島】未能反映及探索當時社會的真貌及問題，但卻是在電視媒體受政府控管的時代，將紀錄片帶離道德說教形式，走向鄉土認同及溫馨人情方向（李道明，2009）。

　　1990年代中期之後，紀錄片成為台灣影視文化中極為重要的一部分。1999年12月，公共電視所製播【紀錄觀點】成為台灣第一個播放本土紀錄片的常態電視節目，節目中播放由公共電視台新聞部人員攝製的紀

錄片以及購自國內紀錄片工作者拍攝的作品。公共電視也提供節目製作業者及紀錄片工作者遞送企劃書的機會，企劃書經審查通過，即委託製作紀錄片並於【紀錄觀點】中播出。各方節目製作業者及紀錄片工作者的加入，使台灣紀錄片內容開始呈現多元價值及立場，融合社會議題及社會運動，主題包括政治、社會、人文、族群、文化、生態自然等，發揮紀錄片保存歷史、紀實社會脈動的功能。此外，大愛電視台也製作紀錄片節目，如【草根菩提】、【大愛全紀錄】等，主題多圍繞在弱勢團體、生態保育、環保及文化，反映社會問題與變化，進而勸人為善。逐漸的，台灣紀錄片擺脫早期的政令宣導及風土民情，而轉向表現社會關懷。

盧非易（2001）發現，台灣紀錄片除了在拍攝主題上有所變化，拍攝型式亦不再如以往著重於主觀陳述報導、較少現場觀察紀錄，取而代之的是較多的紀錄、較少的報導。在聲音處理上，避免使用旁白，多以事件主角敘述以及現場原音呈現；影像上則以跟拍加上超高剪接比（editing ratio）取代事先分鏡，以增加臨場即興發揮空間。

除了台灣本土自製的紀錄片外，國家地理頻道與Discovery兩個境外頻道為打入台灣市場，多次與新聞局合作，公開向台灣節目製作業者徵案的方式製播以台灣為主題的紀錄片。新聞局2004年起與國家地理頻道簽署【綻放真台灣】紀錄片徵選計畫，雙方並於2008年簽下高畫質國際紀錄片3年合作計畫；另與Discovery頻道的合作則包括2005-2006年【台灣人物誌】、2008年5集系列紀錄片【謎樣台灣】、2009年以HD高畫質拍攝的【台灣綠生活 Eco Taiwan】。

相較於公共電視【紀錄觀點】（長度48-58分鐘）每集約100多萬台幣的預算，境外頻道與新聞局合作的紀錄片徵案所編撥的預算相對高出許多：【綻放真台灣】（長度47分鐘）每集預算最高達9萬美金（約新台幣279-288萬）、【台灣人物誌】（長度約50分鐘）每集預算上限為美金10萬元（約新台幣310-320萬）。因此【綻放真台灣】第一年的公開徵案便有88件企劃書參與角逐，經過第一階段初選出18件企劃書，再由該頻道全球副總裁Bryan Smith主持評選簡報，初選通過的節目製作業者須在評

選簡報會上進行各15分鐘的簡報及答詢，評審團再選出6件入圍企劃書，最後再決定4件獲補助的作品。

　　屬於知識型商業電視頻道的國家地理頻道與Discovery，製作紀錄片的邏輯與台灣一般紀錄片的製作走向有所不同。NGC全球副總裁Bryan Smith對製作電視紀錄片的概念是：不要讓教化、宣導與關懷社會包袱加諸於紀錄片上，讓紀錄片真正具備「寓教於樂」的效果，才能爭取大量的觀眾，達到最廣闊的傳播效果與市場績效」（張釗維，2006年5月）。對於有意投遞企劃書至NGC的紀錄片從業人員，Bryan Smith的建議是：

> 很多人在介紹他們的企劃案給我們的時候，他們會犯一個錯誤，就是他們會強調主題是什麼，但是沒有告訴我們故事到底是什麼。…你要怎麼去發展你的故事？這是我們必須瞭解的，…最後呢，當然一些影像，一些動畫是非常重要的，當然我們會要求你提出預算，以及一個拍攝時間表（紀錄片製作及國際市場趨勢研討會，2005，頁22）。

　　「正確」是新聞類節目極重要的原則，不正確的內容將引起紛爭或誤導觀眾及影響製播單位的公信力。對於以真實人事物為記錄對象的紀錄片，正確性所指的是運用的資料或表達的資訊正確無誤。為了確認所使用資訊的正確性，企劃人員在蒐集及使用資料時必須經過嚴格篩選，將取自不同來源的資料相互比對，再加入田野調查之資料以印證或釐清資料不完整之處。以國家地理頻道為例，拍攝團隊針對紀錄片中每一段話、資料或數據，必須提供兩個或兩個以上權威性機構的資料做為佐證，確保無誤後才能播出（黃堉婷、柳婉棋，2011年11月21日）。

　　新聞報導、新聞雜誌節目及紀錄片三種新聞類節目有多項相似之處。新聞報導的功能為提供具有即時性的訊息，觀眾看完幾天後可能就會淡忘；紀錄片則較為深層，由於時效壓力不如每天定時截稿的新聞報導，拍攝時間相對充裕，影片成果對觀眾所產生的影響較為長久及深遠；新

聞雜誌節目或深度報導則較具現實目的性，不似紀錄片以忠實觀察為主。Bryan Smith認為，深度報導多涵括受訪對象公領域生活及小部分私領域生活，而紀錄片則包含較多的私領域（紀錄片製作及國際市場趨勢研討會，2005年11月29日）。

五、兒童節目

Bettelheim（1976／轉引自徐照麗，1999）曾說，一個電視節目要引起兒童注意力，只要帶給他娛樂，並且引起他的好奇即可。但是一個節目如果要豐富兒童的生命，就必須刺激他的想像，幫助他發展他的認知，並且提昇其情緒，調整他的焦慮，刺激他對自我的抱負。

台視於開播的同年，即製播台灣電視史上第一個兒童節目【兒童電視劇】[5]；華視及中視開播之後也陸續加入製播兒童節目行列，但內容及形式都與台視大同小異。1970年代正當無線三台兒童節目清一色採兒童才藝競賽為主要製播型態時，中視與《民生報》[6]合作製播以科學和生態為題材，採外景製作的【兒童天地】，由於題材特殊且精緻的拍攝手法，獲得各方好評。1984年2月，新聞局設立公共電視製播小組，同年5月20日，由公共電視節目所製作的兒童節目【大家來讀三字經】於台視播出。1986年公共電視節目製播小組併入財團法人廣電基金會，初期所製作的兒童節目圍繞在忠孝故事、品德陶養、童詩童謠童玩等傳統文化，雖不同於無線三台兒童競賽類節目，但內容缺乏活潑與多元性。爾後廣電基金會開始採取節目公開徵案方式，透過企劃案徵選，監製無論在主題或形式上都更為多元的兒童節目，此一時期堪稱是台灣兒童節目製作量的高峰階段。然而美中不足的是，廣電基金所製作的節目並無專屬頻道播出，向三家無線電視台徵用的時段經常被調動，造成節目更新頻繁、類型不斷重

5　1962年起至1973年止，共播出400集。

6　創刊於1978年2月18號，是台灣第一份以吃喝玩樂和影劇藝文運動為主的報紙，屬聯合報系。2006年11月31日發行最後一刊，於2006年12月1日宣告停刊。

複、製作經驗無法累積等問題（李秀美，2002a）。

　　1998年是台灣兒童電視節目製作重要轉捩的一年。1月，東森幼幼台（YoYoTv，原名東森卡通台），台灣第一個自製幼教節目頻道開播，並鎖定學齡前0-7歲兒童與25-45歲的婦女為主要收視群（溫珮妤，2002年10月）；7月，公共電視台開播，於節目部設立兒童青少年節目組，負責兒少節目企劃與製作相關事項，廣電基金會同時結束其委製任務。公共電視開播後，致力於提昇兒童節目之製作品質及播映時數。2012年公共電視自製、委製節目加上購片的新製兒少節目總計182小時，HD頻道總計168.8小時。在公共電視頻道播出的自製、委製時數為71.5小時、購片110.5小時；HD頻道自製、委製兒少新製時數為58.5小時、購片110.3 小時（2012 年公視節目製播規劃成績，2012年10月4日）。公視同時逐步建立兒童節目製播流程，在製作兒童節目前先進行試播，節目播出後則進行評量回饋，希冀製作更符合兒童需求的內容。

　　自始至終，兒童節目不曾為台灣電視主流節目的一員。自無線三台時代，因綜合頻道節目編排與資源分配的總體考量，兒童節目製作經費及發揮空間自然受到可為電視台帶進豐厚利潤的綜藝節目與連續劇壓縮。再者，兒童節目中省時省力的卡通影片，在收視率上遠遠高於吃力不討好的自製兒童節目。但隨著社會結構及經濟變遷，兒童消費市場的潛力逐漸被重視，加上台灣有線電視的快速發展，兒童節目所衍生的周邊經濟效益及附加價值，開始成為頻道業者的新焦點。東森幼幼台的成功，讓緯來兒童台及MOMO親子台於2006年跟進開播[7]，加上境外頻道——Disney為培養本土觀眾與爭取認同，亦開始自製兒童節目，台灣的兒童節目製作進入新的時代。

　　兒童節目可分為卡通影片、一般兒童節目及兒童音樂節目。國內卡通影片多數購自美、日等國，並非國內自製節目，故不多做討論。「兒童音樂節目」泛指以學前兒童為目標觀眾所設計的幼兒律動唱遊歌曲節目，

---

[7] 2007年，MOMO親子台併購緯來兒童台。

節目宗旨在於結合律動與音樂，使孩童在聽到音樂時可隨著螢光幕前的人物擺動身體，藉以訓練幼童平衡感與身體協調能力。東森幼幼台製播的【YOYO點點名】是這類節目典型的代表，而「一般兒童節目」則指以上兩類節目之外，針對兒童需求和發展所規劃有益身心發展之節目，如公共電視【下課花路米】」及【水果冰淇淋】。

　　廣義來說，以兒童為主要觀眾的電視節目即可稱為兒童節目，從年齡上又可劃分為學前（未滿6足歲）以及學齡（6足歲須接受義務教育至12歲）兩大收視族群（李秀美，2001；吳翠珍，1995）。兩者因年齡上的差異，理解力及生理發展不同，所以在需求上及偏好的兒童節目類型有所差異。例如：動作較慢、故事簡單又色彩飽和的兒童節目合適學前幼童，但卻無法吸引學齡兒童。因此，在企劃兒童節目時，須考量電視媒體本身的特性、兒童在不同發展階段的語言能力、接受狀況及身心發展等因素。台灣現今兒少節目內容設計多以學齡前及國小低年級的孩童為主，因此國小五、六年級以上的孩童淪為收視孤兒，適合他們收看兒少節目的比例僅一成不到。在沒有適合節目的情況下，他們也只好轉向觀看內容並不合適的偶像劇或談話性節目等（2012年兒少收視行為與兒少節目困境分析，2012年12月）。

　　良好的企劃對兒童節目甚為重要。無線三台時期所製播的兒童節目便是因為缺乏整體規劃，以致主題鬆散、內容複雜生澀。雖然期間不斷推出新單元，但單元間無法串連，反而使得節目架構更顯雜亂無章。也由於訴求年齡層模糊，主持人呆板制式或過度裝可愛，造成高年級兒童覺得無聊、低年級兒童又看不懂的情形發生（李秀美，2002b）。之後台灣兒童節目雖在製作水準上明顯進步，但內容多以教育、啟發性等主題為出發點，偏重「知識性節目」。對孩童而言，觀看內容生硬的知識性節目，彷彿像在教室上課，節目自然難以獲得兒童的青睞。2012年於NCC主辦的「兒少通訊傳播權益論壇」中，各界專家一致建議兒童節目除必備的知識性外，也須「寓教於樂」，製作型態及內容題材也應朝向更多元化發展，例如：本土自製的兒童影集、戲劇，或是由兒童自製的節目及具國際視野

的節目（許雅筑，2012年5月4日）。

做為教育的傳播工具，兒童節目在製作時要注意到內容的合適性、正確性，以及適當表現的方式。【芝麻街】（Sesame Street）的製作單位──兒童電視工作坊（Children's Television Workshop, CTW），在製作節目每一個單元時，都經過縝密的企劃及研究，並訂定評估兒童節目內容的七大面向（李秀美，1998）：

1. 概念困難的程度：選擇使用適宜目標觀眾的字彙、觀念及影像。嘗試以簡單熟悉的詞語解釋較抽象、複雜與廣泛的概念。
2. 符號呈現的正確性：在節目中介紹符號（如數字、字母）時要非常注意，正確傳達符號所代表的概念，避免造成兒童混淆。
3. 負面示範的缺失：避免塑造負面行為，當以創造堅定、有吸引力的正面行為為製作重點。
4. 恐懼和衝突的處理：製作單位應確定節目中沒有令兒童害怕的元素（如巫婆、陰森的音樂等）及避免傷害或威脅他人的描述，並告訴兒童如何克服恐懼的方法。
5. 幻象與真實的區隔：兒童不易區辨真實與幻像（影像、夢及想像），製作單位當利用製作策略，小心地選擇呈現方式。
6. 刻板印象的僵化：避免呈現角色刻板印象（包括身體殘缺、性別、年齡與文化），努力為前述角色之行為態度做出活潑設計。
7. 語意與影像的協調：製作簡單、結構清楚及單一概念之單元節目；影像的要素與所傳遞的教育訊息及情節一致。

另一個廣受世界各地兒童歡迎的節目【天線寶寶】（Teletubbies），製作總監Nick Kirkpatrick也分享多年製作兒童節目心得（天線寶寶台灣版──樣片檢討會，1999年11月3日）：

1. 找尋幼童有興趣的主題，多以觀看節目的幼童角度思考。
2. 節目應以幼兒為主體，以小孩的角度拍攝，大人只是配角，在節目中應少講話。
3. 幼兒節目應有一個完整的故事。

4. 避免危險鏡頭，如刀具的使用。

5. 剪接不宜太快，鏡頭也不宜轉換太多。

6. 提供旁白協助觀者瞭解節目情節，可由幼兒擔任旁白工作。

7. 選擇合適（年紀、身高等）的孩童擔任主角，並使其熟悉攝影機及製作團隊。尋找成人擔任配角時，要找願意親近幼童的人。

8. 多觀察及拍攝幼童與環境事物的互動。

9. 刪除和主題性無關的畫面，避免觀眾分心。

製作兒童節目時，最重要的是製造吸引兒童注意力的元素，而節目主持人是首要關鍵。兒童節目主持人是引導兒童節目進入節目內容情境的靈魂人物，兒童對節目主持人的認同及接受度，將影響該節目能否吸引兒童。兒童節目中的主持人可以是真人或布偶人物，年齡的差異影響觀賞者對布偶人物的接受度。學前兒童喜好布偶人物，學齡兒童能判別布偶人物並不真實存在，但若節目內容夠精彩，依然可以吸引他們的注意。不論主持人是真人或人偶，其外型必須具有個人特色且多變化，個性具備活潑、有趣、誠懇、溫暖、正向、積極等特質，但也可以有一些無傷大雅的壞習慣或人性弱點，藉以拉近與兒童間的距離（李秀美，2001）。為避免節目過於單調，兒童節目中鮮少以一名主持人獨挑大樑貫穿整個節目，通常會由一名主要主持人掌握節目進行的節奏，並搭配其他具有各種不同個性特質的主持群，增加節目的熱鬧感及多樣性。

兒童對事物的持續專注時間，依年齡而有所不同。在沒有大人的監督下，2歲兒童的注意力約能維持7分鐘、3歲兒童約9分鐘、4歲兒童約12分鐘、5歲兒童約14分鐘（陳新儀，2011）。除以內容及主持人吸引兒童的注意力外，音樂或音效是有效的輔助工具之一，尤以經常用於提示某個兒童熟悉且討好的角色登場，另也可引起兒童肢體上的參與，尤其是適用於學前兒童。然而在使用音樂時，仍需與畫面緊密結合，若以靜態視覺內容配合音樂，反而容易使兒童失去注意力（Lesser, 1974 / 關尚仁譯，1994）。兒童節目須避免長時間停留在單一主題上，利用多元的角色、內容、風格及步調，將更有助於掌握兒童的注意力。

不同於製作其他娛樂性質的電視節目，兒童節目的製作單位肩負著更多道德及教育責任。長期以來，台灣兒童節目的製作方式偏向仿效美國經驗（李秀美，1998），但需考量到兩國文化及風土民情間的差異，台灣的兒童節目應該要走出自己的風格。企劃台灣的自製兒童節目時，應當以開拓視野及啓發想像力爲製作宗旨，考慮節目內容與目標對象的適切性，並且如何延伸後續的效益。另外，兒童節目的研發工作，以及本土化與城鄉差異也都應當納入考量的範圍。

六、體育節目

體育節目在台灣的市場有限，固定收看體育節目的族群爲小眾。體育節目主要的製作類型爲競賽轉播、體育新聞、體育專訪與休閒娛樂節目四大類，其中以競賽轉播占體育節目最大宗。競賽轉播又可細分爲國內賽事轉播及國外賽事轉播。中華職棒、高中籃球聯賽轉播屬於前者，由製作單位負責拍攝現場賽事及傳送轉播訊號；美國職棒大聯盟（MLB）、美國職業籃球聯盟（NBA）及其他國際賽事如亞奧運轉播等則屬後者，由製作單位支付權利金，向主辦單位購買轉播權，搭配國內主播及球評講解，幾乎不需要太多製作程序即可播出。連年高漲的轉播權利金是轉播國外賽事主要考量因素。以公共電視台轉播美國職棒大聯盟爲例，2006年所支付的轉播權利金爲新台幣4千萬元左右，隔年其權利金提高至新台幣1億2千萬元，遠超出公共電視可負擔範圍，公共電視遂即放棄爭取轉播權（傅育邦、秦裕中，2006年10月19日）。

台灣體育節目的發展與棒球運動有密不可分的關係。1969年台中金龍少棒隊贏得於美國賓州威廉波特舉辦的第23屆世界少棒大賽冠軍，促使台視在次年不惜重資以衛星直播嘉義七虎少棒隊出賽情形，雖七虎少棒隊當年未能得到冠軍，卻也成爲開啓往後台灣競賽轉播的起始點。除了棒球之外，籃球也是台灣競賽轉播的主要運動項目，1977年起於台灣舉行的威廉瓊斯盃籃球邀請賽便是主要的籃球轉播賽事。80年代後期，美國職業籃球聯盟致力於國際化，1987年台視開始轉播NBA球賽，數年後中視跟

進，但在當時因多項因素限制，多為錄影播出而非實況轉播。1990年中華職棒開打、1994中華職業籃球聯盟（CBA）成立，台灣運動轉向職業化，賽事固定舉行及有線電視的開放，台灣陸續出現本土體育頻道，競賽轉播的工作也由無線電視台轉至有線頻道。為豐富頻道內容，轉播賽事擴大至高爾夫球、撞球、保齡球及排球等項目。

競賽轉播的迷人之處在於競賽結果之不可預知，觀眾對於運動勝負的在意程度，也成為觀賞比賽的動機及樂趣。電視把球場搬到客廳，讓喜好運動者不必到現場便可以享受現場觀賽的刺激，加上轉播技術的精進，如慢動作重播、比賽數據資料呈現等，都增加觀眾收看競賽轉播的意願。競賽轉播的收視率好壞絕大部分取決於轉播的比賽項目及對戰隊伍，轉播單位所能努力的部分則為如何把比賽包裝得更為好看。時下的運動轉播多會在正式比賽前安排戰前分析，比賽中除呈現比賽相關統計數字資料外，還會穿插運動小常識、運動問答、歷史回顧等單元，賽後則會訪問今日關鍵球員或教練並選出今日最佳表現或美技畫面。ESPN Star Sports亞洲區總裁戴杰明認為，「人情趣味」（human interest）是運動轉播中最吸引人的話題，其焦點並不在於比賽的重要性或勝負，而是希望凸顯球員或球賽可喜、動人或極有意義的部分，也因此該公司編制許多人力在負責蒐集資料及建立資料庫（林宏達，2006）。

不同於其他類型節目，競賽轉播沒有腳本，也無法控制節目內容的走向；其製作的基本原則包括：

1. 時效性：網路使觀眾可以在最快的時間內，得知世界各地比賽的結果與成績。為顧及時效性，最好以直播方式呈現。

2. 研究觀眾階層及興趣：不同收視族群偏好不同球賽類型，以各種方式瞭解不同階層觀眾對不同類型體育節目的喜好。台灣55歲以上觀眾偏好撞球，占撞球轉播觀眾6成左右，籃球則受到15-24歲的觀眾喜愛（彭佳琪，2010年4月）。

3. 內容安排：盡量選擇節奏明快或觀眾較熟悉比賽規則的運動項目進行轉播。轉播中為增加球賽可看性及豐富性可穿插單元，然而

單元的播出不宜打斷球賽進行的節奏，並應將單元安排於中場時間（籃球、足球、棒球爲五局完）、暫停時間、或比賽結束前播出。

4. 主播人選：球賽主播需要充分瞭解轉播項目的競賽規則，幽默感、音質、說話速度、反應都是主播必備條件。主播的工作爲描述球場情況，扮演串聯球評、球賽及觀眾間的角色，掌握球賽播報節奏（例如：播報高爾夫球及網球之節奏較慢，揮桿或發球時則不宜多言）、與球評清楚分工並適時互動，都可增加轉播的可看性。女性主播因音質關係，適合播報節奏較慢的運動項目，如女子籃球、網球、高爾夫球、體操及溜冰等。

5. 球評人選：球評於球賽轉播中擔任「解答」的角色，需具備運動專業知識及口才，才能以簡單清楚的方式解說複雜的技術層面或表達球員（隊）的思維與策略。因須掌握合宜的講評時機，並配合主播解讀賽場上各種情況，因此球評也需要對電視作業有基礎認識。球評需在該領域具一定知名度，可爲退役球員或線上記者。

6. 時段安排：轉播時段多爲配合賽事舉行時間。最佳轉播時間平日爲18:00之後、週六、週日或假日；重播時間可排定於晚間12：00以後，以滿足因上班而錯過比賽實況的觀眾群。

不同運動比賽項目有不同的節奏及轉播方式。轉播之前不論是主播、轉播技術人員或企劃執行人員都需要事先研究該項運動的競賽規則、歷史背景及參賽選手等基本資料。若轉播一場具有重要意義的比賽，如破紀錄、明星球員退休、或攸關晉級或冠軍戰等，則另須事前準備更多相關資料或拍攝周遭人物訪談，讓轉播內容更爲豐富。如果有需要，可邀請名人加入播報行列，或架設更多角度攝影機，以捕捉更完整的畫面或豐富的重播鏡頭，增加該場轉播的可看性（林宏達，2006）。

體育節目是所有節目類型中觀眾性別差異最爲明顯的節目，主要收視對象爲男性上班族觀眾。以中華職棒的觀眾爲例，男女觀眾比例維持在

7：3，年齡層在25歲以上且分布比例平均。體育節目收視族群固定且具重疊性；換言之，收看棒球轉播的觀眾除了對棒球賽事感興趣之外，對於其他項目競賽轉播的接受程度也會較其他一般觀眾高。體育類節目的收視隨著競賽期程安排而有所起伏，遇有國際重大比賽或球季總冠軍賽事時，收視率隨之提升。隨著王建民、曾雅妮、林書豪及陳偉殷等選手陸續在國外職業賽場嶄露頭角，相關賽事的收視率也大幅提升。2012年NBA華裔球員林書豪的崛起，使原本每場平均收視率0.2-0.3左右的NBA轉播成長將近10倍（黃邱倫，2012年2月14日）。反觀國內賽事轉播，近年來收視率表現欠佳，中華職棒2011年球季收視率為0.38（徐慈惠，2011年11月）、SBL超級籃球聯賽2010-2011球季收視率僅為0.15（葉士弘，2011年12月16日）。競賽轉播未能獲得觀眾青睞，除受外在環境影響，其他原因包括有：

1. 缺乏高水準的職業競賽：台灣地區目前的常態性職業運動僅有棒球及籃球，偶爾轉播撞球、排球及高爾夫球。當愈多國外職業運動被引進或旅外球員表現愈出色時，國內職業運動面臨更大挑戰。

2. 業餘比賽不夠普及且無號召力：台灣的業餘運動一直以來不似美國大學的美式足球、籃球或棒球般廣受歡迎，且一向乏人問津。國內轉播的業餘賽事以高中籃球聯賽（HBL）、大專籃球聯賽（UBA），以及部分三級棒球賽為大宗，電視台對其他競賽轉播意願相對較低。

3. 運動成績不佳：台灣整體運動成績在國際體壇上並不突出，以往引以為傲的棒球運動近年表現也並不理想。奧運奪牌的舉重、跆拳道等項目則因不為國人熟悉，無法激發觀眾興趣及認同。

在無線三台獨占產製及電視資源的時代，三家電視台所呈現的新聞報導及各類型節目內容，不是單調貧乏，就是透露固定意識型態（陳一香，2002），也因為缺乏競爭，造成三台節目同質性高。當有線電視出現打

破無線三台寡占的市場結構，社會大眾期待媒體市場的開放競爭，使得節目類型更具多元特色，除了分眾化專門頻道的加入，亦期望綜合性頻道可容納更多種不同類型的節目，且適當分配各類型節目製播比例。然而，有線電視的出現並未使台灣綜合性電視頻道朝向更多元化發展，綜合性頻道和分眾化的專業頻道節目類型重複，除了電影台、新聞台及體育台外，其頻道仍以綜藝及戲劇類節目為主，節目類型差異化有限。

　　無論無線抑或是有線電視台，仍以大多數觀眾偏好的節目類型為主要節目製作方向。理論上，電視頻道製播多樣化節目類型可吸引不同族群的觀眾，有助於電視台增加收視觀眾數量；Rogers與Woodbury（1996）也認為，在愈激烈的市場競爭環境中，電視台節目類型應當呈現愈多樣的變化。然而，當台灣電視產業邁向自由市場機制後，激烈競爭及過多頻道瓜分台灣電視產業的資源與收視群的情況下，電視台為了求取生存，選擇放棄不擅長或投資報酬較低的節目類型，專心經營較有把握的節目類型。

　　在節目類型相對固定的情況下，節目內容因外在環境、觀眾需求及其他因素的相互牽引，一種節目類型可衍生出多種節目的樣式，甚至成為其他類型節目中的元素。然而，無論節目內容或樣式如何變化，仍需具備該節目類型中的基本要素。觀眾根據過往觀看經驗，早已將各種節目類型、形式、主題、風格等清楚區隔並存於記憶中，在觀看某一類型的節目時會不由自主地受到制約及影響，等待節目中相似要素出現，期待建立熟悉感。節目企劃人員必須要清楚掌握該節目類型的特定要素，並對於既定的框架中伸展迴旋、添加不同的創意及巧思，以創造觀眾的需求，如此才能建立節目的獨特性，於眾多的同類型節目中脫穎而出。

第 1 章 ▶▶▶
影視節目企劃寫作（一）

　　影視節目企劃書的主要閱讀者是徵案單位或委託單位，撰寫目的則是提供有關預計拍攝節目的內容及架構、主要收視對象分析、製作及執行方式、所需拍攝時間，以及經費等重要資訊。除了徵案單位或委託單位之外，企劃書的可能閱讀對象還包括贊助商及執行團隊成員。對贊助商而言，企劃書中目標觀眾的描述將會是重點，執行團隊成員則需要藉由企劃書瞭解完整的拍攝計畫。

　　企劃人員以順暢生動的文筆描述節目內容，讓閱讀企劃書的人，可在腦海裡勾勒出節目影像與雛型。巫知論（2010）視企劃書為節目的藍圖、執行時的依循，哪怕落實執行後與原企劃書有所落差，但也不可以偏離太多。企劃書沒有特定的格式範例，通常會依照委託單位的要求格式撰寫。無論格式為何，是否能掌握關鍵性的重點，是企劃書能否脫穎而出的要件。除了尋找創意之外，其他思考範圍還包括：能否滿足委託單位的需求、如何引起委託單位的興趣、如何激發觀眾的共鳴、可以解決觀眾哪些問題或滿足觀眾的什麼需求，以及如何凸顯節目的與眾不同等。一般影視企劃書包括下列內容要項：

一、節目名稱（program title）

二、節目主旨／宗旨（purpose and motivation of this program）

三、節目類型（category）

四、節目長度（program length/ running time）

五、節目集數（number of episodes）

六、訴求對象（target audience）

七、播映頻道（broadcasting channel）

八、播出時段（time slot）

九、播出方式（broadcast）

十、節目特色（special features of this program）

十一、預期效果（expected effects）

十二、製作方式（production）

十三、預定主持人（host）

十四、節目單元（segment）

十五、故事大綱／拍攝大綱／分集大綱（program outline）

十六、腳本（script）

十七、流程表（rundown）

十八、進度表（work scheduling）

十九、預算表（production budget）

　　除上述內容，企劃書中亦可說明人力規劃（製作單位／製作團隊介紹）、行銷宣傳計畫、時段分析、友台同時段／同類型節目分析等。由於節目類型相異，企劃書中所需涵括細節也會有所不同。例如：益智或競賽類節目的企劃書便需載明比賽方式、報名方式、獎金等細節；紀錄片或深度訪談則需要有受訪者的詳細背景資料及擬問的問題等。此外，提案單位通常會在企劃書最後檢附附註／附件（Appendix），以增加其完整性。撰寫企劃書時，企劃人員經常會苦惱該從哪一項內容先著手，其實並無一定規則，也不是非得要依照前述所列之順序。中野昭夫（2003／陳惠君譯，2004）建議可以從最有把握、資料最完整或是思緒最清楚的部分開

影視節目企劃與寫作

164

始著手，而主旨或目標等項目則可以留在最後撰寫。其原因在於剛起筆時，尚未能完整構思整個企劃內容，若從代表整體性的主旨或目標內容下筆會很容易偏離，留至最後撰寫則較爲容易統整出要領。

　　爲方便說明，本書將前述18項企劃書內容切割成三大區塊，分別爲：節目外在形式（企劃書內容第一至十一項）、節目內容（企劃書內容十二至十六項），以及配合計畫（企劃書內容第十七至十九項以及附註）。本章將針對第一區塊做詳盡說明；第八章則討論第二、三區塊及附註／附件內容。由於預算表牽涉範圍較廣，將在第九章專章說明。

一、節目名稱

　　一個好的節目名稱可以吸引觀眾的目光，引發好奇心及興趣。因此，節目名稱的成功與否取決於觀眾的接受程度，尤其是對於企劃書中鎖定的目標觀眾族群。爲電視節目取名字看似容易，問題是如何能在這關鍵的幾個字中，展現創意、點出節目特色與內容，讓觀眾印象深刻、朗朗上口但又不會過長或不知所云。宋嘉玲（2010）以客家電視台徵選兒童節目企劃書時的兩個節目名稱爲例，某一提案單位以「遊客庄」爲節目名稱，另一個提案則取名爲「小客人的夢想Party」。兩者相較之下，前者顯得普通，後者則不但契合主題並兼具時尚感。

　　王偉忠（2007）認爲好的節目名稱要具獨特性，就像是一座橋樑的拱石，名字取好了，節目也就成形。謝章富（2003）建議構思節目名稱的四項基本原則：(1)易懂易記；(2)簡單明確；(3)與節目內容吻合；(4)考量意義解讀與趣味的結合。王偉忠另補充，唸起來好聽也是一個好的節目名稱之要件。綜觀台灣電視節目之命名，多依照下列幾個方向發想：

（一）結合主持人姓名

　　在台灣電視節目名稱之中，2004年中天綜合台推出的綜藝談話性節目【康熙來了】最受推崇。該節目把主持人蔡「康」永及徐「熙」娣名字中各取一字，組合成與中國清朝康熙皇帝同名的節目名稱。之後隨著該節目的成功，也帶起一股主持人名字崁入節目名稱中的風潮。

事實上，結合主持人名字與節目名稱的風氣最早可追溯至民國50年代，由知名的烹飪節目主持人傅培梅所主持的【傅培梅時間】開啓，70年代高凌風主持的【凌風高歌】、80年代以作家苦苓爲主持人的一系列節目，如【苦苓黑白講】、【苦苓晚點名】等，爾後的【于美人放電】、【美鳳有約】、【小燕有約】等都是循此模式發想。這些節目名稱都中規中矩地將節目主持人的名字置入節目名稱中，不需要觀眾多作聯想，而【康熙來了】則是將如此的結合推向更高的境界。以主持人姓名命名的節目名稱，可讓觀眾一眼看出節目的主持人是誰，因此，此類命名方式多運用在主持人知名度較高的節目上。然而，此命名法較爲麻煩之處在於，若該節目更換主持人時便同時也需要變更名稱。表7-1爲曾結合主持人名字與節目名稱的實例。

表7-1 以主持人姓名發想的節目名稱

節目名稱	主持人姓名
苦苓晚點名、苦苓黑白講、苦苓新視界、	苦苓
小燕有約、SS小燕之夜、小燕WINDOW	張小燕
美鳳有約、美鳳水噹噹、鳳中奇緣、美食鳳味	陳美鳳
于美人FUN電、美人記者會、美人晚點名	于美人
綜藝最愛憲、天天大連憲	吳宗憲
今夜陶子秀、陶子娛樂秀、愛上陶花園	陶晶瑩
冰火五重天、我愛冰冰、冰冰好料理	白冰冰
豬哥會社、萬秀豬王、豬哥壹級棒	豬哥亮
文茜小妹大、文茜世界週報、文茜二重奏	陳文茜
哈林國民學校、哈林夜總會、給你哈音樂	哈林（庾澄慶）
張菲32現場、張菲夜電	張菲
費玉清時間、費玉清清音樂	費玉清
綜藝康康COME、好康料理王、台灣真好康	康康
美麗藝能界	伊能靜
幸福選擇權	吳若權
美食碰碰胡	胡瓜
我愛黑澀會	黑人（陳建州）

（續）

節目名稱	主持人姓名
模范棒棒糖	范瑋琪
超級好康A	庹宗康
康熙來了	蔡康永、徐熙娣
志永智勇電力學校	蔡康永、林志玲
浩角正翔起	浩角翔起
禎甄高興見到你	佩甄、胡盈禎
大小愛吃	大S、小S
新聞龍鳳配	唐湘龍、陳鳳馨
明至天簧	李明依、董至成

（二）呼應節目播出時間／段

此類節目名稱命名方式主要用意在於幫助觀眾記住節目播出時間，最明顯的例子莫過於中國電視公司於週日晚間八點播出的【周日八點黨】或是在週五晚間八點播出的【周五八點黨】，不僅清楚標示出播出日，還包括播映時段。【超級星期天】、【快樂星期天】、【幸福星期六】等則是點出該節目的播出日，【愛上9點半】、【七點樂透透】則是以播映時段命名。

1994年TVBS製作的call-in政論節目——【2100全民開講】則是另一個可以做為參考的節目名稱。節目名稱中的「2100」所代表的可以是節目的播映時段，另一方面在節目開播之時，全台灣當時人口總數粗估為2,100萬，因此節目名稱的另一個意涵為期許該節目可「為台灣2,100萬人民發聲」。在播出十餘年後，台灣地區人口也已增至約2,300萬人，但因觀眾對該節目名稱早已耳熟能詳，因此並未隨著台灣人口總數的增加而有所改變。

（三）粉飾法（glittering generality）

Lee & Lee（1939，轉引自翁秀琪，1993：50）歸納出七種最常見的宣傳方式，粉飾法為其中之一。所謂的粉飾法是指將某事物與「美善的字詞」聯結在一起，使得一般人在未經驗證前就輕易地接受或贊同此事物。此一手法在台灣電視節目的命名中經常可以發現，如在節目名稱中的「王

牌」、「超級」、「全能」、「無敵」、「幸福」等便爲最佳例子，此一方式被使用的頻率，並沒有因時間或重複比率過高而減少。表7-2爲曾使用粉飾法名命的節目名稱實例。

表7-2	以粉飾法發想的節目名稱
超級	超級星期天、超級星光大道、超級模王大道、超級拍檔、超級夜總會、超級偶像Super Idol、超級設計師、超級大贏家、超級大頭目
王牌	王牌攝影棚、王牌接班人、王牌威龍、王牌大賤諜、王牌鑑定團、王牌大明星
全能	全能估價王、全能綜藝王、全能美食秀、全能綜藝通、全能運動王
無敵	無敵發發發、無敵星期六、無敵遊戲王
幸福	幸福空間、幸福魔法師、幸福人100號、幸福星期六、幸福家庭計畫
黃金	黃金傳奇、黃金舞台、黃金300秒、黃金夜總會、黃金計程車
百萬	百萬大歌星、百萬小學堂、百萬大明星、百萬獵人大搜索
天才	天才俱樂部、天才衝衝衝、天才BANG BANG BANG

（四）中英夾雜

使用中英文夾雜呈現節目名稱的方式日漸增多，與社會風氣開放及參考年輕族群用語有一定關係。「秀」這個字與英文「Show」同音且同義，節目名稱上經常被替換使用，例如：吳宗憲的【Jacky Show】、【沈春華Life Show】、【陶子娛樂秀】等。「Fun」是另一個例子，由於「Fun」的中文翻譯爲嬉戲、娛樂、有趣等再加上與中文「放」字同音，曾被使用在節目名稱中的例子有【李明依／于美人Fun電】、【Fun客新聲代】等。TVBS製作的【男人壞壞Why】則取「壞」與「why」的諧音，表示該節目旨在探討男性對兩性關係的另類觀點。另外，「Go」（夠）以及「Eye」（愛）在近期也常被使用。由公共電視針對國小、中、高年級製播的兒童節目──【下課花路米】則是取「follow me」的諧音，希望觀看該節目的學童能在下課後跟著主持人進行知識的探索。

（五）點出節目類型

開門見山地讓觀眾一看到節目名稱便知道節目屬性，如綜藝類節目

【綜藝大哥大】、【全能綜藝王】；美食類節目【食在好味道】、【超級美食王】、【食全食美】、【食尚玩家】；娛樂類節目【完全娛樂】、【娛樂百分百】、【娛樂@亞洲】等；而新聞政治類節目則有【週六不談政治】、【大話新聞】、【新聞夜總會】等。

（六）語言技巧

　　節目名稱爲達成吸引觀眾的目的，但又需要嚴格限制字數以方便觀眾記憶的情況下，語言技巧成爲另一項用以展現創造力的方式。近年來以「諧音」的使用最爲普遍，如節目「禎甄高興見到你」中的「禎甄」，除了結合主持人佩甄、小禎的名字外，也是「眞正」的諧音。使用諧音的目的主要爲凸顯主持人或節目特色、增強修辭效果、吸引觀眾等目的，另外還包括擬聲詞、借物、流行語等方式。擬聲詞爲模擬環境中存有的聲音而創造出來的詞彙，可以爲大自然的聲音、動物發出的聲音，以及物件碰撞發出的聲響。「借物」是利用一種象徵符號傳達其欲表達的意涵，通常是以簡易形容複雜，將「抽象、深奧」變爲「具體、淺顯」。例如：「101」就可藉以表達指標性、重要及高大等。使用當下的流行語彙、網路用語或目標觀眾的喜好用語做爲切入點，則可拉近與觀眾間的距離，例如：「爸媽囧很大」之中的「囧」字便爲時下年輕人常用語言。

　　綜觀以上所舉例子可發現，節目名稱的發想不限於使用一種方式，而是可以混合採用多種節目命名方式，如【超級美食王】便爲粉飾法結合點出節目類型的命名方式，而【週六不談政治】、【幸福星期六】則是呼應節目播出時間或時段並點出節目類型的命名法。節目名稱通常由節目類型、內容、時段、主持人名字與流行用語等爲發想基礎，使用的字數則多介於4-6個字，並謹守易懂易記及簡單明確之要點。

二、節目宗旨／主旨

　　撰寫節目宗旨的用意是爲闡述製作該節目的主要動機、目的與意義。洪賢智（2005）進一步解釋，撰寫節目宗旨時，要思考到該節目意圖傳達的價值觀爲何，以及預想觀眾觀看後可能得到的啓發性意義。電視具

有公共財的概念，節目製作單位除了在意收視率與廣告收入外，社會責任是另一項考量重點。廣播電視法（民國95年6月14日修正）第17條明訂「……大眾娛樂節目，應以發揚中華文化，闡揚倫理、民主、科學及富有教育意義之內容為準。」換言之，在製作電視節目時，需考量到節目能否對社會產生正面影響，或喚起觀眾對某一種觀念或社會現象的重視。因此，在撰寫節目企劃書時需清楚表達製作該節目對一般社會大眾的正向意義與重要性，並以時代性、社會性與意義性為出發點，進而說明該節目是「為何而做」。

許多企劃書的「宗旨」，流於抽象形容詞或專業名詞的堆砌。然而，「具體」才是撰寫宗旨時需掌握的要點，唯有將抽象的概念轉化為委託對象的具體需求，方有可能引發其興趣。構思節目宗旨時，可依循以下三個方向，並輔以簡單明確的文字表達：(1)點出問題所在；(2)問題與觀眾的關聯；(3)節目提供的解決之道或節目可帶來的改變，呈現方式可為一個段落或條列式。

以兒童節目為例，套用上述三個方向，節目宗旨可撰寫為：「目前國內電視頻道播映的兒童節目多以外國卡通為主，缺乏本土性（**問題的所在**），造成國內孩童對台灣本身環境及文化認識不夠（**問題與觀眾的關聯**）。本節目將以台灣各鄉鎮環境為場景，融入生活中的真實故事與體驗，帶領孩童探索台灣特有文化，對這片生長的土地產生更深厚的情感（**節目提供的解決之道或節目可帶來的改變**）。」

以此類推，政治模仿節目則可以寫成：「隨著政治風氣的開放與政黨間激烈的競爭，台灣地區新聞報導與純政治性談話性節目占據了許多電視時段（**問題的所在**）。一般大眾對於政壇亂象及政治立場鮮明的政論性節目感到壓迫及厭倦（**問題與觀眾的關聯**）。為減輕政治議題給大眾帶來過大的壓力，本節目將以反諷為主、搞笑為輔，以輕鬆幽默的方式影射當前政治議題，亦提供觀眾對當今政治不滿之宣洩管道（**節目提供的解決之道或節目可帶來的改變**）。」

兒童益智類節目的節目宗旨，以條列式呈現如下所示：

1. 2009年富邦文教基金會針對國小兒童所進行的全國性媒體使用行為調查結果顯示，國內兒童最常收看的節目類型分別為：卡通兒童節目（23.2%）、電影（18.8%）、連續劇（18.6%）、綜藝節目（17%）。（**問題的所在**）

2. 國內自製兒童節目內容多針對學齡前至9歲兒童設計，專為國小、國中、高年級學生製作的電視節目，寥寥可數；卡通節目方面則多仰仗國外進口節目，在內容及語言程度上未考慮到台灣兒童需求，進而導致國內兒童「超齡收視」，所收看的內容多為不符合其年齡層的連續劇及綜藝節目。（**問題與觀眾的關聯**）

3. 本節目將擺脫一般兒童節目的教條式教育，並有別於綜藝類節目打諢說笑，藉由創新趣味的益智答題及互動方式，啟發國小中、高年級學童觀眾之思考能力並做為提供知識吸收管道，達到寓教於樂之功能。（**節目提供的解決之道或節目可帶來的改變**）

同類型節目的宗旨可能十分類似，但並不建議以照抄的方式應付。在撰寫節目宗旨之前應閱讀大量相關資料，充分瞭解製作該節目的中心概念。企劃人員嘗試以不同的方式陳述節目的精神與主題，如此一來撰寫「節目宗旨」才能達到應有的效果。

企劃書中的「企劃宗旨」與「預期效果」兩者間關係密切，但也易造成撰寫人員的混淆。企劃宗旨包含範圍較廣，撰寫重點為點出問題並提供解決問題之道，多屬觀念性的說明性，不需要精確的數據；預期效果涉及範圍較小，並輔以數據做具體的說明。例如：以兒童為主要收視對象的讀書節目，節目宗旨可訂定為「培養學生閱讀課外讀物的興趣，增加閱讀課外讀物數量」，預期效果則為「兒童閱讀課外讀物的數量由每月1-2本提高至4-5本」。

三、節目類型

長期以來台灣電視節目的分類相當模糊，根據國內廣播電視法說明，我國廣電節目可分為四類：(1)新聞及政令宣導節目；(2)教育文化節目；

(3)公共服務節目;(4)大眾娛樂節目。廣播電視法施行細則中第22-25條中對上述四類節目有進一步說明:第22條定義「本法第十六條第一款所稱新聞節目,包括新聞之報導、分析及實況轉播;所稱政令宣導節目,係指有關政府措施與成果之介紹事項。」第23條說明「本法第十六條第二款所稱教育文化節目,係以發揚中華文化,推廣社會教育,輔助學校教學,啓發兒童智能爲目的……」第24條解釋公共服務節目「……係指氣象報告、時刻報告、緊急通告、公共安全及其他有關社會服務等事項。」第25條則定義大眾娛樂節目爲前述三類之外的節目「……包括歌唱、音樂、戲劇、小說、故事、笑話、猜謎、舞蹈、技藝、綜藝及其他以娛樂爲內容之表演。」然而,上述的分類方式,對於實際節目分類並無太多助益。

盧非易(2003)整理台灣1990-2003年電視節目後,歸納出新聞等九大類節目,並將每類型節目再細分成不同類別:

表7-3 電視節目類型分類表

節目類型	細項	節目類型	細項
新聞	新聞雜誌	綜藝	綜合娛樂
	訪談／座談		競賽益智遊戲
	評論		流行娛樂資訊
	新聞紀錄片		交友聯誼
	新聞報導		喜鬧劇／脫口秀
	氣象		軟性訪談
戲劇	連續劇	文化	節慶特別節目
	單元連續劇		地方采風／民俗
	單元劇		文化紀錄片
	傳統戲曲		宗教
	電影		藝文報導

(續)

節目類型	細項	節目類型	細項
社教	教學	音樂	歌唱
	兒童		演奏
	婦女		MTV
	生活資訊	體育	競賽轉播
	休閒旅遊		體育教學
	公共服務	動畫／偶戲	
	政令宣導	其他	
	技藝新知		
	科學		

　　蔡念中等人（1996）建議，節目類型除可依照節目內容區分之外，還可以依照節目訴求對象區分，如：兒童節目、青少年節目、婦女節目、老人節目等。

　　節目類型之歸類其實十分主觀，只要節目製作單位或企劃人員認為該節目屬於何種類型節目，便可直接認定。企劃書中節目類型的填寫看似容易，對節目企劃書本身的優劣似乎也沒有直接的影響，但實際上此一決定將連帶影響製作方式、訴求對象、播出時段等因素。審慎決定節目的類型，將有助於釐清節目的定位及製作方向。詳細節目類型介紹與各類型節目的企劃與製作細節說明載於本書第五章及第六章。

四、節目長度

　　為便於編製節目表，使節目得以在整點開始與結束，電視台節目長度多以30分鐘或其倍數為設定基準。除了實況轉播（Live）節目，節目長度原則上多以30、60、90或120分鐘為單位，而以上所指時間長度皆為包含廣告在內。

　　依廣播電視法第31條規定，「……電台播送廣告，不得超過播送總時間百分之十五。……廣告播送方式與每一時段中之數量分配，由主管機關定之。」每家電視台在節目實際播出長度的規定上略有不同，約有1-2

分鐘左右的差異。30分鐘節目之實際播出長度多落在23-25分鐘之間；60分鐘節目實際長度則在47-48分鐘之間；90分鐘節目的實際播出長度約在76-78分鐘之間；120分鐘節目實際播出長度則在102-105分鐘之間。公共電視台播映的節目雖無插播廣告，但依然有破口，節目實際播出長度也如前述規定。為達清楚明白之目的，「節目長度」的建議寫法可分二種：

(1)節目長度：60分鐘（實際播出長度47分鐘）

(2)節目長度：60分鐘（含廣告13分鐘）

在決定節目長度時，亦須充分考量訴求對象的收視習慣、節目素材、節目性質及播映頻道、時段等因素。以兒童節目為例，由於兒童的注意力無法長時間集中，因此兒童節目多以30分鐘為製作原則。

五、節目集數

若委製單位或電視台無特別公告規定，一般電視台委製[1]節目多以一季（三個月）為基準，之後再視收視率及觀眾反應決定是否續做。電視節目之帶狀或塊狀的播出型態，也會影響節目集數。帶狀節目是指該節目每週於同一時段連續播放，通常為週一至週五，但也可以是週一至週六或日；塊狀節目則為每週固定播出一次，播出時間多在週六或週日。若以一季為單位，帶狀節目需製播65集、塊狀節目則為13集；若以一年為單位，帶狀節目需製播260集、塊狀節目則需52集。

帶狀節目因消耗量大，製作期較長的節目（例如：單機拍攝的偶像劇）不宜成為帶狀節目，而談話性節目則因製作流程固定及簡單，一次進棚可錄製足夠存量，較合適做為帶狀節目。例如：【康熙來了】一週播出5集，每週進棚錄影一次，正式錄影時，除非遇到特殊狀況，中間不停機，每一集一氣呵成，一次進棚便可將一星期所需的5集錄完（李翠卿，2004年7月）。國內之有線電視多規劃帶狀節目，無線電視則除了連續劇

---

[1] 透過公開徵案或專案委託，由電視台出資委託傳播公司製作之節目。所有製作開銷均計入製作費內由傳播公司負責，但節目著作權屬於電視台。

及新聞外，多數爲塊狀節目。

在確定規劃節目之集數後，便可著手針對整個系列節目展開構想。企劃人員應避免選擇過於狹隘的主題，以免落入後續相關子題找尋不易的困境。例如：極限運動是時下年輕人流行的休閒活動，若有意製作介紹極限運動的節目，需考量到與該運動項目相關的人事物或深度，是否能成爲有用的素材供後續長期拍攝，以及如何將所掌握到的內容切割分配於一定的集數之內。再者，還需考慮到若未來有機會製作第二季的節目時，原有題材是否具有延伸的可能性。另一方面，也不建議選取過於廣泛的主題範圍，以免在規定集數內難以消化負荷，進而導致每集節目內容都將只是蜻蜓點水而無深度可言。李秀美（1996）建議，製作單位可先訂定某一系列爲範圍，在執行一季獲得肯定後，再逐步擴大整個架構。

六、訴求對象

隨著有線電視系統的高普及率及發展迅速，台灣地區電視頻道目前超過100台，觀眾的收視選擇呈現高度分眾化與多元化發展，大眾市場已不復存在。在分眾市場中追求最大極致，將是電視節目製作的趨勢。電視節目製作單位必須瞭解觀眾的需求與喜好，以分級、分眾的觀點企劃節目，才得以投其所好贏得收視率與口碑。由於鮮少有一個節目可以滿足所有收視大眾的需求，大多數的製作單位在企劃節目內容之前，都會先鎖定某一族群的觀眾爲主要收視對象。換言之，這個節目主要是爲哪一個族群而做，這一群人便是爲該節目的訴求對象，也可稱爲目標觀眾（target audience）。

擬定訴求對象的目的在於說明該節目主要吸引哪一種性別、年齡、職業的族群，進而分析該族群所占的收視人口比例。單就性別而言，男性偏好的節目類型前三名依序爲「新聞」、「綜藝節目」、「外語電影」，女性則是「戲劇」、「綜藝節目」、「新聞」；以年齡因素分析則會發現，收看新聞節目與旅遊節目的人口比例隨著年齡的遞增成正比，而綜藝節目卻隨著年齡增長成反比。收看新聞節目民眾以「45歲以上的已婚男

性」爲最多、戲劇節目的觀眾則是以「已婚的女性」爲主、喜愛看綜藝節目爲「15-24歲的未婚男女」，而「15-34歲的未婚女性」則是談話性節目的最大收視群（新聞節目以己婚男性爲廣大收視群，2009年10月4日）。此外，兒童節目則是可依照學齡前、低、中、高年級做爲區隔方式，公共電視製播的【下課花路米】便是針對國小、中、高年級學童所製作的節目，而東森幼幼台的節目則是鎖定0-7歲的兒童爲主要目標觀眾，30-45歲家長爲次要目標觀眾。職業方面則可強調該族群爲上班族、學生、或家庭主婦等，此一部分有助於未來業務部門與廣告客戶的洽談。確立訴求對象的性別、年齡及職業後，觀眾的興趣喜好亦可納入撰寫內容中，例如：國際運動賽事轉播的主要收視對象可設定爲25-44歲喜好運動的上班族男性觀眾。

訴求對象可以分爲主要目標觀眾及次要目標觀眾。主要目標觀眾爲絕對優先順位，節目內容也依該族群的需求及喜好而設計；若節目內容同時可滿足其他族群觀眾的需求，該族群則列爲次要收視對象。然而，須注意的是，在設定目標觀眾時，切莫過於貪心，因爲過於廣泛的訴求對象將會導致節目難以掌握其調性及重點，以致失去特色。一個想要滿足所有族群觀眾的節目，可能到最後得到各個族群都不滿意的結果。將目標觀眾清楚確立，創意也較爲容易產生，節目內容也會比較容易聚焦。

近年來在鄉土劇與偶像劇收視成績上表現出色的三立電視台，便是因訴求對象設定明確而建立特色的成功實例。執行副總經理蘇麗媚表示，該台八點檔鄉土連續劇在劇情的設計上，把目標觀眾當作是身旁的鄰居發想；相對的，收視群主要爲10-20歲少女的偶像劇，主要賣的是「夢幻感」。兩者之間之所以有如此明顯的區隔，是因爲「定位清楚了，目標族群自然就會進來」（盧諭緯，2004年12月15日）。節目訴求必須符合目標觀眾，讓節目調性與目標觀眾相契合，進而獲得認同。由此可見，訴求對象與節目的定位有著密不可分的關係。

目標觀眾的設定與釐清有助於企劃書的後續撰寫。在確定主要收視對象後，便可針對此一對象的特質與喜好，決定節目的主軸、播映頻道、播

放時段、主持人等其他細節。舉例來說，台灣各地區不同地域的觀眾在收視習慣上存有差異，此與生活習慣、慣用語言及有線電視普及率都有密切相關。因此，新聞類節目較受都會區觀眾青睞，非都會地區觀眾則偏愛國台語戲劇；非都會區收視高峰開始較早（約在16:00），都會區之深夜收視則高於非都市區（張純純，2009年10月）。另一方面，目標觀眾的職業也會與其生活作息密切相關。節目企劃人員應當設法瞭解目標觀眾的特性及需求，若一昧以自身的思維方式與喜好做取捨決定，將會與目標觀眾漸行漸遠，進而失去市場。

七、播映頻道

台灣無線電視產業早期為三分天下的局面，直到民國82年有線電視法的公布而終結此一寡占的時代。如今台灣有5個無線電視台，加上有線電視或衛星電視接收的外地節目，一般家庭能看到90-120個頻道。企劃人員要在眾多的電視台中找到一個適合該節目播出的頻道，必須要對頻道的經營理念、屬性、主要收視族群等十分清楚，之後再考慮該頻道在製作經費、軟硬體設備等的配合。

電視綜藝節目製作人詹仁雄曾以「在沙漠中賣棉襖」形容因為不瞭解頻道主要收視觀眾的喜好，即便花了再多的心思、人力及物力，收視率依舊不盡理想的窘境（王念琦，2005年9月）。例如：TVBS也曾製播精良的兒童節目，但由於該台以新聞節目見長，因此即使兒童節目評價極好，卻也乏人問津。節目代理商楊望佑發現，「好的節目也必須有合適的頻道播放，否則無法達到節目的效果」（廣電人編輯部，1997，頁5）。由此可見，節目秉承播映頻道的定位及收視族群的重要性。以三立電視台旗下的頻道為例，台灣台強調本土文化，訴求以台語為主要溝通語言的高年齡層觀眾；都會台則強調流行、娛樂路線，40歲以下族群為其訴求對象。該台自民國86年開台後便努力找尋頻道定位，幾經失敗後終於明顯區隔所屬各頻道的特色。執行副總經理蘇麗媚將旗下都會台、台灣台與新聞台，依不同頻道之屬性區分出不同的「產品線」（盧諭緯，2004年12月

第七章　影視節目企劃寫作（一）

177

15日）。

　　目前台灣電視頻道類別大致可區分為綜合、戲劇、新聞、綜藝、音樂、日本、電影、體育、兒童、財經、知識社教、宗教等類：

表7-4　台灣電視頻道類別

類別	頻　道	頻道播映節目類型
綜合	台視、中視、華視、民視綜合台、公視、原住民電視台、客家電視台、TVBS、東森綜合台、緯來綜合台、衛視中文、超視、中天綜合台、中天娛樂台、GTV綜合台、MUCH-TV、緯來育樂台	頻道播放之節目類別超過二種以上，且無特別固定類型
戲劇	緯來戲劇台、東森戲劇台、GTV戲劇台	戲劇類節目
綜藝	TVBS歡樂台、GTV第一台、三立台灣台、三立都會台、東風衛視台	綜藝類節目
新聞	東森新聞台、中天新聞台、TVBS-N、年代新聞台、三立新聞台、民視新聞台	新聞、新聞雜誌類、政論節目
音樂	Channel-V、MTV	音樂資訊節目
日本	緯來日本台、國興日本台、	日本製作節目
財經	非凡新聞台、非凡商業台、東森財經新聞	財經資訊類節目
電影	Star-Movies、LS TIME電影台、緯來電影台、緯來育樂台、東森洋片台、東森電影台、HBO、CINEMAX、AXN、好萊塢電影台、衛視電影台	國內外電影
知識社教	National Geographic Channel（國家地理頻道）、Discovery、Travel & Living（旅遊生活頻道）、Animal Planet（動物星球）	生活、休閒、科技、新知、自然、人文等資訊類節目
體育	ESPN、Star Sports、緯來體育台	體育賽事轉播及運動相關節目
兒童	東森幼幼台、Cartoon Network、迪士尼、MoMo親子台	卡通與兒童節目
宗教	大愛電視台、好消息Good TV、人間衛視台	宗教性節目

　　台灣電視產業環境中，部分頻道（如電影、日本台）純粹代理國外節目，鮮少有自製節目，對於節目企劃書的需求自然有限。相對的，鑑於綜合及綜藝頻道所播映的節目多為自製，節目製作人員及企劃人員所能發揮空間相對也較大。宗教頻道因特殊環境因素，節目雖多為自製且類型多樣

化，包括講座、社教、生活資訊、社教文化及戲劇類，然而節目內容仍多以宣揚宗教、公益及社教為主要訴求；撰寫企劃書時要將宗教頻道非營利特性及經營理念納入考量。總而言之，企劃書上的「播映頻道」看似容易填寫，但實際上牽涉範圍極廣，需仔細考量電視台、製作單位以及目標觀眾之間的相互關聯性，才得以達到三贏的局面。

八、播出時段

　　規劃播出時段猶如商店選擇開店地段，什麼時段開什麼類型的節目，皆需要事前詳實的市場調查（常崇蕙，2001年2月）。決定節目的播出時段，主要考量包括：目標觀眾的生活作息、收視習慣、該時段競爭者收視狀況、電視分級時段播送規定。各族群的收視高峰與整體收視群相去不遠，主要集中於黃金時段。黃金時段係指所有時段中開機率最高，等同於最多人收視的時段。美國電視網將黃金時段訂為20:00-23:00，但台灣尼爾森參考台灣人民生活作息習慣，將台灣地區黃金時段訂為18:00-23:59，較美國為長。

　　55歲以上族群、家庭主婦及學齡前至國小的學生除了在黃金時段收視外，其他收視時段則配合其作息習慣。06:00-09:00為55歲以上觀眾主要收視時段，而家庭主婦則自09:00後開始收視攀升，至中午12:00達高峰。12:00-16:00間的收視觀眾仍以上述兩個族群為主，16:00後開機率開始攀升，主要是兒童族群下課後收看電視。其他族群（國高中學生、大學生及上班族）則於下班返家後加入收視行列。此外，寒暑假期間學生作息與平日不同，以學生族群為目標觀眾的節目亦可將此納入考量。

　　新聞局在民國90年1月6日發布的「電視節目分級處理辦法」中，將節目分為「普遍級」（普）、「保護級」（護）、「輔導級」（輔）、「限制級」（限）四級，各級節目需依規定時段播送（表7-5），而該辦法所提之電視節目特殊內容例示說明可參見法務部全國法規資料庫「電視節目分級處理辦法」中之附表二（http://law.moj.gov.tw/LawClass/Law-Content.aspx?PCODE=P0050016）。

表7-5 電視節目分級播送時段表

時間 電視事業	06:00 至 16:00	16:00 至 19:00	19:00 至 21:00	21:00 至 23:00	23:00 至 06:00
無線電視	普、護	普	普	普、護	普、護、輔
衛星電視 有線電視 一般頻道（未鎖碼）	普、護	普	普	普、護	普、護、輔
衛星電視 有線電視 電影頻道（未鎖碼）	普、護	普	普、護	普、護、輔	普、護、輔
衛星電視 有線電視 一般頻道（鎖碼）	普、護、輔、限	普、護、輔、限	普、護、輔、限	普、護、輔、限	
電影頻道（鎖碼）					

　　企劃人員在擬訂播出時段時，除了考量目標觀眾的收視習慣外，另須思考節目本身內容是否適宜於該時段播出，與電視節目分級時段是否吻合。由上表可知，一般頻道在16:00至21:00間僅可播出普遍級節目，內容較為辛辣八卦的節目則多置於23:00以後播出。有線電視八點檔連續劇播出時段為普遍級，若內容涉及色情、暴力、血腥內容恐將違反分級規定而遭罰。

　　播出時段的設定，並非以單一節目進行考量，而須依循電視台整體的規劃。因此，企劃人員僅能提出建議，最後的決定權在管理階層。管理階層所考量的重點，包括：如何養成觀眾對該頻道節目的收視延續、與友台的競爭策略是正面對壘抑或是以其他類型節目吸引不同族群等。另外，受限於電視台既定的節目表，播出時段有時無法完全依照企劃人員的理想規劃安排，新開的節目只得被安插於空檔播出。例如：【瀨上剛in台灣】最初的播映時間為23:00，原因並非為內容的合適性或目標觀眾的收視習慣，而是該台已養成觀眾對於特定時段收看特定類型節目的高度習慣性，電視台不願輕易變動（王學韜，2010）。好的時段，人人都搶破頭；如果無法進駐黃金時段，開發新的時段為另一種思考方向。2004年1月5日，【康熙來了】打破以往綜藝節目於週末時段播出的思考模式，將

首播時間放在平日22:00。在這個以往較為人忽略的時段，【康熙來了】開播後的20個月之中平均收視率在2.3%（游智文，2005年9月7日），創下近年來有線電視綜藝談話節目的最高收視紀錄，也炒熱該時段。有時在節目時段安排上也可採逆向思考，【百萬小學堂】便是安排於週五晚間八點檔時段播出，讓平日晚間八點無法看電視國小學童，可在隔天不用上課的星期五晚上選擇連續劇以外的節目。

九、播出方式

播出方式分為兩種：一種是現場直播（live），另一種為錄影播出。大部分的電視節目採錄影播出，主要考量到節目製作流程及品質控管。若為具有時效性的節目，則採用現場直播方式，如新聞、call-in節目、球賽、頒獎典禮、彩卷開獎等。現場直播節目最大的挑戰在於現場的掌控、突發狀況的應變與播出品質的控管，因為直播節目的訊號將直接傳送到觀眾眼前，沒有任何修改機會。縱使現場直播具有工作時程較短而可省卻後期製作費用、時間等優點，但若無必要性，一般節目並不會採用此一製作模式。

國內電視台經常使用的delay live（延遲播放），然而在其他國家並無此一用法，因為delay與live為反義詞，無法共存。Delay live通常被用在運動賽事、新聞等類型節目上，主要是因為節目表的安排或時間上無法配合，因而採取先錄影後播出的形式。雖然錄影與播出時間並不會相隔太久，但實質上便是屬於錄影播出。

十、節目特色

台灣現今電視頻道中存有太多相同性質的節目，如果節目沒有特色，則很快就會被其他節目所取代。不同特色的節目吸引不同類型的觀眾與廣告主，而撰寫「節目特色」的目的在於讓企劃書的閱讀者可以瞭解節目的構想、賣點，以及與眾不同之處。如果撰寫的內容無法做為未來節目宣傳重點或達到吸引觀眾目光的效果，便稱不上節目特色。

節目特色可以從節目內容本身或架構中切入，將節目的各項特色以精簡的文字表達，並與節目宗旨相呼應。舉例而言，旅遊生活頻道【瘋台灣】的節目特色便可寫爲：

1. 主持人爲在國外出生及受教育的台灣人—Janet，以類似於外國人的特殊角度發掘台灣特有人事物，並以活潑、自然及親切的方式將台灣風土民情介紹給台灣土生土長的觀衆。
2. 每集邀請不具高知名度但極具特色或故事性的地方達人，將一般人耳熟能詳的名勝地點，以不同的角度呈現。

MTV台的【MTV全球流行榜】（MTV International Top 20）節目特色則可寫爲：

　　與國內西洋歌曲排行榜或單以美國告示版雜誌（Billboard Magazine）做爲取向的西洋音樂榜不同，本節目以分布於全球五大洲的MTV音樂網爲後盾，參考各國西洋歌曲排行榜，加上台灣本地西洋專輯銷售量與播歌率所結合而成，使得本節目既具有本土流行特色，又能顧及國際排行趨勢。

　　除了節目內容的設計可形成節目特色之外，拍攝方式、畫面風格、剪接手法、單元設計等皆可成爲節目特色的撰寫內容，但仍要顧及節目製作的整體性，不至於使閱讀者誤認爲節目只有部分內容具有可看性。節目特色的撰寫帶有自我宣傳的意味，目的是勾起委託單位的投資欲望及興趣。敘述時，應與節目內容事實相符而非誇大吹噓，用字上必須簡潔切題、具體、避免使用冷僻艱深字詞，並且以肯定、直接的語氣表達，以提高可讀性並達成宣傳目的。

十一、預期效果

　　預期效果爲製作單位期待藉由節目內容可以達到對大衆產生的影響或在社會上形成現象，意即這項企劃完成後的期望值，亦爲評價及判斷企劃

是否成功的依據。預期效果不等同於願望或夢想，撰寫時要將本身的條件能力、外在環境因素以及企劃內容反覆思考評估後，再制定出預期效果。

撰寫「預期效果」時需要與「節目宗旨」中擬定的各項目標呼應，讓企劃書的內容前後更具一致性。設定預期效果時，建議訂在具有實現可能性，但又具有挑戰性的範圍之間。若預期成效過於貪心，訂得太多或太高，會容易失去焦點，實踐的可能性也會大幅降低；訂得太低又會失去企劃的意義；不論太高或太低都會使得企劃書上的「預期效果」成為文字上的花樣。另一方面，設定預期效果須儘量具體化及數字化。具體化有助於節目內容的設計，如具有教學功能之兒童節目的預期效果若寫為「提昇兒童英文的聽、說、讀之能力」，將不易確切掌握節目內容要以何種工具、人員及素材組合。然而，若以較具體或量化方式表達，如「達到國小一年級學生所具有之同等英文程度」，或是更具體地寫出「藉由本節目的製播，兒童得以學習並正確地辨識、寫及唸出26個英文字母，且能聽懂及辨識一些日常生活中常用的英語辭彙。」如此一來，在規劃節目內容上就明確許多。安田賀計（2002／博誌文化譯，2004）認同預期效果以定量資訊方式陳述，並建議數據的來源可由他處引用或是建立假設；建立假設時，仍要參考相關依據並考慮到合理性與可行性，而非天馬行空。

除了觀眾利益及社會責任外，節目的收視率或電視台形象的提昇亦可成為節目的預期效果。設定預期收視率時，講求務實。首先，分析同時段其他頻道節目收視率情形，因為無論節目類型是否類似，同時段節目皆被視為收視率競爭對象；其次，同類型但不同時段的節目之收視率，也可納入預估收視率的參考。有關電視台形象方面，最成功的例子便是三立的「台灣地理雜誌」系列節目，讓三立擺脫早期播放餐廳秀綜藝節目搞笑的形象，塑造該台正面及具台灣在地的形象。但形象方面較難直接以數字化的方式呈現，雖也不是完全不可能，但要再多加思索；即使不易呈現的效果，一樣能透過某些方式，以數字呈現表達。例如：在電視形象方面，便可透過問卷調查的方式得到量化的數據。

第 8 章 ▶▶▶

影視節目企劃寫作（二）

接續第七章，本章將繼續說明節目內容（企劃書內容十二至十六項）以及配合計畫（企劃書內容第十七至十九項以及附註）的撰寫方式。

十二、製作方式

電視節目的製作方式可依照拍攝地點及攝影機數量區分。拍攝地點可分為棚內（studio shooting）或外景（location shooting），棚內作業泛指於攝影棚內搭景拍攝的節目，相對於攝影棚的場景均可稱為外景；攝影機數量則可分為單機、多機及雙單機作業。

企劃人員首先會根據節目類型、型態及預算等因素，評估該節目應當以外景，抑或棚內做為拍攝場所較為合適。以烹飪節目為例，廚房為必要場景，但製作單位可以選擇在攝影棚內搭設廚房、直接找一間合適的廚房或是在戶外準備烹飪爐灶及炊具。由於棚內的攝影機、成音及燈光設備均已建構完備，在拍攝配合及時間的掌控上都較外景容易許多，再加上無須受到天候因素影響，後製程序也較外景拍攝簡單。因此，節目消耗量大的帶狀節目多採用棚內製作方式。

對於要求場景細緻度與真實感的節目，外景所具備的真

實性則是棚內作業無法企及。除某些節目（如：旅遊節目及運動節目）因本身屬性必須於外景拍攝外，台灣採用外景拍攝的節目主要為塊狀播出的戲劇類節目。蔡岳勳導演認為，戲劇類節目若無法達到真實感，觀眾很容易從電視機裡的情境，退回到現實的沙發上（陳建豪，2009年4月）。外景拍攝在前製作業時需要先進行勘景，除了考量場景與劇本是否相符外，還需要注意場景環境是否會限制攝影機的角度及運動、燈光架設、自然光源影響、收音限制（吊設麥克風及現場噪音）、電力供給及空間大小等（White, 1994／邱順應譯，2000）。簡言之，外景拍攝所具備的真實感、整體感及光源等都是棚內作業無法比擬的，但缺點是可掌控性較低以及成本預算較高，包括：場地租用、人員的交通或住宿、移動所花費的時間、設備器材的搬運及架設等。

決定拍攝地點後，接下來須規劃的就是所需要使用的攝影機數量。多數棚內節目採多機作業，一般至少為3機。所謂的多機作業，意指在同一個場景中，有一部以上的攝影機從不同角度同時進行拍攝，導播可藉由操控畫面切換機瞬間選取所需的畫面。多機作業的拍攝方式較不易打斷演員的表演，可維持演員的情緒與動作的一致性，並可節省大量後製過程中的剪接時間。有時因為節目屬性、場面、複雜程度，或是希望增加鏡頭變化多元性，製作單位或導播會增加攝影機的數量。

外景拍攝有單機、雙單機、EFP及轉播車等製作方式。單機作業方式因節目類型的不同，在拍攝方式及流程上有極大的出入。戲劇類節目的單機作業類似於電影的拍攝方式，是一個鏡頭一個鏡頭的拍攝。由於機動性強，在畫面設計上較具創意，品質也較多機作業佳。但相對的，單機作業每換一次鏡位就需重新架設攝影機及調整燈光，時間的花費也相對增加。如果按照劇本編寫的時間軸進行拍攝，不僅耗時且不符合成本效益。因此，為了作業方便，單機作業多採用跳拍，一次將同一個場景所需的鏡頭拍完，之後在後製時再依腳本或導演意見剪接鏡頭的順序與長度，也因此增加後製所需的時間。其他類型節目的外景單機作業模式，在細節安排上並不如戲劇類節目精緻、嚴謹。拍攝方式較類似於採訪報導或紀錄片型

態；拍攝內容多為人物採訪、事件紀錄或相關素材畫面；拍攝結束後，依據所拍攝的畫面及素材架構腳本，再進入後製階段。

　　外景雙單機作業是指同一時間兩台攝影機分別以單機作業方式進行拍攝，並無導播切換畫面。此一作業方式不僅具有在同一時間可拍攝不同角度畫面之優點，亦無須像多機作業般需要大量的人力。其與單機作業最大差異，在於畫面的豐富性與完整性。外景雙單機作業在事前需分配各自的拍攝任務，通常以一台攝影機為主要畫面拍攝者，多以全景為主；另一台攝影機則負責拍攝補充畫面或反應畫面，多為特寫或中景。與單機作業相較，外景雙單機作業在粗剪時，需花費更多心力與時間在串接兩台攝影所拍攝之畫面上。近年因為DV攝影機的便利性，許多製作單位會以單機或雙單機再加上DV攝影機，相同的道理：攝影機數量愈多，粗剪所花費的時間也就愈長。

　　外景拍攝若運用類似於棚內多機拍攝並由導播選取鏡頭，則需使用EFP作業或出動轉播車。EFP為electronic field production的縮寫，所使用的攝影機可以是外景採訪新聞使用的ENG（electronic news gathering）攝影機或棚內攝影機，再將攝影機以電纜線與影音切換效果機、混音器、字幕機、錄影機及監視器相連接。EFP所需的系統設備多放置於獨立的箱體內，以便於運輸和移動；到達拍攝現場時，將裝有各項設備的箱體連接在一起就可開始作業，多運用於需要機動性的節目，如戶外闖關遊戲節目。EFP作業流程及器材功能類似於副控室或轉播車，但卻具有系統簡單易操作、設備成本低、機動性高等優點。轉播車與EFP均是因應外景多機作業所設計的移動式副控室，而後者是將副控室設備完整且固定置於等同大型貨櫃車大小的空間內，不似EFP機動性高，但卻可視節目需求擴增更多台攝影機。

　　「製作方式」的寫法類似為：棚內_____機及外景_____機。所使用的攝影機規格也可於此項中補充，如：NTSC Digital Betacam、HDV等，或依委託單位規定的製作規格寫得更詳細（HD CAM 1920x1080i Full HD, 1080/24P，雜訊比54dB以上）。

十三、預定主持人

　　不同類型及性質節目需要具備不同特質的主持人。企劃人員首先會依照節目的屬性，列出合適的主持人名單。例如：【台灣全記錄】在選定主持人時，便以陽光、健康及酷愛戶外活動為基本先決條件（巫少強，2010）。客家電視台【廚房的幸福味道】則是在面試5、6位人選後，選定陳若萍為該節目的主持人。製作人宋嘉玲（2010）認為，陳若萍除了口條清楚，脫穎而出的原因是她平易近人的個性。由於節目性質偏向親情及感性，主持人需要流露出對來賓的關心及對事件的感同身受。如果主持人只是用「演」的，現場來賓及電視機前觀眾很快地就會發覺並感受到節目的虛偽，想當然耳，也無法感動人心。

　　早期台灣電視節目，尤其是綜藝節目，多利用主持人的知名度包裝節目，並藉以拉抬節目聲勢，如：白嘉莉、鳳飛飛、崔苔菁等。反觀現今綜藝節目主持人，則著重於個人特色及與觀眾互動能力（吳知賢，2002）。主持人賦予節目的整體感、個人專業能力、親和力（觀眾緣）、與觀眾、來賓及製作團隊的互動、臨場反應、語言溝通表達能力（口條）等，都是製作單位在挑選主持人時納入考量的重點。以鄭衍基（阿基師）為例，除了優秀的廚藝外，流利的口才及親和力是他可以成為台灣知名烹飪節目主持人的因素。此外，若節目由主持群而非單一主持人擔綱時，企劃人員在構思節目內容則需多加考慮量主持群之間要如何搭配、分工及互補。

　　製作單位應避免邀請正在主持友台同時段節目的主持人，或在友台主持相同類型節目的主持人，以免因雷同性過高，讓觀眾對節目產生混淆。主持人人選除可從目前檯面上的藝人中挑選外，製作單位也可以發掘知名度較低但具特色的主持人選，一方面可降低主持人費用，另外也可以建立節目特色，並帶給觀眾新鮮感。【瘋台灣】在徵選主持人試鏡時，名模蔣怡表現穩健，不論是台風或是與攝影機的互動都十分專業，然而後來雀屏中選的卻是國語不流利且頻頻笑場的Janet。主要的原因在於當製作人看

到Janet與身後布袋戲師傅的互動時，所表現出的自然與熱情吸引在場的工作人員，也因此，Janet得到該主持工作（王茜穎，2008年3月10日）。【瀨上剛in台灣】的主持人瀨上剛本身也並非藝人，當節目製作單位遍尋不到合適主持人時，意外發現瀨上剛在面對鏡頭時表現得親切自然，因而成為該節目的主持人（王學韜，2010）。主持人對一個節目的成功與否固然重要，但如果過度倚重主持人名氣而忽略節目內容的推陳出新，將使節目難以擺脫主持人過往成功節目的陰影，而陷入過度公式化的窠臼（彭芸、鍾起惠、陳一香，1999）。

　　節目企劃書中除列出合適的主持人人選外，還要說明本節目主持人所需之條件，以及邀請某人擔任本節目主持人的理由。建議附上預定主持人相關之簡歷資料，以增加可信度。若節目分為棚內及外景兩部分拍攝，外景主持人與棚內主持人非為同一人時，建議外景主持人資料也一併列出。

十四、節目單元

　　並不是每一個節目都需要節目單元，某些節目會以整體方式呈現，而非採用不同單元穿插於節目之中。若製作單位決定以單元穿插的方式架構節目，企劃人員需要先考慮下列問題：

　　1. 需要多少節目單元；
　　2. 各節目單元的立意為何；
　　3. 各節目單元的長度；
　　4. 節目單元與節目之間如何轉場、串聯；
　　5. 節目單元如何呼應及延伸節目主軸；
　　6. 單元與單元之間的連貫性。

　　節目單元的製作宗旨須與節目宗旨相符合，否則會顯得格格不入。舉例來說，【我猜我猜我猜猜猜】節目中的各單元便均以「猜」為宗旨。一個節目若納入過多單元，不僅會造成節目架構鬆散，也會讓每一單元的內容流於膚淺。單元合理長度決定於觀眾的共鳴程度，並要顧及節目完整性與流暢度。例如：【全民最大黨】的一集節目中約會出現3-4個單元，每

則單元長度為5-7分鐘（王偉忠、陳志鴻，2009）。另有一些節目製作單位會選以企劃製作多個單元，依輪流的方式或手邊存檔狀況決定播出的單元，如此也可為素材來源較不穩定或製作較費時的單元，換取較長的製作時間。

　　一個創新的單元需要一段時間培養觀眾，電視台或製作單位應當要給觀眾時間習慣節目單元的呈現方式，而非依短期的收視率表現，決定節目單元的去留。某些單元因具有獨特風格，在收視率上有亮眼成績，逐漸成為該節目的招牌單元。然而，再好的節目單元經過一段時間後，觀眾也會生膩。當播出一段時間的節目單元出現疲軟現象時（包括收視率及創意），製作單位便需要開闢新的單元，以保持節目的新鮮感。因此，企劃人員的工作並不會因為節目的推出而結束，反而為了投觀眾所好、反映市場及時效性等因素考量，持續節目研發工作並不斷開發新單元，使節目產生蓬勃活力而不致停滯不前。

　　企劃書中需列出規劃的節目單元名稱，再以一小段落精簡的文字具體描述單元內容。以介紹食材的美食節目為例，提供其中兩則節目單元的撰寫方式，以供參考：

單元1

　　腳踏「食」地：本單元為當季主題食材之介紹。製作單位前往該類食材於台灣的主要產地，實地採訪並瞭解該食材所需的栽種條件、種植秘訣、細節過程。

單元2

　　饕客‧食神：本單元擬由一名知名美食評論家為固定外景主持人，每集與不同名廚針對該集所介紹的食材進行對談，以瞭解食材的烹調特性、處理方式和搭配等。實地到名廚工作場所進行拍攝，並邀請名廚以該食材示範烹飪兩道菜餚。

十五、故事大綱／拍攝大綱／分集大綱

　　對戲劇類節目及紀錄片類型節目而言，企劃書中的故事大綱或拍攝大

綱是決勝的關鍵。巫知諭（2010）指出，具備一個好的故事是獲得公共電視【人生劇展】標案的最重要因素：

> 故事精采一下子就可以吸引人，因此故事大綱在【人生劇展】的企劃書中就很重要。故事大綱不是光把事情講完就好了，文筆其實是重要的，也就是怎麼樣去講這個故事。有些故事大綱流於交待角色關係，讀起來就很無聊。但有的人把故事大綱寫得像小說，看起來就會被吸引了。

大綱可以用說故事或是架構情節的方式撰寫，將劇情中發生的事件先按照時間順序排列，選出最重要的元素、情境或情節轉折加以發揮。大綱篇幅儘量簡潔有力，以最少的文字吸引閱讀者興趣，並使閱讀者對於整個故事／節目的發展得到全面性的瞭解。公共電視99年度「人生劇展」之第一次公開徵案公告中規定，故事大綱須在「3,000字以內、A4紙14號字、3頁為原則」。因此，大綱中不需加入對白或空泛的辭藻堆疊。簡而言之，精簡與吸睛是撰寫大綱的重要法則。

十六、腳本

並非每一種類型節目的企劃書都要求附上腳本。戲劇類節目在提案時，通常劇本尚未完成，因此除了故事大綱外，徵案單位多半要求附上分場大綱[1]。一般電視節目由於製作期短，多半以流程表（rundown）替代腳本。需要撰寫腳本的企劃書，多為紀錄片或政府單位的短片製作。腳本可分為文字腳本、分鏡腳本及剪輯腳本。本書將介紹較常在企劃書中使用的文字腳本，有關其他腳本的撰寫資訊，可參考坊間影視製作或劇本寫作相

---

[1] 分場大綱是該場景人、事、時、地、物的歸納與整理。當故事的時間與空間變換時，如由辦公室內移到街上、由白天到黃昏，就需要分場。分場大綱中並無台詞，加入台詞後便稱為劇本。

關書籍。

　　腳本之內容必須要呼應企劃書中擬定的目標及特色，並易於閱讀。腳本並未有標準格式，但一般會劃分成左右兩欄（表8-1及8-2），左欄為影部（video），占表格的三分之一，包括畫面內容（可以文字或貼圖方式表達）、角色動作、導播術語、場景／道具、攝影機運動、鏡頭變化、字幕、轉場效果及特殊提示；右欄為聲部（audio），占表格的三分之二，描述節目中所有語音內容，包括主持人的台詞、旁白、劇中人物的對話、語氣提示、訪問者的發問問題，以及音樂、音效等等（徐鉅昌，2001；謝章富，2003）。撰寫腳本需要具備文字能力及創意，也要熟悉影視專有名詞、攝影機運動專用術語，以及具備基礎音樂概念。

　　紀錄片在拍攝前，並無法撰寫確切的腳本，只能先依據拍攝大綱擬定拍攝計劃。當拍攝工作告一段落，完成素材之整理後，方能寫出剪接腳本。顏妏如（2010）分享與Discovery頻道合作拍攝【台灣人物誌－李淳陽】的經驗：

　　　　我們其實只是先寫一個簡單的故事大綱，一個treatment（拍攝計畫）而已。然後照著這個treatment拍攝，拍到最後再剪接。……Discovery一直強調不要寫腳本，然後就拿畫面去結構，畫面最後結構起來和當初寫的treatment根本90%都不一樣了。粗剪完之後，這時候Discovery的人、導演和編劇才一起坐下來談說，我們這個畫面要說什麼東西，編劇這個時候依照畫面去寫文字，所以這個時候就真的是畫面在說故事。

　　由於電視是以視覺為主、聽覺為輔的媒體，因此在旁白的應用上力求自然、簡潔易懂並配合畫面。建議企劃人員可以用口語化的方式撰寫旁白，配音員則可用較為自然的語氣表達。旁白的撰寫能力除了與寫作表達能力相關，企劃人員對節目內容是否具有深入瞭解亦有所影響，這種反芻的過程可以很清楚地從旁白中看出。旁白的表現方式分為兩種：一種是以

第三者的角度為觀察，另一種是從第一人稱抒發（楊家麟，1999）。使用前者的先決條件為需要精采且豐富的畫面襯托，不然節目容易流於單調乏味；後者最常利用的方式為運用主持人的觀點引導觀眾，主持人並非面對鏡頭向觀眾說明，而是以旁白的方式述說，除了可補足拍攝時的不足，也會讓觀眾感受到主持人的內心感受。

撰寫文字稿、主持人台詞或對白時，多以每秒4個字計算；將該段落的總字數（包括標點符號）除以4，即可估算出所需花費的秒數。另外，在場景轉換時，需在前後各留1秒，以供觀眾思考並消化內容。假設主持人的開場文字稿從開場的「歡迎收看今天的⋯⋯」到「我們一起收看下面這段VCR」包括標點符號共計有753個字，將753除以4得到188.25，意即主持人說完台詞約需189秒，加上為觀眾留設休息思考的2秒，該段開場預估191秒，約3分11秒。

為了營造及襯托畫面，影片中經常會加入背景音樂。在選擇背景音樂時，須考量重點為該音樂能否能達到配合節目主題、營造氣氛、引導觀眾情緒，以及增加效果等目的。由於背景音樂多為烘托角色，若非必要，儘量以純音樂為背景音樂，並避免選擇耳熟能詳的旋律，以免干擾觀眾情緒，反而喧賓奪主。

表8-1　腳本撰寫內容整理

影部（video）	聲部（audio）
「觀眾眼睛所見」 角色動作 導播術語 場景／道具 燈光 攝影機運動 鏡頭變化 字幕 轉場效果 特殊提示	「觀眾耳朵所聽」 對話（包括語氣） 旁白 音樂 音效

表8-2　腳本範例

影部（video）	聲部（audio）
▲黑底白字，Roll字幕 （字幕） 四個壘包 九名球員 三人出局 對台灣人而言 棒球不只是一項運動 還是一種精神 ▲Fade-in棒球老教練曾紀恩訪 　談畫面 　（畫面Fade-out片名Fade-in） ▲「台灣‧棒球夢」 ▲音樂轉場	配樂：低緩弦樂 我太愛棒球了，連走在路上看到龍眼都想打… 　（Fade-out）
以上此段為45秒	累計總長為45秒

十七、流程表

　　節目流程表（rundown）好比一張藍圖，記載著節目的第一段落到最後一個段落的內容。與腳本一樣，流程表並無標準格式。一般節目的流程表（詳表如表8-3及表8-4）包括：段落／流程、說明、take方式（意即拍攝方式）、單段時間長度及累積總長等部分。「段落／流程」分為：節目大片頭、開場（open）、串場、單元小片頭、單元、破口、節目小片頭、結語及片尾（ending roll card）等。其中，「破口」（commercial break）指的是廣告時間。通常1個小時的節目會分為「5段4破口」，90分鐘的節目則分為「7段6破口」，平均每10-15分鐘會插入一個破口，電視台會平均分配破口經營廣告時段，每一家電視台規定的破口數並不盡相同。

　　「說明」為使用精簡的文字敘述本段內容及工作人員需要配合及注意的事項。「Take」，則分為VCR、外景及棚內三種。棚內係指該段內容於攝影棚內錄製；VCR則為該段內容已於事前錄製在錄影帶中，於棚內作業時，直接播放或是於後製時插入；外景則代表該段節目內容需於外景錄製。「時間」所指為該段內容的時間長度，而「總長」則為節目累加的

時間長度。

　　節目進行錄影或直播時，每位工作人員手上都會拿到一張節目流程表，表上清楚記載每段節目長度、何時上什麼字幕、播什麼音樂、廣告破口時間點等細節。正式錄影前，執行製作需先與導播或助理導播及主持人再次確認流程，來賓到達後，則再為其解說錄影內容及流程。每一位參與的製作團隊人員藉由流程表可清楚掌握節目的行進次序，作業上的緊密配合，可讓節目的錄製節奏更有整體性與流暢。

　　目前占國內有線電視頻道自製節目最大比例的軟性談話類節目，因節目架構單純，節目流程表也較為簡單。表8-3為依據【大學生了沒】節目，還原繪製的部分流程表；表8-4則為具有3個單元的奧運專輯節目（30分鐘）節目流程表。遇到大型舞台演出的節目，如頒獎典禮或演唱會，節目流程表相對的較為複雜，以利攝影師掌握表演者動作、成音師收音、導播選取畫面。增加的內容包括：演出人員名字、特殊走位（進場及出場位置方向）、表演區域（主舞台、前台）、麥克風型態、道具等。

十八、進度表

　　進度規劃的目的是要讓拍攝工作能如期完成，並在不增加經費的前提下，儘量縮短製作期。影視製作是一項與時間賽跑的工作，製作期耗時愈長，成本開銷就愈高，尤其在拍攝期間，工作人員每一天的食宿費用、場地租借費、器材租賃費用等都是成本壓力。另一方面，時效對於電視台也十分重要，節目若無法如期完成，將面臨開天窗的危機。因此，在規劃拍攝進度時，會將「時間」視為製作成本最重要且最具決定性的影響因素。前製作業期間，若能將各項工作內容及細節考慮與規劃詳盡，拍攝期就能縮短，拍攝成本也較能有效掌控，尤其製作資源成本有限的節目因不容許超支，進度規劃需要比大型製作更為精準。

表8-3　【大學生了沒】還原流程表

段落／流程	說　明	TAKE	時間	總長
大片頭	破蛋而出的大學生動畫	VCR	10秒	10秒
開場	棚燈半開、開場音樂、以搖鏡拍攝今日參加的大學生（學生做各式各樣表情）	棚內	15秒	25秒
	棚燈全開 [阿]KEN：台灣生大學 納豆：大學生什麼 Selina：女大生愛運動 上主持人字幕 根據衛生署國民健康局調查，隨機抽樣全台二萬三千多名成人，兩調以上沒運動者居然高達46.28%，也難怪阿Ken不信「女生愛運動」這句話了。其實女生不運動，不外乎嫌累怕浪損，如何找出合適自己的運動量，並用有氧樂雕塑訓練的完美體態，這就是今天節目的任務囉。	VCR	15秒	45秒
主題討論1	[阿Ken問：自己本身有運動的習慣嗎？愛不愛運動（按○X） 納豆問：對於女運動員的刻板印象（寫板）	棚內	2分25秒	3分10秒
	果然大家對會運動的女生就是有些刻板印象，今天有三位女運動員來到現場，是不是真真如大家所想，眼見為憑囉	VCR	10秒	3分20秒
主題討論2	納豆：介紹今日第一位來賓 （現場歡呼鼓掌聲） 大字與賽來賓比賽肺活量 （現場音樂） 納豆：介紹今日來賓擅長的運動項目是什麼？（寫板） 第一位來賓圖卡介紹 介紹鐵人三項運動 納豆：介紹今日第二位來賓 （現場歡呼鼓掌聲）	棚內	8分10秒	11分30秒

（續）

段落／流程	說　明	TAKE	時間	總長
	秀憲與來賓PK踢高 納豆：第二位來賓擅長的運動項目是什麼？			
下段節目介紹1		VCR	10秒	11分40秒
破口1				
小片頭	破蛋而出的大學生動畫	VCR	10秒	11分50秒
	納豆：第二位來賓擅長的運動項目是什麼？(寫板) 第二位來賓圖卡介紹 第二位來賓跆拳道表演 納豆：介紹今日第三位來賓 (現場歡呼鼓掌聲) 少女心與來賓比賽柔軟度 納豆：第三位來賓擅長的運動項目是什麼？(寫板) 第三位來賓圖卡介紹 介紹舞蹈	棚內	7分55秒	19分45秒
下段節目介紹2		VCR	20秒	20分05秒
破口2				

表8-4 奧運專輯節目流程表範例

段落/流程	說明	TAKE	時間	總長
大片頭	以2D動畫方式結合台灣2008參加奧運之主要選手（如：朱木炎、鄭韶潔及棒球與壘球選手）運動動作特寫畫面	VCR	20秒	20秒
開場	開場音樂、鏡頭快速zoom-in到位、攝影棚燈亮完上主持人寫畫面	棚內	1分30秒	1分50秒
	主持人向觀眾問好（上主持人字幕）並帶入本集節目主題			
單元一片頭	以2D動畫呈現以探照燈四處探索找尋，最後聚焦在單元名稱「焦點人物」	VCR	10秒	2分鐘
單元一	本週人物專訪	VCR／外景	5分鐘	7分鐘
串場1	主持人針對上一段訪問做一簡單小結並為下一單元做介紹	棚內	2分鐘	9分鐘
單元二片頭	以2D動畫方式將各項運動所需的器材、球員呈現並帶出單元名稱「致勝武器」	VCR	10秒	9分10秒
單元二	介紹本集焦點人物所從事之運動項目中所使用之球員之製作、保養	VCR／外景	4分30秒	13分40秒
下節節目預告1		VCR		
破口1				
小片頭	大片頭之濃縮版	VCR	10秒	13分50秒
串場2	主持人再針對接下來的單元做介紹	棚內	2分30秒	16分20秒
單元三片頭	以2D動畫呈現本次奧運主要場及單元名稱「決戰點」	VCR	10秒	16分30秒
單元三	介紹本集焦點人物所從事之運動項目的奧運正式比賽場	VCR／外景	5分鐘	21分30秒
結語	主持人針對今日節目內容做一結語	棚內	2分鐘	23分30秒
片尾	本集焦點人物訓練畫面及上工作人員字幕、感謝名單，結束前本集焦點人物說出對自己此次奧運期許	VCR	45秒	24分15秒

當拍攝內容規劃大致底定後，企劃人員便開始規劃進度，並將進度以易讀的表格方式呈現。進度表有助於製作單位掌控進度，並能迅速發現各環節進度異常現象，各個職務負責人員或組別也可以更清楚知道自己應有的進度，防止任何延宕的情形發生。企劃人員首先可在進度表中建立各項工作確切所需的時間長度、執行期限、任務內容及負責單位，再依照各職務的工作人員所提出的時程表，加上過往經驗及預算考量，按照各項工作的先後程序與關連性，訂定各項工作的階段性完成時間，使節目能在規定的時限內製作完成（陳松柏、洪鉛財、蕭慈飛，2005）。顏妏如（2010）認為，進度規劃太緊湊或太鬆散皆不合宜，太過緊湊會讓製作團隊綁手綁腳；但太鬆散則會讓整個團隊專注力不集中，影響拍攝效率與成果。在執行過程期間，應當確實依據進度表定期檢視實際執行狀況，並按執行結果調整進度表。進度落後的負責單位應當分析落後原因，提出補救辦法及建議事項，並記取該經驗做為往後撰寫執行類似企劃時之參考。

不同的製作方式及節目類型所需要的製作時間長度不盡相同，如前所述，棚內製作所花的時間少於外景拍攝節目。一集60分鐘的棚內談話性節目，由於型式固定，因此在正常情況下，正式開錄後約莫1個半小時左右便可完成錄影工作，後製花費時間也較短。戲劇類節目因一個場景為一場戲，規劃拍攝進度時，同一場景的戲多集中於一次拍畢，以節省時間。該場景所需的拍攝時間長度則視戲分多寡決定。以棚內搭景拍攝的連續劇為例，平均一天工時8-10小時，約莫2-3天便要拍出一集所需的內容；有時在緊急情況時，甚至一天拍攝一集。需要工作人員及演員較多交通往返時間的，如外景節目拍攝，則視拍攝地點決定。顏妏如（2001）建議企劃人員平時可能在籌畫過程中，多留意及統計各階段花費的時間、不同長度與類型的影片在剪接、攝影上需要的時間或班數，先做出一個平均值再加上備案的時間。編列進度表時，也要將各種內、外在的突發狀況納入考量，如天氣、演員檔期、器材等，並列出可行的備案，隨時依變化做適時的調整，才能使節目如期完工，有效地節省資源並增加利潤。

在製作進度表時，以往多以日曆或週曆方式呈現，其缺點是無法在

同一時間清楚瞭解所有工作項目所需時間及順序，不利於進度的掌握。甘特圖（Gannt chart），由Henry L. Gannt於1917年所研發，以表達時間與工作項目關聯性的進度表。由於容易繪製，成為目前最常使用的進度規劃表之一。甘特圖為一矩陣，縱軸表示工作項目，橫軸則為時間。工作進度以橫線條表示，線條的長短代表所需時間的長度。橫軸的時間單位依整個企劃實際執行的時間長度決定，可用天、週、月、季、年為單位；縱軸的工作事項則依發生先後次序逐一排列，清楚顯示各項工作開始、完成的時間，也能夠正確且清楚地呈現實際進度超前或是落後狀況，讓人一目瞭然（表8-5）。電腦使得繪製甘特圖變得更為容易且美觀，可利用的軟體很多，如微軟的Excel、Project、Visio以及免費軟體GanttProject都具備類似功能，或是使用word編排版面也可以達到同樣效果。

表8-5　甘特圖範例

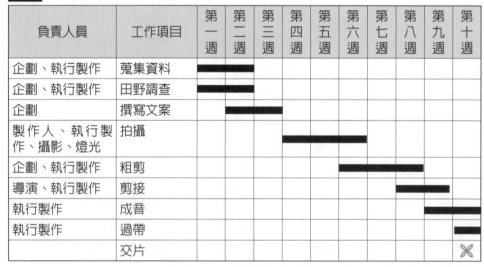

負責人員	工作項目	第一週	第二週	第三週	第四週	第五週	第六週	第七週	第八週	第九週	第十週
企劃、執行製作	蒐集資料	█	█								
企劃、執行製作	田野調查	█	█								
企劃	撰寫文案		█	█							
製作人、執行製作、攝影、燈光	拍攝				█	█	█				
企劃、執行製作	粗剪						█	█			
導演、執行製作	剪接								█	█	
執行製作	成音									█	
執行製作	過帶										█
	交片										✳

　　除了第七章及本章所提及的企劃書撰寫項目外，企劃人員亦須依據委託單位的相關規定或是該節目的特殊需求加入其他項目內容。例如：較大委託案的徵案單位通常會要求附上工作團隊相關資料，希冀藉以瞭解工作團隊實力、評估團隊是否具備完成委託拍攝工作的能力。因此企劃人員

在撰寫企劃書時，應具體並詳細說明各職務工作人員的相關經歷及過往作品，以及公司實績如曾承製的節目或得獎紀錄等。在敘述說明時，應避免使用空洞字句，如「本公司曾成功地為多個地方政府製作觀光宣傳影片」。建議以更具體的方式表達，如「本公司在拍攝觀光宣傳影片上具豐富的經驗，於民國100年為○○市所拍攝的影片所產生的效果便可證明。該支影片播出後，○○市當年度的觀光人口增加○○萬人，與往年相較，成長約○○％……」。企劃書的各個項目及內容並非絕對，可依照不同的狀況視其需求性而有所增減。

　　企劃書的主文應當涵蓋所有必要資訊，其他輔助性資料或是做為證明用的文件則可放在附錄。一般常見的附錄項目包括：已簽妥的拍攝同意書（見本章附錄）、顧問聘用同意書（見本章附錄）、問卷調查結果分析、佐證資料等。放置於附錄的內容，需要在企劃書主文中提及並說明，如此當閱讀者才有辦法按圖索驥翻閱到附錄，找到相關性的內容。一般的寫法是「拍攝同意書（見附件○，頁○○）」。不論附件所含的項目內容為何，目的都是為了增加企劃書的完整性，因此企劃人員在編撰附註／附件時，應當抱持著與撰寫主文項目同樣謹慎的心態，而非草草了事，更不可把未經篩選及整理的所有參考資料一股腦地放進附錄。

附錄

拍攝同意書

緣立同意書人＿＿＿＿＿＿（以下簡稱立書人），同意接受＿＿＿＿＿＿
公司進行（節目名稱、專案名稱）之訪問及攝、錄影，並同意本人參與
攝、錄製之部分，其著作權屬於該公司所有。該公司並有權於本人參與
攝、錄製之部分，使用本人之肖像、影像、聲音及一切表演等。

此　致
　　○○○公司
立書人：　　　　　　　　（簽章）
身分證（護照）字號：
電　話：
地　址：
立書人如為未成年人（未滿十八歲），本同意書須經法定代理人同時簽署
於下，始生效力。

法定代理人：　　　　　　　關係：
身分證（護照）字號：
電　　話：
地　　址：

中　華　民　國　　年　　月　　日

顧問聘用同意書

　　本人同意擔任 「○○○○」節目之拍攝製作期間顧問一職，並提供相關資源連結、影像內容諮詢輔導，並協助其他相關活動之推動。其聘用時程自民國＿＿＿＿年＿＿＿＿月＿＿＿＿日起至節目播畢日為止，以確保節目專業知識呈現之正確性。

此致
　　○○○公司

　　立書人：

　　職稱：

　　地址：

　　聯絡電話：

中　　華　　民　　國　　　　年　　　　月　　　　日

09

第 9 章 ▶▶▶

預算

　　再優秀的企劃創意，若缺少成本及利潤的計算，成案的可能微乎其微（安田賀計，2002／博碩文化譯，2004）。顏妏如（2010）指出，企劃人員除了要有創意及懂得如何分析資料外，也需要對「錢」具備敏感度，因為編列預算是企劃書中另一項重要內容。「合理性」與「必要性」是業主審核預算表時的主要考量，評估範圍包括開支項目、單價、總價以及預算金額與執行時間的契合與否。節目預算的多寡牽涉到節目類型、播出時段、播出頻道、製作方式、節目長度及其他外在因素。

　　以頻道而言，無線電視台的節目製作預算通常高於有線電視台；以播出方式來說，帶狀節目的製作預算低於塊狀節目。然而，高預算節目並不等同於高收視或好口碑的節目，重要的是，如何謹慎分配有限的製作經費，並能在執行時發揮最大效益。每一家電視台或製作單位所使用的預算表格式略有不同（見本章附錄），但只要企劃人員能掌握基本原則，讓審核單位可一目瞭然並知道經費估算的邏輯及來由，就能具有說服力。即使預算略高於競爭者，只要能提供充分理由，該企劃書不一定會被剔除。

　　台灣電視節目的製作經費因國內市場較小、廣告量不足

而受到限制，無法與鄰近的日本、韓國及中國相比。近年更因外在經濟環境低靡與有線頻道數量過多，造成節目預算壓縮。民國80年代，台灣八點檔電視劇一集成本約180萬、瓊瑤系列連續劇則高達200萬；但自民國90年代後期，逐漸降為120-140萬，甚至某些棚內連續劇的製作費是1分鐘1萬元（陳建豪，2009年4月）。綜整台灣近年電視節目預算資訊，得以發現早期塊狀的台灣偶像劇一集90分鐘製作費約為70萬元，如2001年【流星花園】為67萬（藍祖蔚，2009）、【吐司男之吻】為70萬（洪震宇，2003年12月）。隨著演員知名度的提昇，偶像劇製作費也跟著水漲船高為一集120-150萬左右（陳建豪，2009年4月）；帶狀棚內2小時八點檔連續劇製作費則多在120-200萬上下（製作費，2011）。

　　台灣以較高成本製播的連續劇，多為一週播出一次的塊狀節目，平均單集60分鐘製作預算之最，為2009年蔡岳勳執導的【痞子英雄】（400萬）、【白色巨塔】（280-300萬）（陳建豪，2009年4月）；緊追在後的則有【人間四月天】（250萬），以及【求婚事務所】（200萬）（謝欣倩，2000）。由前述數據可知，雖皆為戲劇節目，但在預算金額上卻有極大的差異，整體上來說，戲劇類節目的拍攝方式（外景單機／棚內三機作業）與演員陣容，是影響節目預算的主要原因。

　　另以公共頻道為例，公共電視100年度【人生劇展】90分鐘（實長79-80分鐘）的預算上限為150萬元，平均一分鐘約為1萬6千6百元；客家電視台100年度的HD單元劇徵選（實際長度81-82分鐘）預算在180萬元以內，平均一分鐘約為2萬1千9百餘元。近年公共頻道節目徵案公告預算整理如下表9-1。

表9-1 公共頻道節目預算情形

頻道名稱	節目類型／名稱	節目長度（實際長度）	單集預算（含稅）
公視	100年度【人生劇展】	90分鐘（實長79-80分鐘）	250萬元以內
客家電視台	100年HD單元劇	90分鐘（實長81-82分鐘）	180萬元以內
	101年單元劇	90分鐘 (1)實長：79-80分鐘 (2)實長：85分鐘	(1)155萬元以內 (2)180萬元以內
	101年連續劇	60分鐘（13集）（實長：50-51分鐘）	120萬元以內
	100年及101年生活資訊類	60分鐘（13集） (1)旅遊節目 (2)以水果為主題	(1)18萬元以內 (2)35-40萬元
	99年青少年節目	30分鐘（13集）（實長：24分鐘）	18萬元以內
	102年音樂綜藝類	60分鐘（13集）（實長：49-51分鐘）	20萬元以內

　　編列預算是一項需要經驗累積的工作，初次接觸的企劃人員可能會覺得千頭萬緒，不知該從何著手。一般而言，徵案單位都會先行公告總預算金額，製作單位須先自行評估可行性及獲利比率，再決定是否要參與比稿。中央政府或地方政府單位的標案，雖有公布採購金額，有時會採最有利標[1]，但有時則以最低標方式辦理決標，因此製作單位在規劃預算時，也要將相關條件納入考量。

　　編列預算類似於旅遊行前規劃，可先將行程細想一遍，列出每天所需物品，另將旅行目的、同行人數以及行程天數等一併逐條羅列，最後決定攜帶哪些物品及其數量。編列節目預算則是依循製作流程思考各階段所需經費項目，再依照節目類型、拍攝方式、拍攝期長度計算所需經費。以下依序說明人事費、演出人員費、錄製工程費、場景費、梳化造型費、膳食

---

[1] 以公開招標或原則性招標辦理之異質性財物或勞務採購，不論採購金額大小，不宜以最低標方式辦理決標者，均得依採購法第52條第1項第3款規定以最有利標決標。

／餐飲費、差旅費、聲音製作費、後期製作費、影帶費，以及其他費用等11大項之預算編列概念及方式。

一、人事費

　　人事費為製作團隊的所有人事開支，包括製作人、企劃、執行製作、導演／播、副／助導及技術人員等。在估算人事費用之前，企劃人員須先瞭解電視台的節目來源，屬於國外購片或自製；自製節目又可分為內製、委（外）製及外包三種。由電視台編制內專職人員負責企劃提案及製播，並使用電視台內部設備資源製作的節目稱為「內製節目」。由於內製節目的製作成員是電視台編制內正式員工，以月薪方式支薪，因此在編列預算時，無須額外編列人事費用，但製作過程中若聘僱非電視台編制內員工，相關費用則須納入。「委（外）製節目」則是由電視台以專案的方式將節目製作委託給獨立製作公司，或由製作公司自行向電視台提案，由電視台出資製作之節目。企劃案審核通過後，電視台提撥製作費用，由承製單位負責完成節目的全程製作，並交由電視台播出，節目版權屬電視台所有。該製作費用則包含人力、設備等支出項目。委製節目的所有製作費用成本支出均由承製單位吸收，即便使用電視台的設備器材，都需要支付相關費用。「外包」則是電視台不僅將節目製作委託製作公司處理，連該節目的廣告時段也由承製單位全權負責。由傳播公司提案，電視台出資的委製節目需要在預算中編寫各項人事費用。傳播公司規劃政府拍攝標案的預算時，也類似於前述委製節目的預算概念，必須將前製到後製過程中所有相關人力開銷統統納入人事費用項目中。

　　國內各主要電視台編制內人員除了製作人、編導、企劃及執行製作外，另有成立技術製作部門，如導播組、技術組、攝影燈光組、成音組、美術組、動畫組及後製組等。前述人員同樣為公司編制內的員工，在拍攝內製節目時電視台雖不需額外支付費用，但企劃人員在編列預算時，為了方便公司內部會計核銷，預算表中仍需編列技術組的費用，編列項目可以人事費或錄製費呈現，視各家公司規定而異。由於該費用為內部核銷，非

實際支出，價目也會由電視台內部相關部門統一公告。

　　人事費用的計算方式可分爲包案（by case）、月計或班計，戲劇類節目則另有以「集」爲單位計算。製作單位依個案的性質、拍攝期長短或本身的資源及人力需求，再決定採用何種方式。一般而言，工作期較長的案子以包案方式對製作單位較爲合算。相同職務的工作人員價格也會因知名度、工作經驗及節目屬性而有所差異，並無固定的參考價格。例如：戲劇類節目的編劇費用便高於社教類及綜藝類節目（製作費，2011）。若聘用的工作人員所需費用高於一般平均價格甚多時，企劃人員可於預算表中的備註欄中說明聘請該名工作人員之必要性，並於人力規劃相關資訊中再次強調該名人員的特殊技術、成就及經驗。

　　在人事費中較爲特別的應屬「顧問費」。企劃人員將節目大綱擬定後會先請顧問過目並提供意見，之後再依顧問所提的建議撰寫腳本，正式演出之前再請顧問做最後的檢查以確認內容正確。除了偏向教育、科技、文化等硬性議題的節目較常聘請顧問，希冀節目達到一定的深度及廣度外；連續劇亦會邀請專家擔任顧問，以協助導演及演員在拍攝較專業領域（如法律、醫生、烘培等）的劇情時，能正確及寫實地呈現，不致貽笑大方。舉例而言，行政院客家委員會在其電視節目勞務採購案需求規範說明書中便載明，「爲確保節目客語發音精確及品質，應聘請專業語言諮詢顧問參與腳本企劃、客語發音矯正及現場指導。」「顧問費」可依集數或特定一段時間計算。節目中若需聘任顧問，除在企劃書中列出顧問名單及相關學經歷外，另可附上顧問的簡歷介紹及顧問同意書。

　　另外，節目若以外國語言或國內較特殊方言發音（如原住民母語及客語），則需估算「翻譯費」，其功能爲翻譯字幕或當節目製作團隊不熟稔該語言時，擔任製作單位與受訪者間的溝通橋樑。節目內容翻譯視對白的多寡（可依照字／句數或每分鐘計算）估算翻譯費，同時也可能會因語言種類及影片難易程度（專業術語多寡），而有所調整。

二、演出人員費

（一）主持人

主持人的酬勞計算可分為兩種方式：一種是主持人與電視公司簽小時數合約，如張菲在2005年與東森電視台簽下兩年200小時的主持合約（張瑞振，2005年2月5日）或是吳宗憲同在2005年與東森簽下兩年300小時戶外遊戲節目主持合約（許晉榮，2005年5月26日）；另一種則是依實際主持集數給付酬勞（塊狀節目一季13集、一年52集）。換言之，前者的酬勞以小時計，後者則以「集」為單位。

主持人是節目的靈魂，製作單位通常都會將節目預算將近一半編列為主持費。以5566主持的【少年特攻隊】為例，酬勞最高時每集可達43萬，而該節目的總製作費用還不到60萬元（粘嫦鈺，2007年10月27日）。主持人通常都有所謂的「身價」，但因涉及個人隱私，無法得知確切數字，僅能依媒體相關報導，窺知一二。

以下提供媒體估算近年曝光率較高的幾位綜藝節目主持人之費用做為參考：【康熙來了】兩位主持人的費用由最初的一人一集3萬元，一年多後漲至一集5萬元（葉文正，2005年9月8日），因節目收視率穩定，主持人單集酬勞於2011年時又再度提昇；陶晶瑩在有線電視台的帶狀節目主持費每集約5-6萬元，無線電視台的塊狀節目【超級星光大道】每集則為15萬元（王雨晴，2007年7月30日）。2006年擁有最多帶狀有線電視台節目的主持人——徐乃麟，在有線電視台的價碼是每小時4-8萬元，無線電視台則每小時12-15萬元（葉君遠，2007年4月30日）。整體而言，除個人條件因素外，無線電視台的價碼高於有線電視台，塊狀節目高於帶狀節目。電視政論談話節目一集的實際支出費用約為15-20萬元間，主持人費用占節目總預算的三分之一至二分之一。各台主持人的價碼均不相同，專任主持人的酬勞約在5-10萬元（製作費，2011）。若主持人兼任台內行政職（如李濤曾為TVBS總經理），或擔任台內主播，除原有職位的薪水外，因主持節目，還可支領主持津貼。

主持人費用為節目總預算中的主要支出，並非為台灣特有現象。以日本節目【料理東西軍】為例，兩位主持人關口宏及三宅裕司的主持費亦占該節目製作費的三分之一（羅沁穎，2003年12月24日）。主持人費用與節目總預算之間的比例拿捏見仁見智，重要的是，節目最後所呈現出來的質感。當然，過高的主持費容易導致節目其他方面的經費短缺，對節目整體而言，終究並非是一件好事。

（二）來賓

雖說電視政論性節目的主持人之個人魅力，決定絕大部分節目的收視率及口碑（林雅夫，2003年12月）。但若節目缺少能言善道的來賓助陣，節目也將失色不少。來賓價碼同樣是因人而異，林富美（2006）指出，政論性節目最常見的來賓價碼為一集（2小時）3千元，部分較有知名度的來賓則調高至5千元，或是更高。例如：邱毅和胡忠信之來賓費用曾一集飆升至2萬元（姜玉景、李國煌、劉育良、何雅玲，2006年11月25日）、沈富雄每小時8千元、吳國棟每小時5千元（王詩雅、柯俊丞，2008年5月1日）。某些來賓因被列為節目中的固定班底，通告費則會略為調降，但因可固定出席，部分來賓也樂於接受。相較之下，綜藝節目的非藝人來賓通告費較高，約為6-8千元不等（黃琬軒，2012年3月13日）。

藝人方面，擔任來賓的行情約從一集8千到2萬元（葉君遠，2008年3月23日），能帶給節目效果或具提昇收視率的來賓，行情則約在1萬元左右。通告費能達2萬元以上者，多屬極具知名度的藝人，或是各節目在該時期爭相邀請的話題性人物。例如：王彩樺因唱片專輯成功，2011年的節目通告費從1萬5千提高到2萬元，有此價碼的通告藝人演藝圈內不到10人（黃玉禎，2011年2月21日）。此外，歌唱競賽節目中的參賽者，若非晉級至最後階段決賽，節目製作單位通常並不會提供任何車馬費。藝人出席節目，若以宣傳新作品（書、專輯、電影、演唱會等）為目的，依台灣電視台行之多年的規矩，皆只支領1,350元的車馬費。

（三）評審／講評

自2007年起，台灣電視頻道吹起一股競賽節目風，其中又以歌唱比

賽爲主流。觀眾的焦點除了在選手表現外，評審講評也成爲節目的另一重點。每位評審的酬勞價差頗大，從6-7千到4萬元不等（葉君遠、王雨晴，2007年12月13日），影響酬勞高低的因素除了評審本身的知名度及專業度外，若節目僅在有線電視台播出，評審酬勞也會受到壓縮。除了競賽節目外，體育賽事也需聘請講評／球評與主播搭配，球評酬勞約爲一場比賽5千至1萬元左右，但若是爲長期合作對象，則會依簽訂的年度合約上的金額給付。

（四）演員

　　演員可分爲主要演員、特約演員及臨時演員。主要演員的價碼落差極大，可由一集數萬至數十萬元不等，全依該名演員的知名度及以往作品的成績決定。剛出道的主要演員每集約在2-5萬元，如趙又廷接演【痞子英雄】時一集2萬元（顏甫珉、江祥綾、王雅蘭、趙大智、楊起鳳，2009年12月3日），成名後的酬勞以倍數翻漲。同樣的情形也發生在言承旭的身上，接演【流星花園】時，一集1萬元，到【白色巨塔】時一集就高達25萬元（易慧慈，2005年5月7日），而到2010年的【就想賴著妳】時，一小時的酬勞爲65萬元（劉韶晴，2010年1月）。特約演員與臨時演員的差別在於有無台詞。特約演員的費用依照角色的重要程度及台詞的多寡計算，一般約在1-3千元之間；沒有台詞的臨演主要是擔任背景不說話的人物，像是路人或餐廳中的客人，價格爲一班（9小時）500-800元之間。有時製作單位也會動員主要演員的影迷擔任臨演，不支付酬勞（車馬費），但提供餐盒。

　　企劃人員在估預算時，應考量酬勞費是否包含稅金，一般簡稱「稅內」及「稅外」。所謂的稅內，是指製作單位在支付演出人員酬勞時，另多給5%，假設通告費爲1萬元，製作單位將實際給付1萬零5百元；稅外則是製作單位在支付藝人酬勞時先將稅金扣除，以1萬的酬勞爲例，則實領9,523元（10,000除以1.05），而稅金則由製作單位代扣（葉君遠，2008年3月23日）。

三、錄製工程費

凡於拍攝／錄製期間使用的設備器材均可列於錄製工程費中，包括：棚內拍攝所需的影棚租用費、轉播車租用費（OB工程）、EFP、攝影機單機班、燈光、成音器材費等。

（一）影棚租用費

攝影棚的租用除了攝影棚之外，通常還包括副控室及硬體工作人員，但有些節目製作單位因特殊考量會再另聘導播。攝影棚租賃以班為計算單位，一班9小時（包括一次用餐時間，實際工作8小時），價格取決於攝影棚的大小及副控室的設備規格，其間的落差可達10餘萬元；具備基本配備的攝影棚租金約在一班15萬元左右。製作單位為了節省經費，通常進棚一次會錄製一集以上節目，企劃人員要先瞭解錄製一集節目所需花費的時間，再以8小時切割分配，計算出一次進棚實際可以錄製的集數。以【康熙來了】為例，每週進棚一次錄5集。若無特殊狀況，每集錄影中不停機，每集間休息30分鐘，讓主持人換裝及來賓就定位。

（二）轉播車租用費（OB工程）

以副控室的作業模式拍攝戶外節目時，則需編列轉播車費用。計算概念與影棚租用類似，以一班9小時為單位，內含工作人員。轉播車價格依車內器材規格及攝影機數量而有所差異，中小型轉播車（4-6機）價格約在一班14-16萬元之間。若為現場直播節目，還需另外估算「傳輸費」，通常是衛星傳輸及租用衛星新聞採訪車（SNG）的費用。

（三）EFP

若預算經費較低或現場實際狀況不需租用到轉播車時，則可採EFP代替。EFP的價格取決於攝影機數量及拍攝內容難易度，三機SD器材（standard definition，標準解析度畫質）一班的價格約在4萬元左右（含相關工作人員）。

（四）攝影單機班

攝影單機班包括攝影器材、基本燈光、收音設備及攝影師，以及1-2

名攝助；通常配備有mini mic 2隻、shot gun 1隻，另可要求一箱Lower燈（3盞，通常不額外收費）。價格單位同樣以「班」爲單位，費用會因器材規格而有所差異。目前業界使用Digital Betacam外拍，一師二助一班8小時，約在1萬2千元左右；HD等級則在1萬5千元上下。若拍攝過程中僅需一名攝影助理協助，Digital Betacam一師一助的價格則約在9千元左右。有時製作單位也會視實際情況以包案或包月的方式洽談，而非以「班」計算。

若節目活動範圍較大、被拍攝對象較多時，則需採用雙單機的工作模式。相對的，租賃費用及相關開支的估算，均要以雙份計算。有時製作單位或導演因有習慣配合的攝影師，會另外自行聘用，故也可只單租攝影器材，人事費另計。其他特殊攝影配備，如水底攝影機、懸臂（crane）、機器手臂、鏡頭等，皆需另行租賃，並不包括在攝影單機班的基本配備之中。

（五）燈光、成音器材費

燈光及成音器材之租借，可分爲單租器材或是連人帶器材，同以「班」爲單位計算。如前所述，攝影單機班已包括基本的燈光及收音設備，若非節目內容的特殊需求，一般外景班不會再另外發燈光師或成音師。但若因該節目內容特殊性，需加強燈光及現場收音，則須另外租借器材及估算人力。例如：拍攝鹽水蜂炮時，鞭炮聲對於影片呈現具重要意涵，則會另外聘請成音師。詳細價格可以詢問各影視器材公司。

四、場景費

場景費係指進行拍攝工作時，布景、景片及道具所需之費用，預算金額則視實際拍攝內容需求而定。除景片與道具的數量、尺寸、材質與精緻度會影響經費外，搭建場景所需的工時也要納入考量範圍。場景費可細分爲下列五個細項，說明如下：

（一）美術設計費

布景由美術人員依照製作人或導演所提供的意見繪製設計圖，經確認

無誤後發包製作。若美術人員非爲電視台編制內人員，將依實際報價編列此項費用。

（二）布景費

在布景方面，棚內作業主要支出項目爲景片製作與拆搭景；外景作業雖爲實景拍攝，但部分節目爲達成節目效果仍需搭建布景，像戲劇節目的場景陳設及遊戲闖關節目的遊戲關卡建置（如：日本節目【體能極限王】）。依節目類別區分，戲劇類節目及綜藝類節目爲營造特殊氣氛及講究視覺效果，場景設計會較爲繁複，所需經費相對較高，若編劇設定故事發生的場所愈多，布景所需的預算也會隨之增加；談話類及社教類節目則著重於講述內容，場景設計較爲簡單，相較之下需求經費也較低。台灣電視節目受限於預算，布景費用經常成爲首個被要求縮減經費的項目。減少布景費用的方式爲使用舊有布景、與其他節目均攤布景費，或選擇以藍幕做爲背景。企劃人員通常會依照製作人或導演與美術組討論後的意見編列布景的預算。

（三）拆搭景費

「拆搭」是指於正式拍攝前的搭景、拍攝中的布景調整，以及拍攝完畢後的拆除與搬運。布景的大小、規格，以及是否包含地板等因素，決定拆搭景費用的高低。較爲特殊的景片因搬運較費工夫，費用一般都會另外估算。爲減少拆搭費用及景片的耗損，外景作業會將同一場景戲分集中拍攝；棚內作業則因多個節目需共同使用一個攝影棚，涉及攝影棚的調配，節目在錄製完畢後便需立即進行拆景工作，以便下一個節目的搭景作業。因此，精確估算一次進棚可錄製的節目集數，將有助控制拆搭費預算。

（四）道具費

道具分爲大型道具、小型道具、隨身道具及消耗性道具（劉信吾，1996）。大型道具泛指不易搬動的物件，包括大件傢俱、車子、鋼琴等；小型道具爲一般的擺設飾品，如鍋碗瓢盆與小件傢俱等；隨身道具指的是演出人員除服裝外，隨手／身攜帶的物件，如主持人及來賓手中的圖卡及白板、戲劇中演員使用的雨傘、手機等；消耗性道具則是指拍攝過程

中會耗損的道具，如烹飪節目中使用的食材、戲劇節目中的飯菜、飲料等。部分道具為現成的，可在市面上租借或購買，有些則需要特別設計及訂製。

（五）材料費

因布景與道具衍生出的材料消耗費用均可列入此一項目之中，如搭景所需的木條、鐵釘、改裝道具的油漆、顏料及配件等。另外，才藝競賽類節目需要的比賽材料，也可列入本項估算中。

五、梳化造型費

演出人員在鏡頭前出現的樣貌都是經過設計打扮，所需開支包括髮型、化妝及服裝；另還有因租借服裝，而衍生出的服裝清潔費用。

（一）梳化費

化妝及髮型可合併於梳化費用計算，有些製作單位將此統稱為「造型設計費」，或細分為「梳妝費」及「造型費」。一般外景節目多不特別準備梳化，主持人需自行帶妝。棚內節目梳化人員多在拍攝前2-3小時前開始為演出人員準備，開拍前再做最後調整，拍畢後則需要協助演出人員卸粧。戲劇類節目的梳化，依劇情及劇中人物角色的設計需求進行，其他節目除了在於美感外，減少反光是另一目的。棚內的梳化價格依參與演出的人數、難易度及一次進棚集數而有所不同，企劃人員應知道該節目有多少演出人員需要接受梳化，以利估算。以現場直播的一集棚內政治談話節目為例，雖有多位來賓，但因為只需要簡單補妝，一次約在3-5千元之間。若同為現場直播一棚一集的綜藝節目──【全民最大黨】，因演員化粧較複雜，還包括帶假髮及頭套等造型，梳化工作就不只是簡單化粧而已，相對價格也會較高。製作單位會依實際情況評估或與特定梳化人員以長期配合方式控制預算。

一次進棚需要錄製多集的節目，梳化費可依進棚的次數或錄製的集數計算，價格會因主持人是否需打理造型或換裝而有所不同。若只負責化妝，一集單價較低，約2千元；一次進棚錄5集，則為1萬元。若需梳化外

加代找服裝，則需另估治裝費及造型設計費。另外，也有像公共電視台新聞部以年度爲單位採專案方式，公開招標梳化妝勞務採購，負責該台新聞主播鏡頭前的呈現。

（二）服裝費

演出人員的服裝與飾品爲另一項開支，可以透過租用、訂製、購買以及贊助商提供取得。如同梳化費，戲劇節目與其他節目因性質差異而有所不同。準備戲劇節目中演出人員的服飾，需考量到劇中人物的身分背景及個性；古裝劇中演員的服裝除要求視覺美觀外，還要考究歷史背景與及當時的穿著元素。若預算充裕可採訂製方式，反之則以租借替代。以現代生活爲故事背景的戲劇節目在服飾上較易以購買的方式取得，或透過該劇演員代言的服飾尋求贊助。劇中若涉及特殊服裝如警察、護士制服等，則可至舞蹈戲劇用品店租用。非戲劇節目中主持人或來賓的服裝，則多爲自理或由製作單位所洽談的贊助商提供；特殊服裝如玩偶等，亦是於舞蹈戲劇用品店租用。

（三）服裝清洗費

若服裝爲租借或贊助商提供但需歸還者，需另估算服裝清洗費。

六、膳食／餐飲費

影視節目製作因工作性質特殊，不論是外景或棚內作業，製作單位多半負責提供膳食；基本上，每班提供一餐。各製作單位對膳食費用的上限，均有不同的規定，一般製作單位一人一餐的預算在80-100元。某些則會將出差時間較長的外景拍攝，以補貼每人每天特定金額的「膳雜費」替代「膳食／餐飲費」。

七、差旅費

差旅費多半因勘景及外景拍攝作業而產生，主要的兩項開支爲交通費及住宿費。若拍攝地點爲國外則需加入簽證費、機場稅等相關費用，估算時亦需將匯差納入考量。

（一）交通費

　　往返公司／電視台與拍攝地點之間與交通相關的開支，包括搭乘各類大眾運輸工具的費用、油資、租車費用、過路費及停車費，均可編列於交通費項目中。企劃人員在估算交通費時，需先知道參與人數及搭乘的交通工具。在交通工具的選擇上，以便捷為主，並考量到拍攝器材及道具的搬運。若主要演出人員對搭乘的交通工具有特殊要求，如要求搭乘飛機及高鐵之商務艙（車廂），企劃人員在估算預算時也要特別注意。前述費用多採以實際價格估算，如台北至台中的過路費為：40元／站*4（站）*2（來回）＝320元，油資的計算方式則會因各製作單位或電視台的規定而有所差異，例如：以里程計算或是自行訂定各地區往返價格。在台灣本島拍攝時，因裝載拍攝器材、道具及戲服等，多搭乘九人巴士；電視台或傳播公司多備有九人巴士，不需另外租車。其他如油錢、過路費等相關費用原則上由製作單位支付，但各家電視台會因內部編制歸屬相異，而有不同的規定。

（二）住宿費

　　企劃人員可依照進度表中有關勘景及拍攝期的規劃，進行住宿費用估算。首要工作，就是要清楚瞭解實際住宿人數及天數。一般電視台對於住宿費都有金額上限規定，且多以兩人一間為原則，惟導演、製作人或主要演員可一人一間。

八、聲音製作費

　　後期製作包括影像及聲音兩個部分。影片中所使用的旁白、音效和音樂，都可歸類在此一項目之中。細項則包括：涉及版權的音樂費及音效費、與設備器材相關的錄音室費，以及配音員的費用等。

（一）音樂（製作）版權費／音效（製作）版權費

　　影片或節目中若需要使用到音樂，除了用於襯托節目內容及營造情境的氣氛歌曲或襯底音樂外，還包括片頭、破口及片尾音樂。所使用的音樂、音效，不論出現時間的長短，都須取得授權。演唱、演奏之詞曲，除

古典樂外，須取得詞、曲、演唱版權所有人之授權。費用計算方式涵蓋許多層面，發行單位會依照使用用途、使用範圍來收取費用。若涉及公開播送，則須與ARCO RPAT、MCAT、MUST等著作權團體申請使用播放權利並支付相關費用。若製作單位考量市面上的音樂版權費過高超出預算，可請人另外製作音樂，少了版權花費的考量，但同時也需加估音樂製作費。

電視台多半有與版權音樂公司簽約，使用該公司所代理的版權音樂或音效素材，可不需額外估算費用；但若需要使用特殊音效設計，費用則另外計算。價格可採小時計算或包案的方式，前者多在1,500-3,500元之間，目前業界多採用後者。影響音效製作價格的因素，除音效本身的長度及難易複雜度外，修改次數是另一項原因。製作單位在攝製時便要清楚且周詳地規劃，以避免日後再三修改，導致此項費用額外的支出。

（二）錄音室費

以使用時數計算，價格也會依影片本身定位而有所不同。一般電視節目或工商簡介的錄音室租用價格每小時約1,500-3,000元（含場地、器材及錄音師），會因設備器材等級而產生價差。若是廣告片製作需要使用到較大的錄音室，則每小時價格為6-7千元。錄音室不僅提供錄音的服務，也可進行後製混音或製作音效等，如前所述，若整個流程交由同一間錄音室負責，可獲得包案的優惠價格。

（三）配音員／旁白費配音

價格會依時間長度及配音員而有所不同，主要因素在後者，價格從數千至上萬元都有。一般節目串場或是廣告配音，長度10分鐘以內約為2千元，之後一分鐘約以2百元計算。若是整部影片都需配音，如卡通、外來劇，則會採以集數計算，與配音台詞的多寡無關，一集約1千5百元左右。

九、後期製作費

此處所指的後期製作為影像之處理。攝製期所累積的攝製素材，在後期製作多由粗剪開始，之後再以後製特效（ES, effect studio）強化影像，

最後再上字幕。剪接分爲線性（linear editing）及非線性（non-linear editing）：較傳統或製作費用較爲短少的電視台所使用的Betacam或 Digital Betacam剪接則屬於線性；而資源較爲充沛的電視台或傳播公司，多以電腦軟體進行剪輯作業。現正值線性及非線性剪接的過渡交替時期，加上2012年7月1日台灣啓動電視數位化，目前國內數家電視台都正朝向全面無帶化方向發展，不久的將來，線性剪接勢必會被完全淘汰。本書提供目前業界基本方向概念，做爲估算的參考。

（一）剪接費

剪接分爲兩階段：粗剪及後製特效。在此所謂的粗剪，是整理拍攝期的影像，完成節目接點畫面處理。戲劇類節目及較複雜的外景或部分棚內綜藝節目，因需要精準掌握粗剪版本的長度及內容，會另聘粗剪師，否則會由製作團隊中的編導或企劃執行負責。後製特效則是完成下標上字等工作。前述的兩個階段，都可以分別選擇以線性或非線性完成。一般偶像劇因多數已採HD拍攝，後製也多採非線性完成。棚內拍攝的鄉土連續劇與綜藝節目，多採用線性粗剪；後製則線性或非線性都有採用。因非線性後製特效較爲美觀、易調整及較不死板，受到特效需求較大的綜藝節目偏好；而外景節目則線性或非線性皆可。

內製節目的製作單位因公司已具備相關後製設備，在此項預算估算上較爲單純。外製單位涉及與電視台的合作模式，若無法使用電視台的對剪機及後製系統，則需另覓後期製作公司進行作業，所衍生出來的費用包括租用對剪機、剪接室、剪接師等。以往線性價格計算方式與錄音室雷同，以小時計算，含剪接師，依設備等級而產生價差；多以半班（4小時）或一班（8小時）爲單位。粗剪及後製特效1小時均約2,000-2,500元，但會因剪接師的能力等級而產生價差。現在則較少以小時計，多採包案方式計算，製作單位提供的工作量愈大，平均價格就愈低。此外，節目剪接的複雜程度，因會影響工作時數，價格也會受到影響。例如：相較於外景多機，棚內節目的複雜度較低，所花的粗剪時間也較短；外景出機數量愈多，複雜性愈高，粗剪所需花的時間也就會愈多。非線性的估算概念亦

同，其實不論是在哪一個階段、使用線性或非線性，影響價格的最主要因素是設備規格、剪接師個人經驗、專業素養與美感，以及節目本身。

（二）電腦動畫／繪圖

電腦在近年電視節目產製過程中之地位愈顯重要，讓節目的呈現更加生動活潑及多元。電腦動畫（包括2D及3D）與繪圖技術可被應用層面廣泛，如大片頭、節目背景、虛擬角色、字卡及圖卡等，並可運用非線性剪輯技巧及後製特效與實際拍攝內容結合。價格則會依難易度與複雜度而有所不同，原則上是依所需工時而定。企劃人員需要先瞭解節目中有哪些部分需要電腦畫及繪圖的輔助，並依前述要點估價。

十、影帶費

在電視節目製播的流程中，拍攝期是將影像錄在影帶上；後製期的剪接、特效、聲音的處理時，再將一些半成品及素材錄在工作帶上；最後，依播出單位節目帶製作規定加上color bars（彩條檢訊）、ID card（節目卡）、大小片頭及節目內容完整錄在一支影帶上。影視節目製作較常使用的錄影帶，可分為Betacam、Dvcam，HDcam，而Betacam又可區分為analog（類比）與 digital（數位）兩種。各種不同規格的影帶有不同的長度，常使用的Betacam SP為30、60、90 分鐘；Digital Betacam為32、64、94、124分鐘；DVcam 為64、124、184分鐘；而HDcam則為40、64、94、124分鐘。一般以60分鐘影帶為一區隔標準，60分鐘（含）以上稱為大型影帶，以下則稱為小型影帶。

（一）拍攝帶

拍攝帶係指於拍攝期所使用的影帶，不論是用於副控室的錄影機或外景單機。企劃人員需瞭解完成一集節目需要拍攝多少素材，以此類推所需拍攝帶的數量。

【台灣全紀錄】編導巫少強（2009）表示，一集外景拍攝通常會預備10支40分鐘的帶子，以一支HDcam40分鐘影帶1千2百元計算，該集的拍攝帶預算便為1萬2千元。節目製作方式、使用的攝影機型，都會影響

拍攝帶的種類與帶長。以Betacam攝影機為例，只可使用小型影帶；若為棚內錄影，需考慮棚內錄影設備規格（是否為Digital），但大小型影帶皆可使用。因應數位時代來臨與降低成本等考量，無帶化的作業方式成為未來趨勢。若製作單位採專業無帶化攝影機（如：Sony EX1/EX3、Panasonic P2、Canon 5DII等），拍攝內容是存於外掛記憶卡或硬碟中，錄製成DVD藍光光碟，再轉檔後製，故無需估算此費用。

（二）工作帶

在線性粗剪或後製過程中，需將半成品錄在帶子中，以供細修及串帶時使用。若為全面非線性後製，則不需工作帶。一個節目通常估1-2支，多為大型影帶，可重複及累積使用。

（三）完成帶／播出帶

為符合電視台播出規格標準影帶，包括彩條檢訊、1kHz Tone、節目卡、破口、大小片頭、節目內容影像及片尾等。所使用的影帶，視製作的節目長度而定，例如：節目長度60分鐘的節目，便可以錄在60或64分鐘的影帶上。

十一、其他費用

影視節目製作因節目屬性及內容呈現不盡相同，經常會產生其他費用。例如：競賽節目需編列獎金費；製造下雨或下雪的場景，則需要租借灑水車及造雪機；行腳類節目則需要估算裝備的費用，如登山背包，抓魚用的網子、箱子等。前述十項中未提及的開支均可列於此一項目中，以下僅列出一些較常見的項目。

（一）外（實）景場地租用費

外景拍攝時，因部分場地可免費使用或是透過合作方式省卻租金，否則企劃人員便需編列「外（實）景場地租用費」。計算方式分為以小時數或天數計算。許多單位均有訂定相關收費標準，可透過網站查詢或電話詢問詳細價格。以交通部台灣鐵路管理局為例，營運場所每日（8小時以內）場地使用費為1萬元，非營運場所則為8千元；台北小巨蛋每小時1萬

元，一次至少4小時，尚需繳交保證金10萬元。

（二）保險費

影視節目拍攝過程中，劇組全體人員經常上山下海或在高難度的場景中拆搭布景、架燈及拍攝某一些畫面，而將自己曝露於危險之中。因此，製作單位應當在拍攝期開始前，便為工作人員，包括演出人員加購意外險。

（三）交際費

在拍攝過程中，屬於交際性質的餐費及禮品餽贈支出，都可納入此一項目之中，並無特定標準。企劃人員可參考所屬單位的相關規定或依循往例。

（四）雜支

為臨時性支出而準備的費用，不宜編列過高。部分徵案單位會規定需依預算總金額之特定比例編列。

獲利是製作節目的主要目的之一，因此成本成為製作單位的重要考量。相較於鄰近國家如日本及韓國，台灣電視節目製作成本實屬偏低，進而造成目前國內充斥成本低廉的談話性節目。台灣地區的人口數、廣告量、市場廣度及區隔，都與其他國家有所不同，與其一昧的羨慕他國，不如透過精確的預算規劃，掌控拍攝經費的支出，利用有限的資源，發揮最大的效益。企劃人員在編列預算時，務必進行全盤的考量和流程推演，以減少過程中不必要的支出；雖執行過程中難免遇有不確定因素，但不致偏離過多。

附錄

預算表 1

項目		經費	備註	項目		經費	備註
人事費				出差費			
				音效費			
演員費				後期製作費			
錄製費				影帶費			
美工費				其他			
餐費							
				總計支出			

預算表2

節目名稱：		節目長度：			填寫日期：		
總預算：NT$							

	項目		金額	備註	項目	金額	備註
外部支出	演出人員費	主持人					
		主持人					
	音效費	音效配樂費					
		旁白費					
	造型費	梳妝費					
					內部轉帳		
	出差費	交通費					
		交通費					
	膳食費	膳食費（外景）					
		膳食費（棚內）					
	其他	資料費					
		保險費					
		雜支					
	小計				外部支出		
					內部轉帳		
					總計		
審核							

預算表3

支出項目	（單位）×（單位數量）	製作費用	項目說明
前期期開銷總計：			
拍攝期開銷總計：			
後製期開銷總額：			
三項總額合計：			
營業稅：			
本預算總金額：			

預算表4

節目名稱：			編號：			
本月集數：			製作人：			
本案預算：						

項目		金額	備註	項目		金額	備註
A 直接支出	聘僱人員費			B 間接費用	布景費		
					錄製工程費		
	演出人員費						
					影帶費		
	音效費				B項小計		
				C 內部轉帳	錄製費		
	造型費						
					後期製作		
	出差費						
					C 項小計		
					A.直接支出		
	其他				B.間接費用		
					C.內部轉帳		
					總計		
	A 項小計						
查核意見							

10

第 10 章 ▶▶▶

簡報

　　書面企劃書完成後，企劃人員的工作並未隨之終止。在一般政府單位標案或影視單位徵案過程中，通過資格標審查[1]或初審篩選後，主辦單位便會安排口頭提案，也就是簡報。評審委員或負責單位的主管雖然在評選前會收到各提案單位所繳交的書面企劃書，但有時因為時間緊迫，可能無法詳細閱讀每本企劃書——當然也可能是因為某些企劃書使用艱澀、冗長的字句而降低閱讀欲望。簡報便成了決定企劃書能否被採用的關鍵因素。

　　生動流暢的簡報可使原本平淡的企劃書增色，進而引起聆聽者的興趣；精采豐富的企劃書也有可能因為死板單調的簡報，而減低聽眾對的興趣。若一份曠日費時、嘔心瀝血完成的企劃書最後只是因為在簡報時不能被完整地表達因而失去被執行的機會，之前所花費的時間與心力都將付諸流水。江川朗（1979 ／賴明珠譯，1994）曾說：「不被採用的企劃是資源的浪費」（頁186）。因「失敗的簡報」而無法被採用的企劃書，不只是資源的浪費，對提案者及業主兩方面都是一種損失。

---

[1]　廠商投標資格文件經審查後，全部文件資料符合招標文件上規定者，始可參加之後的評選。

近年來，職場上需要在眾人面前進行口頭報告的機會日益增多，市面上也出版許多相關參考書籍，更是有愈來愈多的大專院校開始增設簡報相關課程。對影視節目企劃人員而言，簡報更是工作中的一個環節。除了提案簡報外，若企劃書有幸獲得採用，有些單位另規定在期中及結案前需進行簡報。李欣頻（2003）強調，好的表達能力將增加自身能力的能見度。影視節目企劃人員不再只是需要伏案苦思、振筆疾書或飛快打字，站在台前推銷企劃書成為另一項必備能力。本章將提出一些有關於影視節目工作者準備簡報提案時應當注意的事項與建議，期望能幫助企劃人員在簡報時的表現，能為撰寫的企劃書加分，進而提高說服力並得到聽眾的認同。

※ 第一節　簡報的基本概念

　　簡報的英文為presentation，具有演出、公演、上演及呈現等多種意思。如同英文字面所指，簡報就像是一場唱作俱佳的表演，而簡報者如同任何一項表演的演出者，需要事前的精密規劃及不斷排練，在上台後全心投入、散發熱情，並運用眼神、手勢、肢體動作與聲調，吸引聽眾的注意力以爭取認同與支持。然而，許多簡報者在台上時都只是悶著頭唸稿，甚至是不知所云；不管台下的聽眾是否能聽懂所表達的內容，只管把台上的幾分鐘熬過去，就認為是大功告成。

　　簡報的目的是讓聽眾對該議題從毫無所悉到有所理解，進而同意簡報者所提出的觀點，並採取行動或做出與簡報者一致的決定。但如果簡報者只是如前述的「應付」簡報，不僅無法達成簡報的目的，也會在聽眾心中留下不好的印象。客戶對象包括Yahoo、Intel、Microsoft等世界知名大企業的簡報大師Jerry Weissman（2003／甄立豪譯，2004）甚至認為，一次失敗簡報後所留下的不好第一印象，是難以再有第二次機會可以修補。

　　簡報、演講及授課均可被歸類為公眾表達，但因時間長度的不同，其

節奏及呈現方式亦有所差異。授課原則設定爲50分鐘左右，並在某一時期內以連續性的方式進行，如一個學期18週的課程或是某一天當中進行。授課目的是協助聽眾學習，進行方式除了講授外，也會加入互動或操作，聽眾也有較充裕的時間思考。演講通常被設定在1-3個小時之間，雖然不似授課具連續性，但相較於簡報，時間上較爲充裕，節奏也較爲緩慢，可視爲授課及簡報的綜合體。簡報大多介於15-30分鐘之內，如同簡報另一個英文翻譯briefing所表達的意涵，是簡短的。相較於其他二者，簡報者所擁有的表達時間較少，因此簡報內容需簡潔有力，節奏則需明快。較短的發表時間有其好處，可以較容易掌握聽眾的注意力，只要內容精彩緊湊，簡報者具熟練的表達技巧，往往會讓聽眾覺得意猶未盡。但也因爲時間較短，簡報者在事前需精確規劃並反覆演練，才能掌控時間及節奏。一旦某環節出錯，將導致簡報內容無法在時間內完整呈現而影響最終的效果。

簡報成爲職場上主要的溝通模式之一，對於公司內部而言，各部門間的開會或是在職訓練都需要借助簡報，以提昇企業內部溝通與工作成效；公司對外方面，簡報則有助於爭取業務績效並塑造企業形象。以英國申辦2012年奧運爲例，英國在各界並不看好的情況下，藉由倫敦申奧籌備會主席Sebastian Coe於2005年7月在國際奧委會大會中精彩的簡報，擊退原先呼聲極高的法國巴黎而取得奧運主辦權，Sebastian Coe個人聲望也因此大爲提昇。具備簡報能力除了可以順利完成公司交付的任務外，也可展現個人專業及溝通能力，對個人的職涯發展有極大助益，增加在職場上的能見度及發展機會，等同於增加個人的職場競爭力。

簡報能力對於公司及個人有莫大的助益，多數人也都能體會簡報能力的重要性，但總是無法免除對簡報的恐懼。1974年11月，《倫敦時報》曾對讀者做了一項有關「心中最大的恐懼」的調查，以及David Wallechin-sky於1977年出版的"*The Book of Lists*"，也曾在書中將人們認爲「最害怕」的事情進行排名，無獨有偶的，「公眾表達」在兩項調查中都居於榜首。在公眾面前說話，爲人們所帶來的不安甚至超越人們對死亡的懼怕，足以顯示人們對上台說話有著發自內心的深層恐懼。

胸口緊繃、呼吸急促、頭皮發麻、冷汗直流、舌頭打結、腦筋空白是許多人上台後的反應。在生理方面，人們之所以會產生恐懼，來自於人類大腦中負責處理恐懼反應的「扁桃體」大腦區域。當外界產生的視覺刺激引發扁桃體反應時，內分泌系統開始運作，促使人們做出「抵抗」或「逃跑」的反應。在心理方面，對公眾表達之所以如此的恐懼，主要是因為擔心表現不佳或出糗，若該次簡報又極具重要性，所承受的壓力就會更大。其他造成人們對公眾表達恐懼的原因，還包括對講述的內容不熟悉或沒把握、擔心過程中發生意外（如：設備故障、突然忘詞、有人鬧場），或是對環境及聽眾的陌生感。然而，前述種種狀況是可以藉由事前充分的準備及練習而降低。以下提供一些其他有助於降低恐懼感的方式：

1. 提早到場。至少在簡報開始前30分鐘抵達會場，可熟悉環境並準備器材設備，降低對環境的陌生感並有充裕時間解決設備臨時出現的問題，也可藉此觀察聽眾對這場簡報的期待或態度。

2. **轉移注意力。** 在簡報前將自己的注意力轉移到其他事情上，可以選擇聊天、聽音樂或是想像一些簡報後將進行的娛樂活動。

3. 自我催眠以建立自信。抱持對簡報工作正向的情緒，想像完成簡報後的成就感，給予自己精神鼓勵。

4. **透徹準備開場並大聲有力地說出。** 上台說話的最初3分鐘是簡報者最緊張的時刻，在熟悉環境後便會逐漸減低恐懼感。將開場3分鐘之內的字字句句及流程練習到萬無一失，一旦能夠流暢地完成前3分鐘，其餘準備好的內容也就能順利地脫口而出。此外，大聲地說出開場白，不只可讓台下集中注意力，也可以穩定自身情緒並提高自信（陳立唐，2012年7月）。

5. 不談論恐懼，也不表現恐懼。若一直向他人強調自己對簡報的恐懼感，等同於一直提醒自己，非但無助於紓解緊張，反而更容易讓自己陷入焦慮。此外，也無需告訴聽眾自己的恐懼情緒，因為不說不會有人知道，說了之後，反而讓聽眾的注意力都集中在「看看簡報者到底會多緊張」的想法上。

6. 調整呼吸及活動身體。深呼吸是經常被提及的減壓方式。所謂的深呼吸意指「腹式呼吸」，又稱爲橫隔膜呼吸，即呼吸時橫隔膜的上下運動造成腹部的起伏。呼吸時先以鼻孔吸氣，胸廓逐漸上提，腹部會慢慢鼓起；吐氣時則會使腹部縮小。腹式呼吸可讓血液活動、血壓降低以及神經安定，進而有效地放鬆繃緊的神經，舒緩簡報前緊張的心情。

7. 印一份紙本放在旁邊。若覺得提示卡仍不足夠，可以將完整大綱列印並放置一旁。其用意在於提供簡報者安全感，但千萬不可因此過度依賴而逐字唸稿。

人一生中聽過許多場演講或簡報，但留下良好印象的少，聽過即忘的多，甚至一些簡報讓聽眾感到不耐。這類讓人「聽不進去」的簡報中，常見的景象包括：

1. 簡報者逐字唸稿；
2. 簡報者背對聽眾；
3. 投影片塞滿文字；
4. 雷射筆紅色光點滿天亂飛。

前三項行爲會發生，多半是因爲簡報者缺乏自信或準備不足，只得依照手稿或投影片逐字唸，導致簡報枯燥乏味。另外，各種視覺輔助電腦軟體的發明，也會造成簡報者產生過度依賴的心態，逐將整篇內容全數貼在投影片上，進而發生上述令聽眾反感的第一至三項行爲。背對聽眾將使簡報者失去以手勢、面部表情以及眼神與聽眾溝通的機會，這種簡報方式注定失敗。另外，在使用紅光雷射筆時，簡報者會因不容易準確地標示重點位置而晃動，或是有意識或無意識地不斷畫圈或畫線，都會讓聽眾感到視覺疲勞而喪失注意力。

Weissman（2003／甄立豪譯，2004）及Leeds（2003／曾沁音譯，2004）分別提出簡報內容應當避免的錯誤，歸納如下：

1. **缺乏清晰的目的**：簡報目的意即簡報者爲何要做此次簡報，包括「簡報者的目的」以及「聽眾的目的」。簡報者若無法釐清簡報

的目的，不只在準備時會面臨不知從何著手的困境，最終簡報的內容也將降低說服力且未能符合聽眾需求。多數簡報者只想到自己要說什麼，而忽略聽眾想聽什麼。要永遠記得：聽眾才是簡報的主角！

2. **架構缺乏邏輯性**：缺乏邏輯的簡報不但會讓聽眾無所適從，也影響簡報的流暢度。

3. **未能提供足夠的資源以支持論點**：簡報的目的在於說服，即便有清晰的論點，但若缺乏強而有力的證據、資訊支持，終將無法說服聽眾跟進並採取行動。

4. **過於冗長**：未能在規定的時間內結束簡報，將引起聽眾的不耐煩；確切掌握時間流程，在時間範圍內準備適量的內容。

5. **內容過多、過於瑣碎**：過多的細節或不相關的資料，將會模糊簡報的主要論點，並使聽眾無法消化。

6. **聲音單調**：聲調及語氣的運用有賴平時的練習，但簡報者的熱情與投入程度也將影響聲音表現。

準備一場受歡迎的簡報並不容易。除了良好的表達能力以及豐富的內容外，還需要簡報者的投入。簡報者熱情大方的態度，可以引發聽眾的熱忱及興趣，並成為打動聽眾的力量。另外，找出能引發聽眾共鳴的故事，亦為精采簡報關鍵原則。著名的視覺溝通專家Nancy Duarte認為，好的簡報應當包含故事元素，因為人類天生喜好聽故事（張玉琦，2012年7月）。說故事之前，要先問自己三個問題：「誰是我的聽眾？」、「為何要說這個故事？」，以及「說什麼？」。簡報中穿插故事並非毫無目的性，而是用一個故事帶出一個可呼應主題的道理，藉由故事吸引聽眾並與故事中的人物連結。

什麼樣的故事才稱得上是一個好故事？好故事的基本要素，應當具真實性，最好是簡報者的個人經歷或親身見聞，在講述時才能更生動並引人入勝。公眾表達經驗豐富的亞都麗緻大飯店集團總裁嚴長壽認為，故事一定要先能感動自己，才能感動其他人（彭杏珠，2009年5月）。由於簡報

時間有限，因此故事不能占用過多的時間，最好在30秒之內便能引起聽眾的注意力，並在2分鐘之內將故事結束。簡報者可將故事的架構分為起點、轉折點，以及價值觀點。起點的目的是吸引聽眾的注意力；轉折點則是故事的高潮之處，將聽眾的情緒與故事中的人物、情節連結；價值觀點則是透過故事結局帶出欲表達的態度與精神。

❀ 第二節　準備簡報前的四大關鍵要素

在得知需要做一場簡報時，應當要先確認四項重點，才能進一步開始準備簡報內容；重點分別為：時間、場地、聽眾，以及目的。

一、時間

時間分為兩個層面：(1)有多長的時間，可以準備本次簡報；(2)簡報的時間長度。確實掌握距離正式簡報的時間的長度，才能決定簡報的製作方法；因為不同的時間長度，有不同的簡報準備方式。一般企劃人員習慣在簡報的前一天，才將企劃書的內容剪貼拼湊為視覺資料，這是非常危險的做法。正確做法應當是，在得知確切的簡報日期後，便由後往前推算，規劃各階段工作所需要的時間，並盡快開始著手進行，依照每次練習情況修改簡報內容、視覺資料，以及表達方式等。

隨著簡報經驗的累積，簡報者所需要的準備時間可能愈來愈短，但千萬不可因此而省略任何一項準備步驟，尤其是事前練習。再老練的簡報者都有可能因為事前的準備不足，而影響簡報流程銜接的順暢性。確切掌握簡報的時間長度後，才能著手規劃簡報內容，因為簡報內容中的重點數量與時間成正比。以長度20分鐘的簡報為例，扣除開場與結論，主體內容長度約為15-16分鐘，可講述的重點約為3-4個。無論簡報時間長度為何，簡報者一定要精準掌握時間，在預定時間內結束簡報，以免引起聽眾的不耐煩。

二、場地

　　簡報者需要瞭解進行簡報的場地，包括空間大小、位置排列的狀況、設備（電腦、網路線、投影機、螢幕、電源插座、麥克風、音響等）、照明／光線、溫度狀況等。前述之各項因素均有可能影響簡報者製作視覺輔助資料時，應選擇的背景顏色及字體大小、事前所需準備的物品（延長線、轉接頭），以及簡報時最適當的站立位置。若簡報進行場地可由簡報者自行規劃，空間的掌控度高，較能符合簡報者的需求。事實上，簡報者無法決定場地安排的機會較多，然而簡報者可先行打電話至主辦單位詢問相關情形，若仍無法獲知具體回答時，則應當準備多種配置模式，以便因應各種狀況。另在簡報當天，簡報者應當提早抵達，才能有時間瞭解場地細節並做出因應。

三、聽眾

　　聽眾是簡報的主角，即便是同樣的主題，在因應不同的聽眾時，簡報者需要採用不同的訴求及切入點、深淺不同的內容架構，以及不同的表達方式。因此，簡報者需瞭解聽眾後，才能著手準備簡報內容。首先是聽眾的背景與特性，包括人數、背景（性別、年齡、教育程度／知識背景、職業）、對簡報主題的瞭解程度、爲何需要更多相關資訊等；前述資訊有助於找出符合聽眾程度的內容及喜好的說話風格，再者則是需要瞭解聽眾的需求。爲測試自己對聽眾的瞭解程度，簡報者可以試著回答下列問題：

1. 誰是我的聽眾？
2. 聽眾爲什麼出現在這裡？
3. 聽眾對簡報主題有多少的認識？
4. 聽眾喜歡的溝通方式是什麼？
5. 聽眾的需求／困擾是什麼？
6. 如何處理／解決這些需求／困擾？
7. 希望聽眾採取什麼行動？

8. 這些行動對聽眾有無困難之處？

Weissman（2011／趙慧芬譯，2012）認為，簡報者多從自己的觀點出發，沒有考慮聽眾的利益或需求，如此的簡報會使聽眾失去興趣，而簡報者終將失去聽眾。簡報中所有的內容要以「符合聽眾的需求」為主軸，找出簡報者、主題與聽眾之間連結的方式，才能使聽眾產生共鳴。有時聽眾來自不同的背景，簡報內容較不易找到針對性，建議簡報者盡可能找出讓各階層背景的聽眾都能理解的內容和用語。舉例而言，若是到某一間機構進行企劃提案，可先透過該機構的網站或由其他網站中蒐集資料，並將相關資訊適切地融入簡報內容之中，讓聽眾感受到該簡報是為他們特別量身訂製的，進而產生好感。一場具有影響力的簡報絕非偶然產生，來自於**簡報者對聽眾的重視，看重聽眾的需求、困難及好惡**。簡報的成功與否取決於聽眾的感受，以及能否滿足其期待與需求。

四、目的

簡報者在準備簡報內容前的最後一項，但也是最為重要且最需要知道的事情是——「簡報目的」。這個項目看似簡單，但很多簡報者卻是無法清楚說明自己為什麼要做這個簡報，又或者如Leeds（2003／曾沁音譯，2004）所說，簡報者經常會把目的與內容弄混，例如：把「說明企劃書內容」認定為簡報目的。事實上，說明企劃書只是簡報的內容；簡報的目的是聽眾聽完簡報後採取行動。換言之，在參與比稿時，「說服評審認同本團隊所提出的企劃書」就是簡報目的。

Rotondo 及 Rotondo（2001／丁惠民譯，2002）認為，簡報的目的可分為兩個層面思考：「你的簡報究竟是什麼（what）？」，以及「你為什麼要做這個簡報（why）？」。前者所指的是涵蓋的議題、內容範疇，以及切入深度；後者則包括說服、激發、告知、娛樂等等。找出簡報的目的並非一件容易的事，且需要不停地思考或是發問。雖然麻煩，但是簡報者還是要竭力找出，因為不知目的為何的簡報，將會導致內容缺乏邏輯性，說服力道也會顯得強度不足。

簡報目的可分為一般性目的（general purpose），以及具體目的（specific purpose）。一般性目的又可稱為抽象目的、大目的，是用以表達簡報的意圖及目標。最常見的一般性簡報目的有：告知、說服及娛樂。

1. 告知（to inform）：幫助聽眾理解或學習某個概念、新知、想法，使聽眾獲得未知或不熟悉的資訊，如學術研討會的論文發表、公司內部的進度報告。此類簡報的內容以描述為主，力求簡單明瞭，重點分明，好讓聽眾在聽完簡報後便能對該項新知有初步的理解。

2. 說服（to persuade）：企圖影響聽眾的行為或信念的簡報，便具有說服的目的。Weissman（2003／甄立豪譯，2004）視說服為所有商業簡報的共同目標，也是一種召喚他人付諸行動的極致挑戰。具說服目的的簡報包括行銷、宣傳、遊說等，此類簡報需理性及感性交錯運用，建構嚴密的邏輯，提供足夠的證據並訴諸情感，才有可能達成目的。

3. 娛樂（to entertain）：意指使聽眾感到愉快、歡樂，並提振精神及情緒的簡報，但純粹以娛樂為目的的簡報並不常見，也不容易表達。建議簡報者可將娛樂融合在簡報中，成為效果的一部分。此類簡報的成功與否，極大部分取決簡報者本身的人格特質及條件，簡報者需要具備熱情、愛好表演，以及生動活潑的口語表達能力。

上述所列舉的一般性目的中，「告知」與「說服」最為常見。兩者經常出現在同一個簡報之中，只是比重不同，且經常是先提供相關資訊（告知），後則促使聽眾有所反應（說服）。必須強調的是，簡報者務須清楚知道該簡報的真正目的為何，畢竟不同的目的，其表達方式也會有所不同。

簡報的另一種目的為具體目的，亦稱為實際目的，也就是簡報者希望在此次簡報中，能在聽眾身上達成的目的。在擬訂具體目的時，需要注意到單一性，也就是不要過於廣泛，目標愈明確的簡報就愈能獲得共鳴。游

影視節目企劃與寫作

梓翔（2000）認為，訂定具體目的有助於簡報者掌握內容焦點，因此訂出一則簡單的公式，做為思考簡報具體目的的方式：

具體目的 = 一般目的 + 聽眾背景資料 + 簡報主軸

Gronbeck等人（1995／陳淑珠、張玉佩，1998）建議，訂好具體目的後，要將此目的轉化為「中心概念」（central idea），也就是傳遞給觀眾的訊息或概念的本質陳述。在說服性簡報中，中心概念是將希望聽眾接收到的信念、態度及行為，轉化為具體的措辭；而在告知性簡報上，則希望有助於聽眾專注於主題上。在建構簡報中心概念時，簡報者除了考量簡報內容外，也要將本身的態度、簡報對象的立場及需求等納入考量。

中心概念的陳述措辭十分重要，因為會影響簡報的架構、重點、所需資訊，以及簡報者與聽眾之間的關係。若是一場有關製作烹飪節目提案的簡報，其具體目的為「告知電視台主管本烹飪節目的特色」，中心概念則可以寫成：

■學會幾項基本烹飪技巧，每位觀眾都可以下廚。

■為家人下廚可以帶來成就感，並凝聚家庭情感。

■正確掌握當地及當季食材的挑選要領，就可烹煮出便宜又新鮮的料理。

由上述的例子可得知，單一的具體目標可以延伸出不同的中心概念。在簡報時間有所限制的情況下，掌握擬定的中心概念可使簡報聚焦，聽眾更容易理解重點。另列舉數個範例說明中心概念的措辭如何因簡報者的態度、聽眾的立場及需求的不同，而有所改變。以「增加審查委員對空地造街搭景拍攝方式的信賴度」為具體目的簡報為例，中心概念逐漸增強的寫法如下所示。簡報者的措辭強度會表達出不同的態度，進而影響聽眾之接受強度：

■空地造街搭景，是一個很好的電影拍攝方式。

■空地造街搭景，是一個近來許多台灣電影製作團隊所採用的電影拍攝方式。

■空地造街搭景，是一個可以減少工作團隊舟車勞頓的電影拍攝方式。

因聽眾相異的背景，下列三個不同的中心概念，給予採用空地造街搭景的不同理由：

■空地造街搭景，是一個可以節省時間與經費的電影拍攝方式。

■空地造街搭景未來可以創造休閒與觀光等商機。

■空地造街搭景提供攝影組更多取鏡及攝影機運動的發揮空間。

第一則中心概念所強調的重點在於經費，較適合用在與投資者的說明簡報上；第二則將焦點集中在說明拍攝後可能帶來的經濟效應，適合運用在與租借場地的地主或協助拍攝的政府單位的簡報會議中；第三則的說法則是由拍攝技術層面切入，合適用於與技術組開會溝通時使用。

Weissman（2011／趙慧芬譯，2012）再三強調，在準備簡報內容之前，要先設定目的及中心概念，再以此為依據蒐集資料、準備簡報架構。從一般目的到中心概念，這一連串的思考過程，其重點在於聚焦。當釐清所有外在因素與簡報的關係後，才能找到簡報真正的目的與著力點。

第三節　簡報內容

李金銓（1981）對於傳播的其中一個定義是「把資訊、意見、經驗、態度，從一個人傳給另一個人」（頁3），由此可知，「人」與所欲傳達的「內容」是成功傳播過程中的要素。簡報的成功與否取決於內容、視覺資料及表達方式；前兩者皆與「內容」相關，表達方式則與「人」的關係較密切。進入簡報資料準備階段後，將從內容、表達方式及視覺資料三方面進行討論，本節將先就簡報內容本身進行說明。

游梓翔（2000）將簡報流程分為構思、布局及發表三個階段，而簡報內容是於構思及布局階段中完成。構思階段的主要工作為產生主題、蒐集素材，以及決定講述內容。在完成撰寫企劃書後再進行口頭簡報的情況

下，構思階段的工作內容早已在撰寫階段完成，因此在本階段的工作只有一個——那就是決定企劃書中哪些內容要呈現於簡報中。選擇內容的原則如下：

1. 可以明確表達簡報者的觀點與理念。

2. 讓聽眾覺得與切身相關的內容：以聽眾「想聽」及「必須知道」為原則。

3. 最具特色或賣點的重點：除可加深聽眾對企劃書的印象外，並與其他競爭者做出區隔。

　　由於簡報內容係依據企劃書製作，架構通常也會依循企劃書內容中的順序編排。雖說如此，簡報架構依然還是要掌握讓聽眾瞭解的三個重點：「做什麼」（what）、「怎麼做」（how），以及「為什麼」（why）。簡報者千萬不要奢望在短短的時間內，可將整本企劃書說明完畢，或是期待聽眾可以在短時間內，記住整本企劃書的內容。因此，簡報時無須像流水帳般鉅細靡遺，只需挑重點說明。例如：在報告預算表或進度表時，只要將具有特殊性的部分提出即可。

　　簡報準備的第二個階段為布局，也就是將上一階段選出的重點內容進行順序排列及時間分配。Duarte（2010／黃怡雪譯，2011）指出，「堅固的結構是簡報內容連貫的基礎，而且可以展現部分和整體之間的關係」（頁140）。可惜的是，許多簡報之結構顛倒凌亂、毫無次序，讓聽眾始終無法掌握重點，縱使簡報者的口語表達能力、技巧再好，也無法帶領聽眾達成預定的目標。Weissman（2003／甄立豪譯，2004）視簡報結構為簡報者說故事的邏輯及脈絡，並提供16種最常見的簡報結構，列舉其中較常見且組織較為嚴謹的五種模式：

1. **時序**：依事情已發生或可能發生的先後順序排列，適合用於講解人、事、物變化的簡報。

2. **地點**：依照概念發生的相關地點編排內容。

3. **空間**：以概念性的手法由上而下、由下而上、由內而外，或由外而內呈現。

4. 問題與解決之道：依照問題及解決方式排列，強調重點在解決方式而非問題本身。

5. 特色與利益：列出優勢或特色後，分別說明可提供給聽眾的實質利益。

　　Duarte（2010／黃怡雪譯，2011）也列出八種結構方式，其中部分與Weissman（2003／甄立豪譯，2004）的想法一致，另外四種分別為：

1. 連續的結構：依程序或循序漸進的順序安排訊息。

2. 漸層的結構：依重要順序安排訊息順序，多由最不重要的延伸至最重要的。

3. 因果關係：展現不同的因造成不同的果，適用於敦促聽眾採取行動的簡報。

4. 優勢劣勢：將訊息分為「好」、「壞」兩類，有助於衡量評斷某一議題的簡報。

　　如同一般演講，簡報架構也被區分為開場（引言）、主體（主要概念）及結論三個部分。一般10-20分鐘的簡報，開場約占簡報時間總長的10%，也就是僅有短短的1-2分鐘，所以不需要把時間浪費在：

1. 客套的感謝。例如：「我是○○公司的負責人○○○，很高興也很榮幸有這個機會能在此為各位做有關……的簡報工作……」。

2. 聽眾早已知曉的事情。例如：花時間說明台下的評審委員、承辦單位、電視台內人員都已清楚的徵案目的及背景。

3. 損及專業形象的道歉。例如：告訴聽眾在倉促的時間壓力或其他任何原因下，無法完善的準備。

4. 表達緊張的情緒。例如：告訴聽眾台上的自己是多麼的緊張。

　　簡報開場有兩大重點：一為吸引聽眾的注意力，另一則是鋪陳接下來的主體。Leeds（2003／曾沁音譯，2004）以「開胃菜」形容開場，「不是用來大快朵頤，而是要誘惑、勾動、挑起、刺激聽眾胃口，好準備迎接下一道主菜」（頁112）。開場之所以成為簡報中最重要的部分，因為它決定聽眾對簡報者之後表現的反應與印象，聽眾會藉由開場判斷該場簡報

值不值得繼續聆聽。一般常見的開場方式有：

1. **與觀眾互動。**互動方式包括提問問題或調查聽眾意見，兩種方式皆有助於與聽眾建立連結並激發聽眾的參與感。在運用問題開場時，有時並非眞的要獲得聽眾的回答，而是期望集中聽眾的注意力、使聽眾的焦點與簡報者一致、激發聽眾的思考或興趣。例如：「觀光宣傳影片只能用風景、小吃或購物堆砌嗎？或是只能花錢請偶像代言嗎？在台灣，我們引以為傲的人情味有沒有可能成為觀光宣傳影片的主軸？」。簡報者可以在自問自答後，直接進入簡報主體。

2. **陳述事實或提供數據。**這是最簡單、有力的開場方式。陳述的內容或引用的統計數據愈驚人、愈不尋常，就愈引起聽眾的注意力。

3. **說故事。**此為最有效果的開場方式，因為人們天生喜好故事，也容易被故事所吸引。在此所指的「故事」，為具有人情趣味的小故事，而簡報者的個人經驗故事也是很好的題材，可讓聽眾發揮移情作用，與聽眾建立關係。以故事做為開場，不但可營造聽眾的認同、激發觀眾同理心，也可讓抽象的觀念或沉悶的內容鮮活起來。

4. **引用名言、格言或權威人士／消息來源。**由於有名人背書又言之有物，容易獲得聽眾的認同。因此，簡報者在平日便要養成蒐集名言的習慣，屆時才能靈活運用。在選擇名言佳句時，須避免陳腔濫調，但也不要選用冷僻、平凡、鮮為人知的名言，兩者均難以獲得聽眾的共鳴及注意力。另外須注意的是，名言也不宜過長及過於艱深。選擇合適的名言，再找出與簡報內容的關聯，將能輕鬆地將聽眾帶入簡報主體。

5. **運用幽默或是說笑話。**這也是常見的開場方式，不僅吸引聽眾的注意力，並且讓聽眾對簡報者產生好感。但它也是最具風險性的開場方式，尤其當簡報者的幽默感無法引起聽眾的共鳴時，現場

將陷入尷尬。因此，並不建議使用於整體氣氛較為嚴肅的提案場合。

6. **運用當時的時事議題，甚至可以是當日氣象。**與日常生活息息相關的話題可讓簡報與社會脈動產生連結，除了產生即時性及新鮮感外，也讓聽眾與簡報者建立互動。然而，所使用的時事議題必須要能與簡報主題相關，而不是無意義的閒聊。

7. **展示道具。**可迅速吸引聽眾的注意力，因為人們對實際的物品的興趣遠勝於有距離感的照片，也可藉由眼見為憑的道具傳達簡報的主題及重點。

8. **利用類比方式。**以一項簡單或日常事物比喻說明艱澀難懂或抽象的概念，例如：以廚房分工比喻導演與剪輯師的工作角色，「導演就像是負責食材採購的總務，決定這道菜的樣貌，而剪接師就像是掌廚的大廚，調配食材、調味料使用的數量比例，再經過烹煮方式、火候、時間的控制，決定這道菜的氣味及口感」。

開場時並無限定只能選用一種方式，有時2-3種開場方式的結合更能吸引聽眾的注意力。開場與結論是聽眾最容易記住的兩個部分，是簡報成敗的重要關鍵。嚴格而論，開場的重要性甚至超過結論，因為好的開場可使簡報主體至結論一路順暢，顛簸的開場將使簡報者陷於不斷缺失的困境之中。因此，找出最合適的開場方式後，將開場白完整寫下，透過不斷的練習和修改，直到簡報者可不假思索地說出開場白中每一個細節。

主體，做為簡報的重心，通常占簡報總時間約八成至八成五左右，以此類推，如果準備一個20分鐘的簡報，可規劃約16-17分鐘用以陳述主體內容。主體內容除了前述提及的主題內容及架構外，另亦包括轉折的方式。轉折係指簡報者如何利用1-2個簡單的句子，從某一個論點切換到下一個論點，並點出其中的關聯性。如果把簡報的內容視為搭建房子的各式各樣建材，轉折的方式就可比擬為用做連接的釘子或鋼骨。好的轉折不僅可讓簡報內容的各個部分順暢連接，也有助於引導聽眾及維持聽眾的注意力，另對於強化簡報邏輯、輔助記憶與營造高潮亦有直接助益。

簡報時最不順暢的地方多半發生在轉折處，因爲簡報者的注意力會隨著重點轉換而變動；若未在事先思考如何轉折，經常會發生結巴或不知所措的情形。簡報者在準備轉折點時，首先要找出需要轉折的地方，通常會是在論點與論點之間，簡報者可先從簡報大綱中找出各個主題及次主題之間的空隙處，再思考以何種方式轉折。構思轉折的時機可在大綱或架構完成之後或是兩者同時進行，Leeds（2003／曾沁音譯，2004）建議採用同時進行的方式。其主要考量是，若能在組織簡報前稍加思考轉折的難易度，可省下之後編輯和重寫的時間。轉折方式可分爲下列七種：

1. **使用轉折詞**。常見轉折詞有：然而、即使、相較之下、除此之外、舉例來說、另一方面、簡而言之、儘管如此等。Gronbeck等人（1995／陳淑珠、張玉佩譯，1998）另提供可呈現前後兩項論點關係的轉折句型包括：相反的、同樣的、更重要的是、進一步分析等。簡報人員平日可養成蒐集轉折詞的習慣，在運用時最好能以同義字交錯使用，避免聽眾因一直聽到同一詞彙而感到厭煩。

2. **提問**。以自問自答的方式，帶出下一項論點。例如：「如果我們已經知道這是一個可行的拍攝方式，那麼，要如何利用這個方式拍攝出一支在視覺上令觀眾驚豔的宣傳片呢？」

3. **重點提示**。又可稱爲逐點式轉折或是列舉法。簡報者直接逐項告訴聽眾重點，例如：首先說道「本紀錄片將從三個層面討論都市更新所引發的問題」，然後再由全面進入個別的三個層面，「第一個層面是……；接下來，第二個層面是……；最後，第三個層面爲……」使用此一方式時，不論有多少重點，建議將其歸納爲三點，因爲三是人類最容易記憶的數量。

4. **回顧**。以簡單的一句話總結前述論點後，再順勢進入到下一項論點。例如：「在前面我們已經分析了在拍攝期可能遭遇的問題，接下來要談到的是……」

5. **非口語轉折**。利用肢體動作或視覺資料進行轉折。例如：從走動

轉為站定或是視覺輔助使用的切換。這種變化除了有助於轉折，也可以維持聽眾的注意力。

6. **聲音轉變**。利用音量、音調或是節奏的改變，表示進入另一項論點，亦可配合轉折詞同時使用。例如：說到令人沮喪的事實時，可以降低音量並用較慢的語氣說出「但是，現實狀況卻不如預期……」。

7. **停頓**。是無聲的轉折，可幫助聽眾集中注意力、等待進入下一項論點。

建構簡報內容時，措辭是另一項需注意的要素。首先，避免使用劃分界線的用語（如：你們）或是以簡報者為中心的第一人稱——「我」。為拉近簡報者與聽眾之間的距離，可多使用「我們」。其次，避免具有不確定的字眼，如：希望、認為、相信、覺得等；建議改用較為堅定的詞彙代替，如：堅信、有信心、絕對等。正面敘述或主動語態是較具效率的表達方式，有助聽眾理解。例如：「觀眾不會忘記」可寫為「觀眾會記得」；「難得一見的流星雨被我們拍到」則可寫成「我們拍到難得一見的流星雨」。

結論是將簡報中最重要的訊息以簡短的方式重述一次，是聽眾在整場簡報中最後一次獲得訊息的機會，也可能影響聽眾最終做出的決定。簡報者千萬不可因簡報進入尾聲而有所鬆懈，因為開場與結論最容易讓聽眾留下印象。然而，許多簡報者並未體認到結論的重要性，有時將所有的時間用於主體說明，待時間用罄便直接結束簡報，完全忽略結論，或僅以「感謝各位的聆聽」草草結束。依前述的時間分配，結論如同開場占簡報時間總長的5%-10%，簡報者應當以如同準備開場一樣認真、謹慎的態度看待結論。

結論的目的在於再一次為聽眾強調簡報核心理念、摘要重點，並留下餘韻。為能持續掌握聽眾的注意力，由主體進入結論時，應找出有創意的方式，而不只是平鋪直述，或是用「我的結論是……」、「在結論方面……」、「現在進入結論部分」等方式。結論中的內容主要是呼應開場

中所提及的重點，讓聽眾有一氣呵成的整體感受。部分在開場中所運用的方式亦可再次於結論中使用，如提問、引用名言等，另外可採行做法還有：回顧重點、重申關鍵概念、以宣告挑戰激發聽眾、描繪願景展望等方式。若簡報主題單一而清楚，便可在結論中再一次明確強調；但若簡報內有數個重點，則可在結論重新爲聽眾整理與歸納。游梓翔（2000）建議，爲提高結論所產生的成效，簡報者在陳述結論時，應當與聽眾持續保持目光接觸，完全不應看稿，因此簡報者需要熟記結論內容。

結論的另一項功能是傳達終了的氛圍，簡報者可利用語氣表現出完整結束的感覺，但所使用的語氣同時也要與主旨及技巧呼應。例如：在對聽眾提出挑戰意圖激發行爲時，語氣要呈現堅定、有力；若是描繪願景展望，則可表現熱情、正向；如果是要聽眾思考眼前面臨問題的嚴重性時，則以感性、沉靜的語氣表達。結論的內容及語氣，將決定聽眾以何種情緒離開會場。此外，當簡報者決定傳達簡報將進入尾聲的訊息時，就必須在短時間內結束簡報，避免引起聽眾的不耐及不快。若尚未準備進入結論，簡報者應當避免使用任何會讓聽眾誤認爲簡報即將結束的語言或非語言行爲，如說出「最後……」或是整理提示卡等。倘提案簡報有計時限制，應準時結束簡報，給人留下從容、專業、精準的形象；若是在沒有計時提醒的簡報會議中，更需要準時結束簡報，因爲聽眾對於沒完沒了的結論會失去耐心，更遑論聚精會神的聆聽。

第四節　提案簡報的表達技巧

當大綱及內容底定後，接下來就是簡報者如何呈現與傳達簡報內容。訊息的傳達可分爲語言及非語言兩方面，聲音是語言表達的工具，音量、速度、音高（pitch）及發音均爲影響聲音品質的重要因素。音量與速度直接影響口齒清晰，音量不宜過大或過小；過大會造成聽眾的壓迫感及不適，過小則無法讓聽眾清楚地接收訊息。音量的大小和簡報者與聽眾之間

的距離，以及簡報會場環境有關（如：場地大小、噪音干擾）。簡報者可觀察聽眾的表情或直接詢問聽眾意見，做爲調整音量的依據。一般簡報會場都有準備麥克風，LeRoux（1984／曾瑞枝譯，1996）建議除非聽眾人數爲上百人，簡報者應儘量摒棄麥克風，因爲大聲清晰的說話可消除緊張及自然使用手勢，並可避免麥克風故障時聲音忽大忽小、迴音或雜訊干擾的尷尬。

在速度方面，許多簡報者因緊張、興奮或太熟悉內容，而愈說愈快。熊東亮等人（2006）建議，提及重點時可放慢速度，讓聽眾有機會清楚聆聽，而補充說明時則可用較快的速度。音高的原則與音量一樣，均爲高低適中，但相較之下，音高的控制卻較爲困難。音高爲聲音的高低，是人在發聲時聲帶震動的頻率，震動速度較快產生較高的音高，反之亦然。每個人都有一個最常使用的音高，稱之爲主音；適中的音高，便指主音的高低適中。主音不宜過高或過低，不僅聽眾不舒服，對簡報者的聲帶也是負擔。

綜上所述，聲音使用的主要原則爲「適中」，另「搭配簡報內容」爲次要原則。音量的大小，可配合簡報內容做爲重點的強調、情緒的營造及引起聽眾的注意力。在表達堅決或強烈情緒時，可放大音量；在柔性訴求或表達低落情緒時，則可縮小音量。在速度上，和緩深長的情緒合適較慢的速度；激昂急切的情緒當使用較快的速度；而一般的陳述，則運用緩急適中的速度（游梓翔，2000）。音高方面，Gronbeck等人（1995／陳淑珠、張玉佩譯，1998）建議，以較高的音高表示興奮，用較低的音高營造權威、控制感或莊嚴感，若從頭到尾都以一致的音高陳述，將使整場簡報索然無味。

影響發音的器官包括唇、舌、齒牙、顎及小舌等，但在此所指的發音並非是「字正腔圓」或是標準國語，而是發音的清晰度。簡報者會因緊張而緊閉下顎，造成發音不完整，降低簡報清晰度，因此打開嘴巴是清楚發音的第一步（Pincus, 2005／丁惠民譯，2007）。另外，發音懶惰也會造成發音不清楚。理想的發音是要將每個字或音節唸清楚，但人們經常把一

串字連在一起、跳過音節或省略字首／尾，將會影響簡報者的可理解度。除了自我提醒外，多聽、多練爲改善發音的最佳方式。爲了有效地向聽衆傳達訊息、態度及價值，措辭得體是必要條件。選擇使用適合聽衆、場合及簡報者身份的字詞或句子，避免不適當的口頭禪、並非人人能懂的流行語、贅詞、具爭議性及自以爲是的字眼。

人與人之間的溝通效果：10%透過語句、30%有賴於語調與聲音，其他的60%取決於肢體語言，也就是所謂的非語言溝通（黃麗惠，2001），其中包括站姿、手勢動作、眼神及臉部表情。在站姿的部分，游梓翔（2000）及Rotondo & Rotondo（2001／丁惠民譯，2002）均建議採既端正又輕鬆的方式。首先，抬頭挺胸，避免無精打采的四處斜靠或無意義的搖晃身體。肩膀及膝蓋放鬆、雙臂自然垂放身體兩側；爲保持身體平衡，將全身體重平均分配到雙腳上的姿勢，雙腳可分開約25-30公分，讓站立的姿勢傳達出自信、平穩及活力的訊息。簡報開始後，適時的移位走動除了有助於化解壓力，也可有效的讓聽衆將注意力集中在講者身上。但移動需要有其目的性，切勿來回踱步及移動範圍過大。最佳的移動時機，爲轉換論點或展示道具時；在說明重要關鍵內容時，不宜走動，而適度的靜止站立有助於重點的強調。

多數的簡報者對簡報時「合適的站位」並未多加思考。當簡報開始後，只是上台站在主辦單位安排的講桌後面就開始進行簡報。事實上，站立位置對簡報效果也會產生影響。LeRoux（1984／曾瑞枝譯，1996）就此提出兩點建議：首先，簡報者不要站在講桌的後面，因爲講桌會遮擋住簡報者大部分的身軀，阻隔簡報者與聽衆間的溝通；其次，儘量站在螢幕的旁邊。如果簡報者站在講桌的後方而螢幕在另一方時，會分散聽衆的注意力，讓聽衆不知該看簡報者或是視覺資料。所以，站在講桌及螢幕之間會是較理想的位置。

手勢係指由手臂及手指形成具目的性的動作，是另一項可以吸引聽衆注意力及有助傳達訊息的方式，但使用時需力求自然，避免過度刻意做作。手勢的使用也有助於簡報者發洩緊張情緒，簡報者會發現在放鬆手

臂後，會開始自然使用手勢，或是當對簡報內容或聽眾懷有興趣或熱情時雙手和雙臂自然會配合。運用手勢時，也要考量到聽眾人數及場地大小，儘量讓全場的人都可以看到。熊東亮等人（2006）提醒，除非有特殊原因，儘量避免高於臉部或低於腰部的手勢。對於使用的時機方面，LeRoux（1984／曾瑞枝譯，1996）指出，在提及動詞（如：「提昇／降低」、「支持／反對」）及形容詞（如：尺寸、高矮、形狀、方向／位置）時，都可利用手勢表達或模擬。而一些無意識出現的姿勢動作，如用雙手觸碰身體（拉耳朵、摸鼻子、撩頭髮、扶鏡框、搓手掌等）或玩弄其他物品（杯蓋、筆、雷射筆、麥克風），則會分散聽眾的注意力或是讓聽眾感受簡報者的緊張情緒，以致減低簡報者的可信度。

　　簡報者在以口語傳達訊息的同時，臉部表情同時也在發送訊息。如同手勢的運用，臉部表情應當是隨著簡報容內容自然流露，不宜過度誇張，但也需要讓台下聽眾能夠看見。簡報者多因緊張而呈現面無表情，「合宜的微笑」是最常被建議使用的表情，因爲簡報者可藉由微笑向聽眾傳達其信心及從容，有助增加簡報可信度。此外，微笑也可帶動簡報者與聽眾之間的眼神接觸，聽眾專注於簡報內容的可能性也將提昇。然而，微笑並非重頭到尾都適用，若在簡報全程都保持不變的微笑，游梓翔（2000）將之歸類爲干擾簡報內容的「一號表情」。當然，微笑也需配合簡報內容的情緒基調，如提及嚴肅及悲傷的內容時，便不宜面露笑容，否則便成爲錯誤表情。

　　另一個與臉部相關的訊息表達方式爲「眼神」。目光的接觸是最基礎，也是最重要的一環。所謂「眼睛爲靈魂之窗」，聽眾可由眼神接觸中得知簡報者熱情、誠懇及信心，或者簡報者可由眼神交會中瞭解聽眾的反應與回饋。一般簡報者未善用目光接觸的主要原因爲頻繁低頭看稿或是因爲害羞及不習慣，以上二者可藉由事前的充分準備與練習而改善。針對後者，熊東亮等人（2006）建議，簡報者可在聽眾中找到一張具善意的臉，先從與他／她做目光接觸開始，之後再開始注視其他聽眾。LeRoux（1984／曾瑞枝譯，1996）反對簡報者的目光如燈塔般快速掃瞄全場，

因為視覺一下子接收太多印象（每一位聽眾的樣貌），大腦同時又要處理簡報內容，容易造成簡報者分心或難以負荷，因此建議以個別注視聽眾的較長目光接觸取代快速環視。眼神接觸以3秒鐘為原則，過長時間的注視也會造成該名聽眾壓迫感。

除了上述站姿、手勢及臉部表情三項非語言表達外，簡報者的服裝儀容也會傳達訊息。長期以來，衣著便被人類賦予社會意義，服裝儀容不只是個人的外表，亦代表專業形象及對其他與會者的尊重與該場合的重視。此外，衣著也會影響臨場的表現——包含自信。不合宜的打扮，使人感覺彆扭而無法全神貫注於簡報；有了合適自己的專業裝扮，才能專注於簡報內容，無憂地呈現完美的簡報。

所謂合宜的穿著，是以簡報聽眾為依歸，穿得與其相當。如果前去簡報的客戶是一個較為傳統的公司，衣著便建議必須以保守、正式為前提；如果要拜訪的是一個偏向活潑年輕的企業，則建議較為低調的穿著（例如：脫去西裝外套及領帶）。Reynolds（2011，張國儀譯，2012）提供的經驗法則是，穿得比聽眾稍微正式一些，稍微正式些會比不夠正式要好。由於影視傳播業的特殊性質，熊東亮等人（2006）認為傳播業在簡報時的服裝較不受限，以「精簡」不干擾專業形象的穿著為原則，選擇能表現出個人品味、傳播人活力、接近流行的服裝，但要注意不能過度搶眼，以免分散聽眾對簡報內容的注意力。除了衣服之外，香水／古龍水以淡香為佳，避免香味過濃，亦不要配帶容易發出聲響的手飾配件，以免干擾簡報進行或聽眾的注意力。公事包可適當運用，將手機、零錢、鑰匙等雜物置於公事包中，避免手上拿一堆東西的窘態。

簡報的最後階段為發表，是透過口語、非口語及視覺資料說服聽眾。前面所有的準備皆是為了最後的發表，不論簡報內容多充實、視覺資料多完備，欠缺良好的表達都將使之前的努力功虧一簣。為了讓自己更有信心及展現更完美的表達技巧，完成布局後，就必須要開始練習。即便是世界公認的簡報高手蘋果前執行長Steve Jobs，為讓簡報呈現完美，事前都會花數百個小時在練習（Gallo, 2009／閻紀宇譯，2010）。因為只有在事前

準備充分的簡報者有自信的權利。練習意指實際大聲地演練簡報內容，而不是只在心中或腦海中模擬簡報內容。穿上簡報當日的服裝、配合視覺資料使用，利用鏡子及錄音或錄影設備檢視自己的語言及非語言表達，立即改正錯誤並修正出最合宜的表達方式。

🌸 第五節　視覺資料

視覺資料的目的在於協助簡報者傳遞重點，雖並無硬性規定每場簡報都必備視覺資料，但LeRoux（1984／曾瑞枝譯，1996）認為，缺少視覺資料在推銷意見時會較為困難。影視節目企劃簡報因屬於推銷，建議在提案時使用視覺資料。電腦軟體如PowerPoint或Keynote主宰簡報視覺資料，過往的幻燈片、投影片或海報掛圖已經完全被取代。縱使電腦簡報軟體具備易做、易存及支援豐富（字型、照片、影音、圖表等）的特色，可增添簡報效果，但極容易被過度使用，反客為主成為簡報的主角。為了讓視覺資料發揮最大加分效果，熊東亮等（2006）提出七項視覺資料製作原則：**整體簡單化、內容視覺化、文字圖形化、數字圖表化、字體易讀化、色彩調和化，以及結構一致化。**以下分別針對文字、頁數及多媒體三方面深入討論。

視覺資料的目的在於簡化簡報，而非使簡報更複雜。電腦軟體「剪」（cut）「貼」（paste）的功能，使許多簡報者習慣將企劃書中所有的文字複製貼上簡報軟體上。Duarte（2008）直指，把一堆資料塞在同一張投影片中，只會反映出簡報者的懶惰。為避免時間壓迫而造成準備不及的窘態，建議在準備簡報大綱時，就應當同時進行視覺資料設計，而不是等到簡報的前一天才動手。其次，將視覺資料當成小抄或講稿，是在簡報場合常見的情形，進而導致簡報者過度依賴視覺資料，逐字唸出視覺資料上的內容。Weissman（2003／甄立豪譯，2004）稱此現象為「錯把文件當簡報」（presentation-as-document syndrome）。在簡報過程中，簡報者為了

看螢幕唸稿，無法與聽眾目光接觸，甚至多半時間都背對聽眾。無怪乎Shipside（2006／施貞夙譯，2007）認為這種簡報完全失去意義甚至是沒有必要的，不如就把全文內容發給聽眾即可。原尻淳一（2007／劉錦秀譯，2009）建議，簡報時所使用的資訊僅為所有資訊的20%，也就是一份100頁的企劃書，摘錄其中的20頁作為簡報內容，而其他80頁的內容則可做為參考資料。

　　Weissman（2003／甄立豪譯，2004）建議以二十世紀著名建築師Ludwig Mies van der Rohe所提倡的「少即是多」（less is more）做為編排視覺資料文字的原則。而以簡約概念設計出蘋果各項產品的Steve Jobs，在視覺資料上的文字使用也依循相同的概念。Steve Jobs多採視覺化的表現方式，以非常簡短的文字或一個數字呈現資訊，重點在於資料意義的呈現（Reynolds, 2011／張國儀譯，2012）。多數的簡報者並無法像Steve Jobs在視覺資料中，僅採用高度感染力的影像而完全捨棄條列式重點。因此，建議表達核心想法時可採條列式，而展示精確文字內容時（如引用某人的一段話），則使用完整句。但無論是採用條列式或完整句的形式，基本準則是：一張投影片只呈現一個概念。在行數方面，條列式以一頁不多於5則小標為原則，每一則小標限定在1行之內；完整句則是不超出5行。為達上述標準，刪除贅字（「的」、「了」、「而」、「當」、「很」、「但」、「非常」等）是第一步。其次，統一各小標的句法架構，使聽眾可以輕鬆地瞭解其中的關聯性。例如：

數位電視服務趨勢（標題）
■ 製程數位化（小標）
■ 內容多樣化（小標）
■ 服務多元化（小標）
■ 市場分眾化（小標）

　　在字型方面，最好中文及英文各選定一種字體，混用不同的字型易造成閱讀者視覺上的混淆。避免選擇過於花俏或創意字型，除考量聽眾的視覺接受度外，軟體版本是否能相容開啓則是另一個問題。觀眾容易看清

楚的「乾淨俐落」字體較合適簡報，包括有中文的新細明體、標楷體及英文的Times New Roman、Arial、Century Gothic等字體。選擇好字型後，接下來要考慮的是字體大小（級數）。以Power Point為例，大標題至少要用44級以上的字體，內容字體則介於24-32級之間，若仍擔心不夠清楚，「粗體」可以讓文字更清晰易讀。確實遵照行數及字體限制時，內容自然會符合精簡原則。

此外，所選擇字體顏色與背景之間要有適當的對比。以深色的字體搭配淺色背景，或淺色字體搭配深色背景，文字才能被凸顯，增加易讀性。最後，務必從頭至尾檢查錯別字或拼錯字。錯字連篇的視覺資料不只顯現基本能力的不足，更代表著態度的不謹慎。即便是小小的錯誤，也會讓聽眾產生不專業或是不被重視的反感。在做最後儲存動作之前，務必一再檢查與確認，再多遍也不會嫌多。當錯別字以32級以上字體投射在大螢幕時，將會分散聽眾的注意力。有時因個人長期以非為是的錯誤國文知識，一直看不到自己的錯字而有盲點，建議請同事代為檢查閱讀一次。

許多人會問，要準備多少張投影片才足夠？Duarte（2010／黃怡雪譯，2011）的答案是，沒有一定正確的數字，端看簡報者的表達方式及步調。如果簡報者遵循一張投影片中只放一個訊息的原則，投影片的數量自然就會比較多。但經常發生的狀況是，簡報者迷信視覺資料份量愈多代表準備愈充分，所以在一張投影片中放入多項論點，並同時準備大量的頁數。這將造成簡報者在有限的簡報時間內，投影片只能飛快地閃過，聽眾不僅無法閱讀，更無法吸收。為使簡報者有所依循，Rotondo及Rotondo（2001／丁惠民譯，2002）建議，每分鐘顯示的資料張數以1-2頁為最佳，以此推算，一場15分鐘的簡報最多不要製作超過30頁的視覺資料。

電腦軟體使視覺資料運用聲音、影像或動畫效果更為容易，也使得簡報變得活潑生動以及增加更多面向。影音有助於提昇聽眾對簡報內容的理解，同時也讓聽眾留下深刻的印象。對影視節目企劃簡報而言，Demo影片更是最能有效傳達訊息並展現製作能力的方式。然而，水能載舟亦能覆舟，部分簡報者在製作視覺資料時，把所有軟體技巧一次展現開來，以致

視覺資料就像是一場軟體應用示範──花俏華麗但不具內容性，如此便失去視覺資料輔助簡報的意義。在使用影片時，要注意到檔案的大小及相容性的問題；另在運用動畫效果時，則要考慮到版本開啓的問題。這些意外經常會在抵達會場測試器材後，才發現主辦單位準備的電腦無法支援，因而打亂簡報者的心情及節奏，影響正式簡報時的表現。

❋ 第六節　Q&A時間準備技巧

　　影視節目企劃簡報多半在報告後會安排提問時間（Q＆A），由審查委員或業務單位人員針對企劃書提出疑問，或要求提案單位再進一步補充說明。由於簡報內容是可以透過事先反覆練習而達到完美，但聽眾會提出哪些問題卻是難以掌握的，再加上現場緊張的情緒和氣氛，許多簡報者覺得5-10分鐘的提問時間像是度秒如年。簡報者之所以會恐懼，主要是害怕被問到無法回答的問題，以及遇到尖銳、不友善的聽眾。爲排除未戰先怕的情形，簡報者首先要對提問時間建立正向的心態，不要把提問的聽眾都設想爲心存惡意的敵人。事實上，大部分的提問者都是想要更瞭解簡報內容，而不是存心折磨簡報者。其次，Leeds（2003／曾沁音譯，2004）建議簡報者，想像問答時間是可以被控制的場面，將有助於降低緊張，類似於消除簡報恐懼的自我催眠方式。經過妥善的準備和合宜的回答技巧，簡報者可以將提問時間所帶來的阻力轉化爲助力，延伸說明及解釋簡報目的、彌補簡報時的不足、再次強調簡報重點，以及釐清誤會。提問時間，並不是一個以擊倒聽眾爲目的、分出你死我活的戰場，而是聆聽聽眾所提出的問題後，將自己的所知以簡單明確的方式回答。

　　如同簡報內容，提問時間也是可以準備和事先練習的。簡報者可以先預想聽眾可能提出的問題。顏妏如（2010）建議簡報者可以採用角色扮演的方式，去揣測台下聽眾可能的提問，再認眞思考如何回答這些問題。Rotondo及Rotondo（2001／丁惠民譯，2002）進一步說明，將所有可能被

提出的問題寫在提示卡上，並透過逐一檢視、思考回答的方式；在上台之前，也可拿出這些卡片再做複習。Weissman（2011／趙慧芬，2012）認為，這樣練習依然不足，最好是請同事或朋友扮演提問者，當面丟出最犀利刁鑽的問題，簡報者不斷重複練習大聲回答，以建立自信。以下提出幾點為簡報者在面對提問時應當注意的事項：

一、採以開放的態度

切勿雙手交叉抱在胸前，展現防禦的態勢。相反的，應以微笑面對聽眾，展現準備好被提問的姿態。

二、仔細聆聽

在聆聽提問時，先用自己慣用的方式鎮定下來，以誠懇及開放的心態代替防禦心態，認真聆聽。以眼神接觸展現專注及尊重，偶爾以點頭及微笑表示認同。用筆記下問題重點以便之後回應，若是採用「統問統答」[2]的方式，提案單位的所有參與成員當分工記下問題，以免有所遺漏。即使台下聽眾所提出的問題早在簡報內容中已說明，或提出的問題不切實際或含糊不清，簡報者都不應面露不悅，並讓提問者把問題完整說完，切勿無禮地打斷提問者。Weissman（2011／趙慧芬譯，2012）認為，簡報者先仔細聆聽，將注意力集中在問題本身，而非答案；惟有明白真正的問題為何，也就是問題本身的含意，才能夠貼切地回答提問，不致於答非所問。

三、不急於回答

簡報者在聽完問題後，先不要急著回答，可以先停頓一下。一方面可以爭取短暫的思考時間，亦可讓提問者感受到簡報者的確用心思考所聽到的問題，而非制式或應付了事地回答。若提問者的態度或所提問題影響簡報者的情緒，簡報者更應該給自己一些時間冷靜，才不至於回答時帶著憤

2　提案者結束簡報後，先由所有評審委員或聽眾分別提出問題，再由提案者統一回答。

怒、攻擊性等負面情緒。

四、重複或改述問題

　　簡報者在仔細聆聽問題時會發覺，許多聽眾並未清楚表達其問題，所提的問題通常冗長、迂迴、思路跳躍或是難以掌握重點。持續耐心認真聆聽，因為多數的聽眾並沒有預演或事先練習提問，需要一些時間將先前簡報中令其疑惑不解的部分整理為問題。聽完提問後，簡報者可先把問題重述或重新整理後改述，一方面可以讓在場其他聽眾清楚聽見問題，簡報者亦可藉此讓提問者確認問題是否無誤；另一方面，也提供簡報者思考或調整情緒的時間。若遇到較為尖銳的問題，也可藉由採取正向語彙的改述，以緩和氣氛。許多專家建議在聆聽完問題時，盡可能給予提問者正面的回應，表達對聽眾的認同。例如：「這是一個很好的問題」。然而，須注意的是，這種方式或許適用於一般簡報，但當聽眾是掌握企劃書能否通過的評審委員時，如此的稱讚反而顯得不合宜。

五、回答內容切題

　　在問答提問時，簡報者最常犯的錯誤是將提問問題棄放一旁於不顧，並不斷地補充在簡報規定時間內尚未完成的資訊，或者重複在簡報中已經提過的內容。答非所問不僅無法滿足聽眾，同時亦凸顯自身的不足，損害專業形象。

六、清楚扼要回答，切勿冗長

　　問答時，要針對問題本身做答，而不是繞著問題打轉。切勿以無法回答問題的簡報內容，或用毫無意義的詞彙搪塞（Rotondo & Rotondo, 2001／丁惠民譯，2002）。某些問題會讓簡報者在思考的同時想到許多答案，在開心之餘就長篇大論，一發不能收拾。無論是擅長或是不擅長回答的問題，都應當簡單扼要，並切中要點，且儘量在回答中提供「解決方式」。例如：提問者詢問「什麼會是你們在拍攝過程中，可能遭遇的最大

難題？」；回答者除了依問題回答可能遭遇的難題，還要另外補充說明解決問題的方式。熊東亮等人（2006）所提出PREP法則，作為回答提問的架構。PREP，意即先表明立場與觀點（P: Position），再說明理由與原因（R: Reason），並以例子輔助說明（E: Example），最後再重申立場及觀點（P: Position），也可做為組織答案的參考。多以正向的語彙回答棘手的問題，不要只是使用「是的」、「好」、「對的」、「可以」、「沒問題」等無法為內容加分的字句。

七、與提問者眼神接觸

回答時的眼神先持續與提問者接觸，但隨後慢慢地將眼神轉移到其他的聽眾。雖然提問者只是一人，但所有的聽眾皆為回覆對象，其他聽眾也許有相同的疑問，也需要得到答覆。眼神長時間過度集中於特定一人身上，也容易造成其他人被冷落的感覺。

八、誠實承認無法回答的問題

沒有任何一個人，可以一次清楚無誤的回答所有問題。如果當場無法回答時，應當勇敢坦白承認而非故意裝懂，以免當真相揭露時，讓自己陷入尷尬、難堪的場面。若提問者質疑資料有誤或表達不清，經檢視後發現的確為簡報者本身的問題時，要誠實認錯並說明後續可能採取的補救措施，而不是不斷說明犯錯的原因，且更應該感謝提問者的細心提醒並記取教訓，避免於下次簡報中再犯同樣錯誤。當簡報者為團隊而非個人時，對該問題有較多瞭解的隊員可適時協助解圍，或至少可先提供答案或解決問題的方向。若仍無法回答提問者所提出的問題，在適切的情況下，承諾聽眾在會後將找到答案，記得留下聽眾的連絡方式並回覆結果。若做出回覆問題的承諾，就請務必在一定時間內完成，除了展現誠意也可留給聽眾良好的印象。

九、避免情緒化

　　安定、冷靜及自信是簡報者在提問時間，需要保持的情緒狀態。情緒化的回答，不但會讓聽眾對於簡報者失去信任，也會摧毀好不容易在簡報過程中辛苦建立的正面形象。縱使提問者展現攻擊性、表達能力不佳、提問偏離主題等，簡報者亦須力持不在表情或聲音中流露出任何負面的情緒，並以認真及禮貌的態度回答每一項提問。許多聽眾提問的目的並不在於獲得答案，而是觀察簡報者在壓力下所做出的反應（Weissman, 2011／趙慧芬譯，2012）。

十、儘量避免以輕鬆幽默的方式回答

　　幽默感並不合適在提問時間中展現，且容易讓聽眾留下輕率、不重視提問問題的印象。最重要的是，切莫拿提問者或提問問題開玩笑。簡報者若能好好把握Q&A，得體的回答提問者的問題，不僅可彌補簡報時的不足或遺漏，可藉以讓聽眾感受簡報者的誠懇與機智，將會為整體簡報表現加分。

　　許多企劃人員對自己的簡報能力缺乏信心，然而在現今的職場環境中，簡報卻是一個無法逃避關卡。因此，與其消極地排斥它，不如積極地面對它，讓簡報能力成為自己在職場上與眾不同的條件。簡報能力當然可以透過市面上販售的各類書籍、教學光碟或專業課程提昇，然而前述管道也只能提供知識及方法，真正要在簡報上有所進步，一定要實際進行簡報，才能應用所學到的簡報原則概念及技巧。在一次又一次的簡報之前，提醒自己把聽眾的需求放於首位，在一次又一次的簡報之後，檢討自己的缺點或是不足之處。提昇簡報能力沒有捷徑，只有不斷的練習和實地執行。簡報者必須要落實簡報的各項基本原則，不然就算在簡報中低頭唸稿上百次，也無助於增強簡報能力。

第 11 章 ▶▶▶
企劃經驗分享

　　企劃工作不是紙上談兵，而是需要實際操作，必須有相當的經驗累積才能面對各樣的挑戰。本書除介紹撰寫影視節目企劃書的方式之外，也訪問多位影視節目企劃人員，藉以瞭解台灣影視傳播目前的工作環境狀況，以及企劃人員應掌握的工作原則及細節。本章特別選出其中四位的專訪原文，分別為公共電視編審巫知諭、道綺全球傳播有限公司製作人、編導顏妏如、三立【台灣全紀錄】企劃、編導巫少強以及客家電視台【廚房的幸福味道】製作人宋嘉玲[1]，分屬為徵案單位（公共電視、客家電視台）、提案單位（傳播公司）及商業電視台。透過四位不藏私的經驗分享，希望能帶給讀者更多的收穫與啟發，讀者也可藉此避免再犯已提醒過的錯誤，才能在最短的時間內進入工作狀況，承受較少的衝擊。

■公共電視　編審　巫知諭
問：企（劃）編的工作內容為何？

　　企劃很重要，不是隨便的一個人就可以勝任，企劃必須要懂很多細節，才能和製作人構想出節目的雛型，也才會知

---

[1]　4位受訪者在此所列的工作職稱為2010年訪問進行時的當時況。

道實際執行時不會有問題，所以企劃可以說有點像全能人才。以【誰來晚餐】[2]為例，這個節目的企劃有點像在兼任編導的工作，而導演則是兼任攝影及剪接，所以企劃就要和導演溝通，讓導演知道當初構想的畫面是什麼，可以怎麼做。尤其拍完回來看帶子寫腳本，其實已經幾乎在做紙上剪接了。而導演就只是照剪，或是在影像上添加創意。大部分有關故事要怎麼說則是按照企劃的架構。

有的企劃會遇到無法與其他工作團隊成員溝通的問題，多半是因為對細節不夠清楚，也就是經驗不夠，所以當人家提問時，就會不知該如何回答。在公視做節目很幸運，有很多的顧問，企劃的溝通對象也就包括顧問。像是製作【別小看我】[3]時就邀請了大力推動媒體識讀的吳翠珍教授擔任顧問，最初也會經歷磨合期。顧問的教育理論學識豐富，但會忽略電視播出也需要效果。所以在經過一段時間的合作後，企劃與顧問才能找到彼此的tone調。

另一方面，企劃又必須兼任執行工作，涉及很多細節，像是跑場地就要對場地很瞭解，當然也包括連絡的工作。因為腳本是企編寫的，甚至有時因為希望在某些內容做出特效效果，所以連後製都要盯。

問：企劃書對公共電視的重要性為何？

早期的電視台或部分的商業電視台真的會發生兩張紙就算一個企劃書的事情。公共電視是屬於全民的電視台，十分重視徵案，以達到人人皆可公平競爭製作節目的機會，因此對企劃書的要求也就愈來愈嚴謹。企劃

---

[2] 為2008年9月公共電視於晚間9:00-10:00推出的帶狀節目，節目型態類似於「真人實境節目」（Reality TV）。官方網站（http://see.pts.org.tw/）。

[3] 為國內第一個兒童媒體素養節目。2001年2月由公共電視與政大媒體素養研究室共同合作，並邀請國內資深主播沈春華擔任主持人。節目以10-14歲的兒童為目標觀眾群，於每週日下午6:30播出，提供國內兒童瞭解媒體世界及媒體現象之管道。2005年7月10播出最後一集，共計播出117集。官方網站為（http://web.pts.org.tw/~web02/look/frame.htm）。

書當中包括很多部分，但不同的節目有不同重點，像是【人生劇展】的企劃書中，最重要的一定是故事。故事精彩一下子就可以吸引人，因此故事大綱在【人生劇展】的企劃書中就很重要。故事大綱不是光把事情講完就好，文筆其實是重要的，也就是怎麼樣去講這個故事。有些故事大綱流於交待角色關係，讀起來就很無聊。但有的人把故事大綱寫得像小說，看起來就很吸引人。當大家都寫得一樣的時候，如果你寫得比較不一樣，就會比較吸睛。

　　有些人在寫企劃書中的宗旨、主題或動機等部分時比較草率不重視。其實藉由撰寫這些部分，企劃人員可以反覆的問自己「為什麼要做這節目」。當本身很清楚為什麼要做這個節目的時候，寫或講出來的力量真的會不一樣，才會讓看或聽的人感動。

問：公共電視台每年有哪一些節目是對外徵案的？

　　公共電視台早期對外的徵案蠻多。公共電視需要特別服務一些少數族群，在客家電視台及原住民電視台還沒成立的時候，公共電視台會特別針對原住民、客家族群還有身心障礙類型節目徵案，有一陣子也包括了婦女節目，是屬於較偏向女性自覺類型的節目。那個時候部分人的觀念較為保守，常把婦女節目認定在煮飯炒菜的範圍。公共電視內部在當時也進行許多的討論，許多人認為，為何要把少數族群節目特別歸類，因為他們其實是存在於我們的生活周邊。例如：一個【人生劇展】的徵案，故事的本身就可能會包括原住民、客家族群或是身心障礙者在裡面，因為他們就生活在社會之中。隨著觀念的調整，這類針對特殊族群製作的節目徵案慢慢減少。目前公視還是有製作一個【聽聽看】[4]的節目，是特別針對聽障者，

4　自民國83年5月（公共電視籌備委會時期）開始籌畫，於隔年11月每週日晚上6:00-6:30
　於媒體上開始試播。節目內容及呈現方式依據聽障者的需求與能力設計，是國內唯一
　專屬聽障人士的節目。民國87年7月1日，公共電視立法通過之後正式開播，並延長播
　出時間為60分鐘，於每星期六下午4:30-5:30首播，深夜00:15-01:15重播。公共電視網站
　（http://see.pts.org.tw/）。

因為他們觀影的方式與一般人不同，有必要特別為他們製作節目。所以目前公共電視就只有【人生劇展】及【紀錄觀點】持續對外徵案。

最初公視【人生劇展】為一年一次公開徵案，每次收件數量約為60-70件，之後擴大為一年兩次，每次都還是會收到70-80件左右。年底的學生【人生劇展】徵案最初約收到30-40件，但98年度「公視人生劇展—短片類」的收件量便高達80餘件。以往的學生徵案，要在一個案子中包含三段獨立的故事，只要其中一個故事不好，就沒有機會入選，造成入選案件過度集中於某些學校。現在的學生徵案則是一案一個故事，擴大參與範圍及入選名額。

問：怎麼看企劃書中的「創意」？

每一年看那麼多案子，老實說，最重要的就是「創意」。很多故事其實很有趣，可惜寫得不精彩，讀起來就平淡無味了。很多學生喜歡講自己的心情故事，那種東西看起來很「自溺」——溺在自己的情境裡面。如果創作者能夠或願意接受挑戰，應該要把故事給很多人看，如果別人一聽或一看就覺得很有趣，比較有成功的機會。不然，這個故事就會淹沒在一堆案子裡。

創意真的需要毅力。創意有時就是不停的失敗及實驗，然後可能重頭再來。有時一開始想一個點子，感覺很不錯，但在執行上遭遇難度，那時候就會需要想很久並請教很多人，而且要一直磨。公共電視有很多使命，但使命可以不必像刻板的教科書一樣，或者至少要讓這本教科書變得有趣。公共電視的經營團隊透過INPUT[5]看了許多國外公共電視節目，認為

---

5 INPUT（International Public Television）並非為一般的影展或影片競賽，而是五十個以上的國家，上千位影視從業人員進行為期一週的年度聚會。藉由從各國挑選出的優秀影片進行交流及辯論，提昇影像工作者專業素養，並鼓勵各國公共電視之發展。台灣自公共電視成立後，也成為其中一員，並於2006年主辦該屆年會。官方網站（http://www.input-tv.org/）。

公共電視在承載所謂的公共價值及公共理念的同時，其實是可以兼具創意的。

問：「觀點」對企劃書的重要性爲何？

每一個節目要挑戰的就是「觀點」。企劃書勝出的關鍵除了「創意」之外就是「觀點」，也就是「你的觀點是什麼」。公視的徵案把主題或題目訂定了，所有人都知道要針對這個主題遞案子，而怎麼樣跟別人不一樣，觀點就變得很重要。之前做過一個有關馬偕牧師（Rev. George Leslie Mackay）的案子，他的生平大家都耳熟能詳。我就在想，要怎麼讓人覺得我提的案子和其他人不一樣，所以就從他太太的觀點來看馬偕牧師。很多人把馬偕牧師神化，但對他太太來說，馬偕一定不是一個神。這個觀點獲得台內的認同，主管開玩笑說「你這個案子沒什麼值錢，就那個觀點值錢」。同樣講述這個人、這段歷史，端看由什麼角度去看他，只要觀點不一樣，案子就會突出。

做兒童節目時，就要注意所謂的「兒童觀點」，因爲大人看一件事會和小孩完全不一樣。像英國BBC的【天線寶寶】（Teletubbies）[6]就是專門爲小朋友製作的節目，很多大人看了之後會覺得節目節奏太慢或無聊，這個就是大人從自身而來的觀點。【天線寶寶】的製作單位很清楚地知道觀眾群是誰，節目內容真的是按照4歲以下小朋友的心智設計。但製作單位無法準確的知道小朋友的觀點，因此一定要做市場測試。所以不只是企劃，甚至編劇及導演，當在寫或拍的時候，一定要從拍／寫的對象的眼睛去看事情，站在他／她的觀點上。

---

6 由Anne Wood女士所領導的【碎布娃娃】（Rag Doll）公司在1997年正式製作並於英國國家廣播公司（BBC）播出，目標觀眾設定爲學齡前（0-5歲）兒童。官方網站（http://www.bbc.co.uk/cbeebies/teletubbies/）。

問：【誰來晚餐】節目企劃製作經驗的分享。

其實【誰來晚餐】的原始發想不是來自企編團隊，而是源於製作人、經理及副理。在九點這個時段，許多友台都在播映連續劇，公共電視經營團隊希望能製作比較生活化的節目，並且內容是有趣的，所以【誰來晚餐】就出線了。在節目的發想討論過程中，首先思考的是：什麼是凝聚一個家庭的要素，並希望藉由台灣不同的家庭面貌呈現，因此節目的雛型就出來了。後來看到每一個電視頻道都充斥著明星，對一般人而言，明星的距離感覺很遙遠，所以採取逆向思考——看看明星可不可以到一般人家做客。

選擇受訪家庭時，先由身邊的人開始著手。像「太麻里民宿之家」那一集的受訪家庭，就是經由朋友的朋友介紹而來；而第一集樣片的受訪家庭則是副理的朋友。因為這個節目是一個全新的嘗試，製作團隊想到要讓名人到一般人的家裡，其實是很擔心的，所以初期就由熟識的家庭開始。而來賓則由受訪家庭列出想要邀請的對象，再由製作單位從中篩選比較有趣或比較有可能產生火花的來賓。樣片那一集的名人來賓是鄭弘儀，鄭弘儀一開始也很爽快的答應。但後來當鄭弘儀知道受訪家庭的女主人政治立場偏藍，而男主人偏綠的時候，感到很驚訝並且開始猶豫是否應該參加。製作單位溝通很久，鄭弘儀也覺得既然已經答應製作單位，也就硬著頭皮前來。拍完後鄭弘儀覺得還蠻愉快的，也讓製作單位鬆了一口氣。

【誰來晚餐】在半年內拍攝製作了50集，一共有6-7組在執行這個節目。單就我個人而言，大概花3天先把受訪家庭前面的故事部分拍掉，回來之後就整理，看要怎麼說這個故事；名人的部分就要敲通告安排時間，通常會利用一個下午進行拍攝，回來後再花些時間重新整理一下。平均算一下大概是2個月做3集。

拍攝速度與個人個性有關，因為我大剌剌的個性所以我都抓比較大塊，拍攝的速度也就比較快；有些同事偏好較為細膩的東西，就要花比較多的時間在受訪者身上，相對就要拍很多很多。我在這些做得比較慢的企編身上發現，他們真的樂在其中。他們找的受訪家庭就真的是自己覺得很

影視節目企劃與寫作

有趣的，因此對於他們家一些很細微的事就很有興趣知道。如此一來，影像及故事就包含很多這種小細節，很有趣。這種感覺就像吃飯細嚼慢嚥，旁人看著就覺得他嚼得好香。而我就是大刀闊斧一下子就進去了，我自己覺得像囫圇吞棗，大的輪廓都有出來，可是再細一點的東西就沒有那麼有趣，這都和企編的個性、看事情的角度或是對事情的態度有關。

因為我想看花花世界，會找各行各業不一樣的人，像是對養蚵人家很好奇或是對做刀劍的師傅很有興趣，對我來說，那是獵奇。而我的同事沒有要獵奇，他想找的是生活細膩的東西。對我而言，創意就是獵奇，因為讓觀眾覺得很稀奇，收視率就會高，這也就是所謂的找體裁。做得很細膩的同事，收視率更高，因為節目內容很有深度，如果你能夠結合獵奇，深度又夠，那收視率就會超高。

因為【誰來晚餐】希望多拍一些像是家庭的秘密故事，不要讓每一個受訪家庭看起來都是一個樣子，但要進入到家庭故事，需要花多一點時間跟受訪家庭相處。我的個性比較直，當我發現受訪家庭某些成員之間關係怪怪的時候，我通常都會直接問。有些企編比較害羞，就會選擇慢慢和受訪者培養感情。由於每一個企編的個性不一樣，喜歡的東西不一樣，拍攝的重點不一樣，所以【誰來晚餐】做出來的感覺就很多元。

問：企劃人員如何撰寫好的「旁白」？

目前公共電視團隊對於企劃所寫的「旁白」要求很嚴，因為旁白的目的是和觀眾溝通。除了畫面可以達到效果，其實旁白也可以。旁白主要的功能是帶領觀眾看接下來的節目內容，所以旁白很重要。旁白寫得精彩沒有人會特別注意，可是寫得不精彩時，觀眾馬上就會發現進不去這個故事。換言之，寫得好觀眾會覺得節目好好看，但也不會想到這是企編的功勞，但寫壞了，觀眾立刻察覺。另外像【扭蛋快跑】[7]這個新節目，是一

---

[7] 公共電視2010年規劃的真人實境節目，公開徵求30組志願者，挑戰具有正面概念傳遞的扭蛋任務，任務完成可獲扭蛋基金5萬元，可依其意願捐給想幫助的社區、社會上的弱勢個人、團體或活動。官方網站（http://web.pts.org.tw/~web01/egg/index.htm）。

個個人自我挑戰的實境節目。因為不像一般競賽節目有兩組人馬造成緊張感，這個節目就要靠旁白一直講，有一點像是現場播報，但又不能像新聞播報那麼無聊，要有一點戲劇化，可是也不能像播報球賽那麼亢奮。因此，一直在思考要怎麼寫才會讓觀眾覺得很有趣並且身歷其境。在拍攝的現場經常會和挑戰者一起心情起伏，可是剪出來就看不到。有可能是在拍攝時沒有特別帶到挑戰者的眼神或是其他細節，也有可能是在現場拍了10多個小時，但回來剪成一個小時的時候，有些東西會很快的一閃而過，這時候就需要旁白，讓觀眾也能感受到我們當時所感受到的東西。有時覺得企編像演員，也要一直記得並挖掘自己當時的情緒，才能寫出那時候的感受，也因為拍攝者在現場受到感動，所以希望在電視機前的觀眾也能被感動。

問：實際執行時發現與當初企劃的落差時，要如何調整？

　　一個企劃書寫得再好，在實際落實執行時都一定會遇到當初沒有料想到的事。但若以此做為最後成品和當初企劃落差過大的藉口，是一個不負責任的說法。執行時的修正是有可能的，但是企劃書就是這個節目的藍圖，不可能與原先期待的偏離太多。以【扭蛋快跑】為例，最初設定50個挑戰任務，並把任務公布在公視節目網站上讓觀眾報名。但後來發現要找到50個對社會有正面意義的挑戰任務並不容易，因此後來任務數量降為30個，任務內容也改由挑戰者自扭蛋機中隨機抽出。當初在寫這個企劃案的節目宗旨時，所想到的只是類似「幫助別人很好」的概念，節目最初的slogan則是「讓世界更美好」。先做第一集測試，讓自己知道問題所在。在後續拍攝製作過程中，也一直在問自己，「做這個節目的意義是什麼」以及「這個節目到底在測試什麼」。之後想到「幫助別人，你願意付出多少代價」可以做為這個節目的精神，這是在最初寫企劃時沒想到的。過程中，製作單位會一直調整，可是它不會離原來的企劃太遠。

問：企劃人員應當具備的觀念有哪些？

企劃要具備的四個觀念：

1. 領航

企劃扮演一個類似領航的角色，所以觀點和嗅覺要比別人敏銳。現在是2010年，但是公視已經在規劃2012年及2013年的節目了。由於企劃的任務就是找題材，而節目與時事的結合也很重要。因此，企劃人員要比觀眾跑得遠，需要常常看一些未來趨勢的書。

2. 分享

創意的交流是很重要的。在拍【誰來晚餐】時的工作氣氛很好，幾個企編會常常一起討論並交換心得。因為再怎麼樣，一個人的想法真是很拘限，能夠把想法與人分享，會有多一點人願意回饋不同的想法。

3. 不要怕被批評

外人不論是從觀眾的角度或是專業的標準批評，都是在提醒你「我沒有接收到你要傳達的訊息」，這些批評可做為提昇節目的參考。

4. 包容

以前都會希望能找到志同道合、習氣相通及想法接近的人一起合作，但現卻愈來愈希望可以和非常不一樣的人合作，因為可以得到更多元的觀點和想法。與人意見相左時，學習如何說服，而非吵架。想辦法傳達彼此的觀念並尊重他人的想法，嘗試瞭解別人想法的價值所在，從不同想法中找到一個最好的想法，可以對節目產生加乘的效果。

問：對影視傳播及企劃工作的期待與想法為何？

傳播讓我有機會可以接觸到各行各業，滿足我對很多事情的好奇心。每做一個案子就讓我有機會重新接觸另一個領域，這樣讓我體會生命及生活的趣味，我覺得很棒。在台灣，好的企編不夠多，我覺得我自己還不錯，所以很願意在這個崗位上繼續的付出。製作節目時，除了思考如何與觀眾溝通，另外還希望能讓觀眾覺得有趣及幽默，但這個功夫是要磨練的，也常會讓我覺得遇到創作瓶頸。在電視台，企劃部門就是一個火車

頭，也就像是腦，但常常被忽視，所以做企編的人要能夠甘之如飴。希望這個行業可以更尊重企劃與編劇，不要只看到導演的光環。

■道綺全球傳播有限公司　製作人／編導　顏妏如

問：可否以曾參與企劃及拍攝的【台灣人物誌－李淳陽】[8]紀錄片為例，說明企劃人員應當如何找尋題材？

　　拍紀錄片有一段很長的時間了，但紀錄片的題材也不是說臨時要看就有，所以平時要做很多的累積。每天一定會翻報紙，有一點像是資訊渴望症，看到訊息就會一直想要去挖掘，覺得值得追蹤的話，就會不斷的持續追蹤。像李淳陽博士這個題材，因為之前工作的公司長期拍攝紀錄片，對於所有的生態研究人員或是歷程故事都很清楚。所以就像是一個有很多菜的菜藍，剛好Discovery提出一個徵件需求，它只有一個主題，就是要「台灣跟國際有關聯的人，曾經在國際上為台灣發聲的人」。我們從這個菜籃當中發現，有一個很適合的主題，就是李淳陽博士。在當時也只是稍微知道他曾經在戒嚴時代幫台灣得過獎，於是從這個角度開始挖掘。之後和李博士洽詢以及蒐集更多的資料後，才發覺我們之前知道的其實很少，擴張它的面之後，整理成企劃書再跟Discovery提案。

問：因為當初Discovery只提出大方向，一般人多會想到的是檯面上很有名的人，是如何想出李淳陽博士的題材？企劃的敏感度是如何而來？

　　這個東西跟自己的興趣有關，而之前服務公司的興趣就是生態。對於其他製作團隊的題材像是張小燕或是張惠妹，其實我也很感興趣，可是我知道一定會有人做，而且這些感覺上較知名的人物，其實更不好處理。在

8　2006年Discovery頻道與行政院新聞局聯手製作《台灣人物誌II》，秉持：「立足台灣、見諸世界」精神，選出6個本土製作團隊，從2006年10月展開為期一年的拍攝工作。視群傳播事業有限公司為其中之一，負責【台灣人物誌－李淳陽】的製作，該節目於2007年12月2日晚間21:00於Discovery頻道播出。

之前的公司，「生態」這個議題，是興趣也是擅長，所以這部分的敏銳度就會更高。我們知道大家一定都會去找那些很有名的人，與其跟別人的主題衝突，還不如做一個自己擅長，而別人可能會很意外的——也就是國外人可能知道，但台灣人自己卻不知道的人物。

問：【台灣人物誌－李淳陽】的企劃書撰寫格式跳脫了一般傳統的寫法，如何想到這樣的呈現方式？

　　這一本企劃書，算是自己風格的呈現，寫企劃書很多年了，很期待這麼做。在寫東西的時候，有一點叛逆，不想照舊的格式，每次創作都喜歡重新來過一遍。企劃就像一個商品，如果在第一時間能讓人覺得耳目一新，或是覺得很不一樣，那就成功了。評審每一天都要看很多的企劃書，沒有那麼多耐心一頁一頁看完，所以總覺得做企劃書很像在做廣告單，一定要找到一個理由，讓評審願意看。所以才會打破以往的規則，做很多的嘗試。寫李淳陽博士這本企劃書的時候，因為是第一次做Discovery的案子，那陣子就一直研究Discovery的影片。儘管過去看了很多，但並沒有很認真的分析，特別是從企劃的角度。分析後發覺，Discovery的影片有一個很大的特色，就是一定會在前90秒把所有的重點或是有點聳動的語詞在這個時候講完。這就代表企劃書如果在一開始就可以指出有哪幾點是會讓人感興趣的，就一定會成功。所以我在企劃書一開始的每一頁，先用一句感性的話列出李淳陽的特點，讓評審覺得看企劃書像在看一本書或是一本小說。前幾頁的蝴蝶頁中，以動人的文字，讓評審繼續翻下去。

問：【台灣人物誌－李淳陽】一片的資料蒐集工作是如何進行？

　　大約在10多年前，之前的公司就有把李淳陽博士的故事拍成一個短片，那時候就有一點累積。但那時候不是我做的，我等於是承襲前人的資料再review一遍。在Discovery徵件的前一年，遠流出版社莊展鵬先生替李淳陽寫了一本自傳。自傳向來是做紀錄片人員最好的基礎體裁，所以我們覺得很幸運。那一本自傳有一點像是寫給青少年看的，所以用辭不會很

深。有時候做影片反而就是要這樣子的東西，不要太深，很容易閱讀，讓觀眾很容易找到想要的東西。這個企劃書可以撰寫的時間很長，不像有的政府單位公告，可能是一個禮拜或兩個禮拜就要出一本企劃書。它大概有一個月多的時間，讓我可以好好的準備。所以就再找了一次李淳陽博士，問了很多東西，從他透露的東西裡面，找出可以再找的人物，做了很多review。當然也去找了莊展鵬先生，得到很多訊息。所以在還沒有拿到這個案子以前，手邊就已經有很多資料。

問：如何準備簡報？

這件事是「七分靠天分，三分靠努力」，我覺得自己具有演說和表達的資質，所以一直很喜歡做簡報。很多人上台會緊張，其實我也會很緊張，只是很樂於享受那個過程，以及簡報之後做陳述的感覺。雖然是喜歡，但也花了很多的時間去研究。如果企劃像一個商品，簡報就像是在賣商品，消費者就是評審，會知道自己想要的是什麼東西。把自己想像成評審，問自己想要什麼東西、希望聽到什麼。當回到賣東西這個角色時，就會思考該要怎麼樣說服消費者、怎麼樣讓消費者覺得這個東西很棒、很有效，一定要買，是以角色扮演的方式去揣測。也可以把自己當成一名普通觀眾，想想觀眾會想要看到什麼，朝著評審想要和觀眾想要的兩點去準備簡報跟企劃書，並在會場上完整的表達。

有些公司寫企劃的是一個人，簡報則是另一個人。【台灣人物誌—李淳陽】整個流程都是我一個人經手的，所以在寫企劃書的時候，就先從簡報者的角色來反推，思考要怎麼寫這本企劃書。就像是槍是自己組的，子彈也是自己製造的，就會知道這把槍可以射多遠、打多深。這次Discovery的簡報是由我和另一位導演負責，有另一位導演的原因是因為現場一半是外國人，一半是台灣人。即使會說英文，但自覺做中文簡報會比英文簡報合適，所以中文簡報由我自己來，英文簡報就交給另一位導演處理。

Discovery的簡報方式不是演講的one-by-one簡報，比較像是一個talking，有問題就直接反應。企劃書有很多字，我試著把它簡化，企劃書裡

面已經有的東西，不需要再重複太多，所以把它圖像化、圖表化；企劃書裡面不足的東西，或者是無法用文字表達的東西，則放在簡報裡，在會場上特別陳述表達。另準備2部demo短片，一部是公司10年前拍攝的李淳陽影片，但經過簡化及英文化；另外一部是顯現現階段團隊可以拍到預計程度，還有田野調查過程中拍攝的一些素材。國外頻道很重視歷史資料的正確性及有多少素材可以使用。所以把蒐集到的舊照片、舊影片及可多媒體化的資料，簡要的呈現在簡報上。讓評審們知道，這部影片不會只有拍攝的影像，它會有歷史的影像、照片的影像，甚至可以用動畫，或是結合國外的媒體素材。

　　Discovery評審的Q&A大概50%的問題都在問：「這些資料都是確定的嗎？」還有「資料是哪裡來的？」也有問到，「這個老先生現在的身體狀況怎麼樣？」因為想知道是不是有可能繼續拍下去。另外在簡報中提到的團隊過去經歷，評審也會要求再多陳述一點，因為想知道團隊的實力如何。Discovery是一個國際頻道，所以也會問到類似「英文溝通會不會對團隊造成障礙」這樣的問題，而這些都是我們之前可以預想得到的。Discovery問得這些都是細節，是因為擔心素材那麼多，當然不可能用一部片就可以表達完全，所以，影片的方向到底是哪裡？你的觀點到底是哪一個部分？定位是哪邊？

　　很有趣的是，在台灣做簡報的時候評審並不會給建議，只會給問題。國外評審直接在簡報會場給建議，儘管未來可能不採用這個企劃書，但還是會給建議，告訴你其實可以怎麼想及怎麼做。所以評審在當下就給這個系列中每一個台灣人物一個定位。做完簡報後，評審就說，這樣聽起來，我們覺得你們的李淳陽博士就很像是台灣的法布爾（Jean-Henri Casimir Fabre）。法布爾是法國一個非常有名的昆蟲學家，地位就像是昆蟲界的達文西。因為台灣的昆蟲學不是從小扎根，大家可能對這個人有點陌生。但是當Discovery向全世界宣布的時候，他們就可以很清楚的知道，這個人是台灣的法布爾，就像他們說張小燕是台灣的歐普拉（Oprah Gail Winfrey）。

問：與境外頻道合作所學到的經驗爲何？

國外單位比較開放，但是每一個細節又更嚴謹。記得在一個Discovery的檢討會議時，所有製作單位的反應都是有關於學到「說故事」的部分。因爲說故事一直都是台灣影片比較缺乏的一件事情，特別是在紀錄片的表現上面。還有，在角度上眞的完全不一樣。因爲Discovery的節目是做給全世界的人看，而不是只做給台灣人看。以往都會覺得，影片應該是沒有距離的，是大家都可以懂的，後來才發覺事實不是這樣子。很多我們看似簡單的事情，但對外國人來說就是無法理解，像是節目中的一句台語俚語。所以就要花時間解釋，或者就會避免提到這些東西。這種做給全世界看的影片，台灣人看完可能會覺得好淺，都是一些早就知道的事。但就是要把這些表現出來，讓外國人可以先瞭解這個人。我覺得，說故事、心態、觀點的運用、跟沒有國界的團體合作是和國外頻道合作最大的收穫。

問：可否再進一步說明Discovery的說故事方法？

簡而言之是：打破邏輯。Discovery其實不滿意我們在企劃書裡面的腳本。第一，字太多。也就是一直在說話。他們質疑，到底是影像在說話還是文字在說話？回過頭看，發覺台灣紀錄片其實大部分都是文字在說話。就像影評人會說，旁白其實就是上帝的聲音，類似這樣的感覺。我們長期以來一直都是聲音在主導，而國際頻道重視及強調的是，當把聲音關掉、把字幕遮掉，觀眾光看影像也能大概知道發生了什麼事情、現在在做什麼。

Discovery要我們重新思考，打破撰寫時文章起、承、轉、合的概念。把節目整體分爲5個段落，每一個段落都有自己的結構跟生命。所以把這5個段落合起來的時候會發覺，可能一直在起、承、轉、合，但它也有可能是一直在轉、承、起、合，也都不一定。Discovery的觀眾是那種：下班回家坐在椅子上面，拿起遙控器就一直轉一直轉。所以如果沒有辦法在10秒鐘之內吸引觀眾的目光，觀眾馬上就轉掉。觀眾回家不想接觸很有壓力的節目，但Discovery是資訊性的頻道，所以要盡可能的把

節目娛樂化，而非壓力化。切割所有的事情，像A的裡面可以分成A-1到A-5，但不要在第一個段落把A-1至A-5全部講完。可能拆開來，在5個段落中每個一開頭都會看到A的影子，但是也可能會看到B的影子，也是B-1到B-5。所以當觀眾看完第一個段落再看到第二個段落時，或是觀眾臨時在第二個段落切進去時，還是可以接得起來，但又不會覺得內容好像被切斷。此外，每一個段落的結尾一定要有驚喜，不希望進廣告前是ending的感覺，而是給觀眾一個question或是surprise的結局。基本上，我覺得Discovery的腳本其實是不好寫的。

問：分享【台灣人物誌－李淳陽】拍攝的過程。

拍攝這影片的過程雖痛苦，但是值得的。痛苦的原因是這部影片從一開始到最後結束參與的主導者非常多，還不包括Discovery。由於是台灣剛開始跟國際頻道接觸及合作，所以台灣所有的導演也都不知道自己有沒有辦法執行到那樣的程度。導演們可能有這樣的能力，但是要符合Discovery的娛樂訴求，其實是有困難的。所以一開始跟我們進行企劃的導演，到確定獲案的這一段期間，思考後發覺，自己可能不是那麼想要做娛樂性的紀錄影片，因為每個人都有自己的風格。再來就是因為李淳陽博士本身也是一個製片家，所以他幾乎也是以一個導演的立場在參與這部影片，這會讓導演很有壓力。還有一些時程的考量，所以在過程中，導演和副導就有換過。後來進來的是一個西班牙導演跟台灣副導。這兩個人都有國際製片的經驗，對於李淳陽博士或是Discovery的介入沒有那麼大的不舒服感，加上他們也很習慣做娛樂性的紀錄片，所以他們就接下了這個工作。

拍片的過程當中，之前導演所擔憂的事的確存在。李淳陽博士非常熱心，給了非常多的意見及協助。但這些協助都會給導演太大的壓力和一些負擔。再加上Discovery是一個不先寫腳本再拍片的單位，只是先寫一個簡單的故事大綱，一個treatment（拍攝計畫）而已。然後照著這個treatment拍攝，拍到最後再剪接。Discovery一直強調不要寫腳本，要拿畫面

去結構，事實上，畫面最後結構起來和當初寫的treatment有90%都不一樣了。粗剪完後，Discovery的人、導演和編劇才一起坐下來談每個畫面是要說什麼，編劇這個時候依照畫面寫文字，就真的是畫面在說故事。但李淳陽博士的認知，跟大部分的台灣製片者是一樣的，他想要看到腳本，所以他一直不斷的催促。導演想遵照Discovery的意見，不要生腳本來，這中間出現一些爭執或是摩擦，都會影響到製片過程的順利與否。還好西班牙導演非常厲害的化解掉這些問題，我們也以非常快的速度拍攝完畢，順利完成這部影片。

我覺得這當中會痛苦，是因為太多「人」的問題需要解決，而且這部影片的規模不同於以往台灣的製片規模，只能說每一個環節都是問題。光過濾李淳陽博士的資料畫面，就在國家電影資料館借盤帶機，大概花了三天的時間。在那邊一直看，一直剪接，剪導演可能會要的畫面。還有蒐集舊照片，因為李淳陽博士小時候家境富裕，所以舊照片很多。李淳陽博士其實整理得很好，但光是從他整理的這堆照片中挑選需要的，也費了相當大的勁。再來就是版權的問題，也是最困難的一個部分。Discovery要的是一個全球性的版權，一定要符合他們要求版權的規定。所以光版權就可以牽涉到照片、文字、資料、音樂及影像。Disney當年的第一部生態紀錄片叫【Living Desert】，就是【沙漠奇觀】，這個畫面在整個影片當中只出現2-3秒，而且還不是直接播出，是李淳陽博士坐在沙發看電視，翻拍電視而已。為了這2-3秒的畫面，一直跟Disney洽詢這件事情，談所需要的全球版權。Disney都快要忘記這部片子了，但也不能買斷，所以最後還是談了一個年限，光這個就花了10萬元以上的版權費。其實Disney已經沒有賣這部影片了，我還是想盡辦法在台灣找到這個影帶。那時在網路上搜尋了很久才發現，台南藝術大學的圖書館還有這部影片，才有這個畫面可以用。

問：拍攝【台灣人物誌－李淳陽】期間所扮演的角色為何？

這次自己當企劃，清楚知道前製做了什麼，拿到案子的時候，則擔

任製作人，所以完整的參與整個流程。我覺得這是比較好的，因爲李淳陽博士之前有太多的資料，企劃人員如果沒有延續到後面的製作，會是一個非常困擾的大問題。但要做的事情非常多，特別是協調方面，花了我最大的心力。還記得這部片子拍完後大概瘦了5公斤以上，一拍完就跟老闆請假，急欲的想要放空。但是等放空完回來，後來接下來做幾部台灣的片子時，很明顯感覺到自己整個思想和製片態度完全不一樣了。

問：台灣拍攝紀錄片的情形爲何？

　　不論是公營或民營機構，在大部分的情況之下，都會提出公告也就是需求。所以我們是要跟許多間的台灣傳播公司或是工作室，以及或許不是同一個領域的人競爭。在競爭會場中制式的提報、分享，評審也不一定是影視專業領域的人士。如果是政府單位的委員，第一個會先看的大概是預算、再來就是團隊有得過多少獎、經歷。我在簡報的過程中，會先把故事表現得很生動，讓評審注意到。因爲企劃書的字太多，評審可能不會看那麼仔細。一個團隊大概就是簡報10分鐘及答詢10分鐘。

　　拿到案子之後，面對政府單位，每次從腳本、毛片到完成都要被審核，但每次來的評審可能都不一樣。即使一樣，80%不是影視專業人士，但可能是發包單位的專業，像是森林的專業或生態的專業。所以可能從開始有一個很棒的創作劇本，但到最後產出一部很嚴肅的影片。台灣的評審喜歡先看到腳本，這點我覺得沒有關係，因爲台灣的製片團隊也習慣先寫腳本。但是他們會用閱讀文章的方式來看腳本，一定會先潤過腳本，所以到時候都是一篇篇的文章。另外一點是預算的問題，很難跟業主溝通爲什麼拍一部影片要花這麼多的錢。公家單位會覺得，如果可以把預算稍降一點，對他們來說算是績效，會比較好一點。通常預算不高，但是又會說，人家Discovery拍得怎麼樣啊，可以跟那個一樣啊，或是某部電影不錯，可以拍得一樣啊，但重點是，價錢就不一樣。好一點的單位會妥協，不然他們就會認爲是台灣的團隊沒有這個能力，其實是經費的問題。

問：一般拍一部紀錄片的時間長度是多少？

　　李淳陽博士這個案子從得標到拍攝完成總共花了2年半的時間，這中間有一些等待的時間。那時是Discovery第一次跟台灣的團隊合作，所以在告知得案到正式簽約拿到第一筆簽約金的時候，記得等了快要1年的時間。Discovery在我們得案的時候開了一個說明會，告訴我們在還沒有簽約之前不要有任何的動作，不然到時會有核銷的問題。我們本想乖乖的聽，但是紀錄片工作有些事情是有時效性的，不現在拍，以後就沒有了，所以那一年真的就很掙扎。但這也不是Discovery的問題，因為大家第一次合作，難免有很多事是需要磨合。

　　印象中台灣的工商簡介影片平均會給3-5個月的工作時間，如果是長一點的紀錄片，好一點的，可以給到1年的時間。這和政府年度預算的核銷有很大的關係，所以很難給製作團隊比較長的時間。即使給你2年，它就會要你產出兩部片子。

問：一名好的企劃人員需要具備的條件是什麼？

　　還是要先有一點資訊渴望症，對很多事情要感到興趣，願意去嘗試、瞭解，要有創意，懂得去分析，但是也不能忘記對錢的敏感度，因為企劃人員也要編預算。大學剛畢業的時候，因學校也沒教過怎麼編預算，都是拿學生製片的觀念，寫個大概而已。後來才發現，預算是很重要的一件事情。Discovery有一個行政部門在分析預算表編的對不對、合不合理，甚至之後開始拍攝，每個月還要做「現金流量報表」，因為公司會計不熟悉英文，只好自己來。所以發覺對錢的運用及敏感度是很重要的，若能學會真的是一件好事，因為才能懂得如何去控管成本。台灣製片環境可能不好，但是台灣的製片人員控管成本的能力也不好。會為了創意跟理想，或是一個idea，又或是團隊沒有協調好，造成非常多無謂的支出。企劃人員可能不需要像會計師那麼專精，但是基礎的會計概念還是要具備。

問：如何規劃進度？

我是一個進度不會抓很緊的人，因為這會綁死自己；但是抓太鬆，又會讓整個團隊鬆散下來。做影片是一氣的，要一鼓作氣才會比較有效率跟成果。所以不管是抓預算或進度，有一個很重要的觀念：一定要有備案。在抓時間的時候，就把備案的時間直接抓進去，它就不會過鬆或過緊。但還是要看單位，像政府單位，時間本來就已經不是很準確，事實上就只能抓一個大概；像是國外單位，反而是希望看到合理的時間。我想全台灣對影視最內行的公家單位大概就是新聞局，通常也都會給製作單位一個比較合理的時間。企劃人員平時在製片的過程中也要多留意及統計，大概知道幾分鐘的影片、什麼類型的影片剪接師會花多少的時間，攝影師會花幾班，做出一個平均值後再加上一些預備時間，這大概就會是一個最合理的進度表規劃模式。

問：文筆對企劃人員重要嗎？

我覺得說得清楚才重要。不需要文謅謅或風花雪月的辭藻，像是不需要在企劃書當中形容這個太陽是多麼的和絢或溫暖，重要的是可以說清楚是怎麼拍的，優勢在哪裡、可以怎麼做、團隊的功力到哪裡。即使寫到最後覺得好像在寫製片教科書，也都沒有關係，因為永遠不知道要面對的是熟悉或是不熟悉這個行業的評審。另外，企劃對於從頭到尾的製片流程不一定樣樣都專業，但要具備基礎的概念和瞭解。

問：何謂不好的企劃書？

主題不對是最嚴重的問題，創作者一開始都會寫自己想寫的，而不是寫評審想看的。再來就是贅詞太多，這是在新生代企劃身上比較常看到的問題。因為文字邏輯可能還不是很好，所以都會習慣用自己說話的方式寫文章。如果說的又不是很俐落的時候，寫出來的就會有很多「的」、「那」、「了」、「啊」、「然後」及「但是」之類的語辭。把這篇文章給要求文字精簡的記者看時，如果他們可以把大部分的文字刪去，把四頁

的東西刪到最後只剩下一頁，就代表這個企劃書是有問題，也就是說得不夠清楚，太冗長了。

■三立【台灣全紀錄】⁹企劃、編導巫少強
問：紀錄片的拍攝流程為何？

一定是先有題材，然後寫腳本，腳本通過討論後，再出外景，之後回來剪接，這是基本流程。【台灣全紀錄】的作法有點介於Discovery的以畫面取勝，與台灣舊有觀念以文字取勝的中間。就是希望有畫面，有文字，又或者有劇情。為什麼要卡在中間，因為第一，不能做太悶。自己在看台灣生態紀錄片時，大部分會看不下去，5分鐘後就很想轉台。商業電視台絕對不能做成這樣悶，除非是在公共電視。但我們又沒有像Discovery有那麼大的資金和時間，Discovery可以1年拍1部，我們一年出產52集，所以，這個差別就很大。而且，52集花的錢可能還不如1年拍1集花的錢多，所以必須在故事劇情跟畫面之間做一些平衡，或者是必須強調劇情。比如說抓一隻魚，不能是主持人和講師從頭到尾單純講這隻魚可能造成的問題，將來可能發生什麼事，這樣會很悶很無聊，整個故事劇情也會弱掉。如果真的能在野外發現這隻魚，會先去找到被它迫害的對象，被它破壞的野生種，或是它被別人破壞的情形，也許是屍體等，這樣就可以帶給觀眾共鳴。所以會有一個基本的腳本、主題，也就是這次拍攝的終極目標，或誰是主角，透過主角延伸出去的故事或是一些旁支末節，再去做一個總合。

9　三立都會台旅遊節目，為台灣地理雜誌系列節目之一。1999年12月10日開播，以製作台灣還沒被發現、被欣賞、被記錄的美好生態為目的。歷任主持人為李興文、顏行書、唐家豪（唐豐）、亮哲、張永政。首播時間為週四晚間22:00-23:00。節目於2011年改版成為【愛玩客】。

問：【台灣全紀錄】如何與台內旅遊節目區隔，並與他台娛樂性較高的旅遊節目競爭？

以【台灣全紀錄】說，它本身就是一個獨特的品牌，和中視的【MIT台灣誌】[10]和八大電視台的【大腳走天下】[11]可能會比較類似。【大腳走天下】較具娛樂性，沒有學術上的解說，節目上可以抓完毛蟹、鰻魚後，真的煮來吃，但【台灣全紀錄】就不行，這是很大的差別。【台灣全紀錄】抓鰻魚的目的是要解釋它的危機及生存問題。【MIT台灣誌】從衛視中文台到現在的中視，平台改變了，內容也改變了。不純粹強調生態和爬山，也結合地方產業或觀光旅遊，也會吃吃喝喝，逛逛市場。可是，【台灣全紀錄】目前還是沒辦法涉入於民生的東西，最多可以到養殖場討論一些生態問題，可是卻沒辦法去說，蝦子釣起來之後怎麼吃比較好吃，這就是所謂節目的獨特地位和價值。

綜觀來說，三立台灣台從禮拜一到禮拜五【草地狀元】[12]，【台灣尚青】[13]、【鳳中奇緣】[14]、【用心看台灣】[15]，這幾個節目感覺上具有重複

---

[10] 麥覺明導演執導與製作的60分鐘中視社教節目，於2002年4月7日製播迄今，節目內容主要為實地探訪台灣山岳，紀錄並見證前人留下歷史足跡。陳昇、蔣偉文、姚元浩、麥覺明、阿Ben等都曾隨行擔任紀錄人。

[11] 台灣八大綜合台「大視界系列」旅遊節目，於2006年開播，以探尋台灣的人文風情為節目主軸，節目內容著重於台灣在地探險，並拜訪在地人尋訪在地文化。官方網站為 http://www.gtv.com.tw/Program/S101120051107U/

[12] 文教資訊類的節目，民國88年開播於三立電視台灣台，每週一晚間10點播出，民國97年10月停播。節目記錄了台灣各行各業認真生活的小人物，除了他們的生活智慧及拚勁，呈現並提供傳統產業創新之道。

[13] 外景美食節目，每週三晚上10點於三立台灣台播出，歷任主持人有，阿西（陳博正）、阿嬌（謝雅琳）、張鳳書。目前主持人為鄭志偉與陳曉菁。官方網站為http://blog.iset.com.tw/taiwantop/

[14] 由三立台灣台製作的美食節目，每周四晚上10點首播。節目以深入大街小巷探尋各式美味佳餚為主，之後節目轉型，增加【料理補習班】、【媽媽拼料理】等單元。官方網站 http://blog.iset.com.tw/phoenix/

[15] 2001年6月15日開播，屬社教節目，探訪台灣319個鄉鎮市，帶觀眾尋遍台灣大大小小

性，因為都是在拍台灣的東西。可是，它們都有各自不同的立基點並且謹守，像【草地狀元】著重於產業怎麼發展；【用心看台灣】是包含每個鄉鎮的各自特色；【鳳中奇緣】雖然跟【台灣最鮮】都是做吃的，可是，【鳳中奇緣】著重的「眉角」就是這個攤子的魅力和獨特的地方在哪裡，比如說一間切破上百個砧板的店，這個就是小吃攤的特色，也是【鳳中奇緣】謹守的。【台灣尚青】就是溯源，比如說燒鰻料理，【台灣最鮮】就可以一直追到養鰻魚的。而像友台的【食尚玩家】看起來蠻容易跟這個節目踩在一起，可是【食尚玩家】不同的是採年輕人取向，所以不管OS、主持人表現方法，還有介紹東西的深淺都是比較年輕化，著重在食物而不是介紹精神，更不是去講創業的精神或達人成功的背後意義。也因為這樣，【台灣全紀錄】與其他節目的市場區隔很明顯。

　　【台灣全紀錄】並沒有把節目訂的很高調或者是很偉大，或是要改變觀眾什麼觀念。監製一直強調，只要做到帶給觀眾興趣就好。只要告訴觀眾這些動物是台灣特有種，它面臨生態危機，而它的危機可能也是人類的危機，這樣觀眾可能就會有興趣了。觀眾之後可以自己上網找這些動物的資料，節目中沒有必要做更深入的統計或理論知識，只要能夠帶起觀眾的好奇或是關心、注意這塊土地的變化，或者是正在發生的生態事件就夠了。

問：如何發想題材與包裝題材？

　　最重要的是興趣，再來是題材本身的特殊性。因為【台灣全紀錄】被歸類是生態或者是登山的節目，所以自己一定要對這方面有興趣，像是在新聞報導上看到最近嘉義的燕子超多，就要聯想到這可能會是一個題材。之後會去台東找一種台灣特有種的青蛙，這個在題材庫已經累積很久，當這個題材成熟，時間、季節又到了，去年沒拍，今年想要拍，就把它列

的特色鄉鎮與幽徑。每周五晚上10點於三立台灣台首播，官方網站http://blog.iset.com.tw/heart/

出來。開始是因為興趣蒐集這些資料，或者是和人交談後開始蒐集資料，再變成題材，當季節到了，就把這個題材庫的東西拿出來包裝。比如說，以前做過台灣原生小魚，我們把它形容成「水下移動的彩虹」，這就是一種包裝。當有了題材就開始想辦法包裝它，會比較容易說服導演或是製作人，讓他們覺得這的確值得做。監製常說，每個東西都可以拍，但怎麼包裝，還有拍這東西的意義到底是什麼。例如：拍食人魚的意義是在強調外來生物入侵的危機，還有亂放生不僅會影響生態，還會影響人。之後要拍的青蛙，可能會強調，台灣這幾年，還是有新的物種發現，而且台灣的青蛙也很漂亮，可能就像紅寶石一樣在路上跳來跳去。所以會去挖掘題材背後的意義和價值，然後再包裝它。

問：如何蒐集題材進而建立個人資料庫？

　　節目會根據季節性變化製作，像夏天一定去海邊或潛水，秋冬可能就會做溫泉或爬山，這是有它的季節性。入春時可能會去做魚或者是昆蟲，因為春夏之間有很大群或很大量的昆蟲會出現，不管是看起來是很噁心或很壯觀，都值得紀錄。

　　有一些題材是早就知道的，是固定發生的事件，這是經驗累積。對於新進的企劃來說，必須要強化自己對於生態世界的sense，也就是強化蒐集資料的能力。我會建議，要多看書，多瞭解季節性的生態事件。瞭解之後，對於題材的掌握就會有個底，不會下次要拍什麼都不知道，或只是等待講師給建議。講師是扮演徵詢的角色，不是指揮工作團隊要拍什麼的角色。有這個感觸是因為最近有一些新的同事，讓我看到這個問題。剛開始一定是導演交代下次要拍什麼題材，幾集後導演就會開始問，下次我們要拍什麼，那時候企劃就要開始自己想下次拍的題材。所以，我自己會建立一個資料庫，包括什麼季節拍什麼會比較適合，比如時序進入5、6月，珊瑚產卵、花枝產卵，是海洋會發生的事情。再進一步思考這幾年有沒有拍過，如果有拍過，那今年就先不要拍，沒拍過，今年就可以拍。或者是最近有什麼比較好拍的，或是容易出現的東西。像冬天的海洋就是釣花枝、

軟殼蝦、捕鯛旗魚、或是捕鯊魚，但鯊魚相較之下很難拍。

問：如何架構節目？是否有一定的公式？

【台灣全紀錄】題材滿雜的，所以，不同題材會有不同角度的取捨。這個節目靠的是現場發生的狀況，是前製時可能沒想到的。出發前會想基本架構，這一集的爆點是什麼、最主要的主角是什麼，會堆疊3-4個小題材或小爆點哄抬最後這個主題。比如說，要爬一座海拔3,800公尺的山，可能會先架構前1,500公尺，再來是3,000公尺，最後到了3,800公尺。現場爬的時候可能不是如此，但會有這樣的鋪陳，用以凸顯出一般人難以到達的一個山峰。

比如說今天要到一個名不見經傳的小山頭看比阿里山還美的日出，要怎麼鋪陳從凌晨2點走到凌晨5、6點看到日出的這一段。這2-3個小時的過程當中要怎麼樣營造氣氛，而不會讓觀眾覺得無聊，經驗和事前規劃就很重要。事前一定要先預設這段路在合理的情形下，可能會發生什麼事，萬一發生了，就真的發生了；如果沒有發生，是不是可以營造一些事件。比如說，背包掉了還是東西、衣服被勾破，或者是路上發現蛇。團隊可能發生什麼事件或是這段山路合理發生的事件，是事前要設定，然後再觀看現場的狀況。

製作人提過，好萊塢或韓劇的team擅長對於人性的掌握，在2個小時的劇情裡面，第幾分鐘進到什麼狀況，第幾分鐘要爬起來，然後又遇到什麼轉折下去，時間和人性的掌握很值得我們學習。他們有很專業的team，也是發展很成熟的產業，成熟的產業就一定會有公式和模式，我們沒有辦法抄襲人家，但是可以學習。畫面對於劇情的鋪陳很重要，也因為沒有很多預算做特效，所以更要思考如何在有限的經費及資源下做效果。比如說，主持人發生事情時的運鏡，或者如何以畫面營造等待日出的艱辛，這都是可以向好萊塢學習的。

問：撰寫旁白稿的訣竅為何？

　　撰寫旁白稿是企劃的工作，但導演看完後會再修改。旁白稿的確最容易淪為資料的拷貝，尤其【台灣全紀錄】多介紹生態、物種或風景，經常是很死硬的資料。企劃否能將死硬的資料轉化為口語，加點情緒，一點能夠引起觀眾共鳴的詞語。同樣是講資訊，添加人味進去或口語化，就差很多。有時候稍微多講一些學術名詞的時候，製作人就會說，你在上課啊？我們做久了，有些東西會認為理所當然，可是對於觀眾來說，不是那麼理所當然，所以必須要想辦法讓它簡單、口語化一點。做比較深的時候，除了製作人會提醒，收視率也會反應，通常比較生動的題材，收視率會比較好。另外，當觀眾看到不懂的東西時，會繼續看下去，但如果是看得懂的，就會馬上轉台，非常明顯。收視率還是會影響到整個節目的架構設定，在堅持專業度及強調正面訊息這個精神之外，還需要一些糖衣包裝。

　　監製曾問過我們，像Discovery，把文字及旁白拿掉，單看畫面能不能感動人。其實，寫OS也一樣，不要畫面，光看寫出來的5-6頁的文字，是不是一篇好故事，如果是，這個OS就成功了。透過OS的轉變可以讓現場變得更有深度，或者是產生一些變化，企劃可以在OS裡面做一些轉折。像有一集是去水庫裡面找一種大魚，拍攝過程都是在找魚，但是在OS中可以添加一些像是為什麼可以在水庫裡面找到這種大魚的話題。可能是水庫封閉已久，那麼，封閉已久代表的意義是什麼，可能代表一個環境如果人類不打擾它，就可以培育或孵育出很多大魚，又或者是一大堆的外來種也不一定。在現場沒有提及，可是卻可以用OS強化深度。告訴觀眾說，這集雖然看起來只是在水庫裡找魚，但想要表達的是，這種塵封已久的地方可以恢復某種生機，或是產生某一種危機。我覺得，OS要以大方向來想，這一集要強調的是什麼，是外來種的問題？放生放養的問題？還是要強調台灣居然還有這種地方，還有這種生物，這是宏觀的角度。再進到細項就是，每段OS要承接前面現場的情緒，然後再去勾引下一段現場的興趣。會去儘量寫到這樣，20-30秒裡面要保留資訊，要承先啟後。

問：該要在什麼時間切破口較爲合宜？

通常會在東西剛發現或還沒看到的時候破口，破口一定不能是平平穩穩的。「我跟你講這個魚是什麼什麼」，這種破口一定死掉。【台灣全紀錄】一定是，魚拿起來，「啊！這隻魚是……」然後進破口，這是破口很重要的一個點。

問：拍攝【台灣全紀錄】人力如何分配？一集所花費的時間是多長？

基本上，三立大部分的節目都分3個組，每一個組包含一位導演和一位企劃，這是最基本的分工。【台灣全紀錄】的team有8個人，一組通常會有3個人，導演、企劃和助理。因爲【台灣全紀錄】有專門準備裝備的人，所以才會多一位助理。裝備是指爬山要用的背包，抓魚用的網子、箱子。攝影組是另外的，雖同屬於公司編制內，但不屬於製作組，所以外拍時還是需要發通告給攝影組。企劃和講師敲好時間後，就會發通告給主持人及攝影組，攝影組自己會發班，看是輪到誰和製作單位出外景。【台灣全紀錄】一次出去會有3位攝影組同事，1位攝影師，2位攝助，其中兩位攝助輪流開車。所以，通常製作組就會有2-3位的人，配合攝影組，可能再加上主持人，以三立來講，最精簡的人應該是5位，最多會出到7-8位。

時程上，第一個禮拜找題材、聯絡老師，然後安排行程，就是前製的時候。第二個禮拜則是外景時間，拍攝是3-4天，第三個禮拜則是剪接、後製。正常完成一集需要的時間大概是3個禮拜。

問：如何估算外景拍攝的天數及帶子的使用量？

正常的外景是3-4天，通常會預備10支40分鐘的帶子，但通常拍到8支就很多了。個人覺得，比較保險是8支，但是，通常到了6-7支帶子，就已經足夠一集的份量。當然也要看內容是什麼，如果都只是空景，當然愈多愈好。後來也發現，拍愈多，其實愈難剪。當【台灣全紀錄】節目長度是30分鐘的時候，曾經有一集只拍了5支帶子，但是那一集收視率很高。所以，重點不在於拍多少，而是裡面的實質內容。很多有經驗的導演或製作

人會說，其實在外拍的時候就已經在算場了，這段要用幾分鐘、這段要講什麼、這段在第一天拍了幾分鐘、在第二天拍了幾分鐘、第三天還需要拍嗎？或者是第三天還需要拍這一段嗎？

問：如何規劃【台灣全紀錄】的預算／開銷？

【台灣全紀錄】主要開銷就是食住行這三部分，差不多都是一萬多塊，是以8-9個人，出去3-4天估計。行的方面就是油錢、過路費，或船的租金。住的話，如果去爬山，住的經費就可以降低，可挪到別方面，比如採買裝備。爬山雖然少掉住的開支，但是會多耗材，瓦斯罐或是吃的。吃的東西要買到2-3萬元。因為，如果拍攝爬山就不是只是7-8個人，有可能是17-18個人。

問：勘景的必要性及目的為何？

能勘景是最好，基本上由企劃去，有時候則是企劃和導演一起去，導演多半是視狀況而定。比較熟悉的題材、地方太遠或者是已經知道拍攝情況的，就不會去勘景。另外，像出海可能就沒辦法勘景，就是看天吃飯。現場勘景時，導演會想這段要安排什麼以及什麼劇情可以放在這裡。回來時腦袋裡就會有概念，如果是拍攝釣魚內容，在勘景時會先釣一些魚放著，以免正式拍攝時沒釣到魚。

問：外景的攝影配備如何規劃？

器材的部分，如果是拍爬山，儘量就是一台大攝影機還有兩台DV。爬山時，主持群和攝影群一定會在比較後面，因為要邊拍邊講，嚮導一定是走比較快，但還會留幾位嚮導壓後。前面的嚮導群會離2-3公里，可能會要架繩、搭橋，嚮導不可能等我們，所以前面就要有一台DV跟著最前面的嚮導沿途記錄，回來後導演可以視情況安排畫面。至於，DV和大機器的quality是否會差很多？剪起來不就會怪怪的？其實的確會。但是透過一些顏色的加持，讓它的quality看起來是一樣的。

問：現場拍攝時，企劃所扮演的角色爲何？

以我們team的習慣，不管是任何題材，出發的行程都是交給企劃決定。外拍的時候，企劃是工作團隊的衣食父母，決定住哪裡、吃什麼、幾點要起床甚至要拍什麼。這是企劃的本職，也是團隊對企劃的信賴──相信企劃有這個能力把行程掌控好。到了現場，有時候會因導演的需求，在行程上有所調整。例如：預計出班4天，第一天是車程，第二、三、四天才是眞正的拍攝，可能拍了第二、三天時，導演會覺得第四天的東西不需要拍，或是第四天還想要加些前面沒拍到的，這時就會麻煩企劃調整行程或是再進行聯絡。所以，並不是預定好的行程就不會改變。出外景，企劃最主要的功能是把行程拉好，該聯絡的人找好，還有就是配合導演。

企劃在外面還有一個很重要的工作，就是要會跟人「喇勒」（台語），對象不限於受訪者、受訪者的親戚朋友，或者只是在旁邊看戲的。因爲，藉由這些互動，可能會得到下一次或未來有機會出現的題材。在拍攝現場，工作人員都知道要做什麼，可是受訪者不一定會知道，受訪者可能會因爲聽不懂專業術語，而不知道現在應該要講話或是不用講話。以拍攝習慣來說，五四三二，5秒之後才開始，但很多受訪者都不知道，就自顧自地開始講。因爲受訪者大部分都是由企劃聯絡的，企劃要扮演受訪者跟製作團隊或導演的橋梁。可以告訴受訪者說，「歹勢，大哥這部分待會攝影師過來五四三二，你才開始講話」，這是一個基本的提醒和禮貌。受訪者通常會按照自己的想法與習慣，比如說，捕到魚了，會想要趕快拉一拉，可是攝影機還沒準備好，主持人也還沒過來。這時候企劃就必須告訴受訪者，「沒啦，機器還沒來，所以現在就拉起來會沒效，你可能還需要放下來喔」。受訪者才會知道，原來要等攝影機、主持人來才一起動作。

企劃在現場也可以丟給導演一些在出發之前沒有想到的東西。記得以前的製作人曾提到，企劃在外面就是儘量丟問題給導演，不管導演要不要用。譬如，今天走在一段林道上發現一條蛇，企劃就會問導演，這要不要拍，導演想拍就會拍，不想拍就不拍，當然也就會由導演去承擔拍與不拍的結果。但是，企劃的功能就是在現場儘量挖掘問題，儘量給建議，很像

智囊團。

問：導演和企劃之間的分工爲何？

　　企劃其實是扮演輔佐的角色，就像製作人提到的「大廚理論」——大廚決定今天要呈現滿漢全席或是日本料理，二廚就是準備食材。在先前的規劃階段，企劃要蒐集資料或訪問講師及嚮導。比如有ABC三個題材，企劃一定要問導演想要拍哪一個，覺得哪一個比較有可行性。導演本身比企劃更具經驗，所以可以告訴企劃，哪個題材較具可行性及可看性，或者是導演有自己偏好的拍攝題材。導演和企劃要有很好的默契，比如選了A題材，兩個人就會討論有什麼要增加的。這個A題材裡面的abc小項，有哪幾個需要強化、有哪幾個要把它串出來、哪幾個是重點。之後在組內會議時再跟製作人或其他同事說明，一起討論這個劇情的合理性，以及這個故事內容ok嗎？大家覺得ok的話就去外拍。所以，前製的時候，默契和討論是很重要的。沒有默契，又沒有討論，這一集就一定掛。

問：企劃與攝影組之間的溝通爲何？

　　拍攝時，一定是由導演和攝影組溝通。因爲，拍攝時，希望的鏡位、主持人怎麼開場、攝影師拍攝角度，都是導演的工作。企劃可以做的是，假設有想到畫面，可以跟導演建議，「導演我們來拍個什麼鏡頭好不好，還是等人走遠，我們拉背讓距離遠掉，可不可以」，但最後還是讓導演決定。我也常有這樣的習慣，就是不小心直接請攝影組拍個畫面，他們可能會覺得ok，可是事後想想，覺得有點越權。除非拍這段時導演不在，像是有時候隊拉太長，導演在很後面，企劃這時候就必須扮演臨時導演的角色。但是如果導演在攝影師旁邊時，企劃就沒那個權力去越界，這會讓人家覺得不舒服。所以，企劃的那個「眉角」要拿捏得很好，不能讓攝影組覺得，導演不在的時候，企劃沒有站出來負責；也不能讓攝影組覺得導演在旁邊的時候，企劃還跳出來作主，這個分寸要拿捏清楚。

問：如何選角及與主持人溝通經驗？

選主持人一定會透過試鏡，不管有沒有名氣，甚至是網路上找來還不錯的部落客。選主持人會以外型為重，所謂的外型不是帥到爆的那種，像F4，就算請得起他們，可能也不合適。希望能配合節目的調性，要有陽光氣息，要有那種很認真看待這個生態或台灣風景的眼神。這種認真的眼神自然會感染電視機前面的觀眾。主持人認真、有好奇心，觀眾自然看了就會有好奇心。這是人格特質上的好奇，而不是演出來的好奇心。就像這幾個主持人，他們對東西都很有興趣，所以自然而然就會被觀眾接受。

在溝通方面，基本上還是由導演和主持人溝通。因為現場主持人要如何表現，例如：是很驚訝的發現，還是覺得理所當然，或是沒有什麼特別的情緒，這種拿捏或表現都是導演的事。企劃不太需要去管主持人的表現，除非是現場沒有導演。

問：企劃所應有的應變能力為何？

應變能力是要遇到事情的時候才能得看出。我是因為先做企劃再當導演，所以知道遇到什麼狀況可以有什麼備案。一般新進企劃，一定是先靠導演的經驗，例如：導演知道這個東西拍不到，會跟企劃說可以變通的方式。新進企劃在接收導演指示的時候，就應該想到，下一次如果再遇到類似的情況，自己是不是能找到別的資源解決這個問題。

有一次做一個主題是「海洋的春天吶喊」，是結合花枝產卵、珊瑚產卵和飛魚。花枝產卵和飛魚是有因果關係，那時候因為報關的問題，沒辦法從墾丁出海，所以就沒辦法拍到飛魚，可是前面兩個都拍了，如果第三個沒拍就完蛋了。想到當時的季節是螃蟹大發，螃蟹是滿坑滿谷蔓延到道路的，但因為先前沒有準備，所以只好當場碰運氣去看看有沒有。很幸運真的有看到，就趕緊轉場轉到螃蟹，把螃蟹當作是「春天吶喊的主角」。當然，精彩度可能沒有飛魚來得好，但至少有一個可以收尾的地方，那集才不至於開天窗。這就是臨場應變，企劃應該一直在學習，可以隨時有這種突發奇想或者是應變的能力。

另一種狀況是，遇到被受訪者放鴿子。因為受訪者有裝備，而且那個地方也需要裝備才能去抓想要抓的魚，明明跟受訪者約好了，結果隔天受訪者人不見了，這時就必須要另外想辦法cover。也遇過比較棘手的，就是預設要拍的目標消失了。比如說下禮拜預定要去拍一個叫無雙溫泉的地方，早在一個月之前就在問路況、行程，結果傳來消息說它被埋掉了。也因為有提前做準備，所以就改題材，做其他的內容。如果沒有事前做準備規劃，出發之前才知道溫泉被埋掉，就會是很臨時的狀況。我覺得，有準備就可以有應變。【台灣全紀錄】比較好一點是，講師群都還滿強的，所以講師隨時可以建議轉變中場的過程或最後的終極目標等等。

　　在遇到一些需要撤退的狀況時，拍到一半的東西，【台灣全紀錄】是不會作廢的，就是直接呈現當時的狀況。因為要向觀眾傳達正確的訊息──爬山遇困難就一定要撤退，不能因為要完成使命，連命都不顧。所以就算超支再多，還是要撤退。因此，在一半的時候，節目的主軸會改變。當場導演就要決定後面要怎麼交代，怎麼把故事說完。所以那次本來預計做5集的，結果最後只能做2集。

問：拍攝完成後，工作的分配又是如何？

　　以企劃來說，拍完回來就是要開始寫time code表，記錄每支帶子拍回來的第幾分鐘是拍什麼。不用寫很仔細，因為導演在現場，大概知道哪一支帶子拍了什麼和它的順序。比如說，第一支是做什麼動作，什麼場景，第幾支的第幾分鐘到第幾分鐘這個大塊範圍之內主要是抓鱷魚，就是一個類似大綱的東西。因為人員編制，企劃負責所有的行程還有經費核銷，企劃回來後要作帳，寫報表核銷和報帳。至於後製盯剪的部分，各個組對企劃的要求不一樣。大多只有導演在盯剪，就是最後在後製ES（Effect Studio）時，只有導演去。我們這組的企劃和導演都要去，企劃去的目的是學習。我個人的看法是，如果沒有跟導演去後製學習，當臨時接到當導演的任務時，就會完全不知道要怎麼做。比如說，導演在剪接的時候，如果企劃跟在旁邊，第一次看不懂，看10次就看得懂，看10次再看不懂，

看100次一定會看得懂。導演為什麼那樣剪，即使有剪接經驗的人，在看別人剪接的時候，也不一定看得懂別人在幹嘛。但是，會去習慣那種tempo，當場問導演為什麼要這樣子做，或者是導演現在在做什麼。企劃跟在導演旁邊很容易可以學到很多東西。有這樣的學習經驗，對於未來自己接下導演或剪接師工作的時候，比較容易上手。

問：影視（像）專業如何培養？

由於我本行是唸觀光，影像的專業是靠後天培養的。製作人希望我們常看電影預告，因為它可以在短短的30-60秒內吸引觀眾買票。看節目的時候，除了看它怎麼剪，或是劇情怎麼編排，還會預測觀眾會不會喜歡，之後再去看收視率，證明自己的推論是錯或對。另外，我會去注意攝影師怎麼掌鏡、為什麼那樣掌鏡、怎麼分鏡、怎麼pan鏡位，從這些細微的地方慢慢培養自己的能力跟看影像的角度。

問：企劃所應具備的工作態度是什麼？

每個工作的工作態度都一樣，第一，一定是要有熱情，對自己工作的熱情。第二個就是要一直學習，永遠沒有一個行業是學得完的。所以先有熱情然後永保學習精神，不管是企劃或其他任何工作都可以很好。

■客家電視台【廚房的幸福味道】[16]製作人　宋嘉玲（Joan）
問：擔任企劃工作需要具備的條件為何？

對一名企劃人員而言，具備「創意」是首要的條件，但要想出一個有創意的節目，卻是一件很不容易的事。曾經為了構思一個新節目，3-4

---

16 為客家電視台於2008年4月7日及12月29日每週一晚上9:00-10:00播映之節目，前後共製播39集。節目主持人為陳若萍小姐，每集邀請一位來賓分享一道難忘的美食，藉此帶出料理背後的令來賓難忘的感人故事。39集的完整紀錄請參考http://tw.myblog.yahoo.com/sjoanbug。

名企劃人員在3個月中腸枯思竭的丟出上百個點子，但是一一被台內主管認為沒有創意，不斷的退件。因此，企劃人員需要學會並具備的第二個條件就是「不要怕被打槍」。很多剛擔任企劃工作的人，案子一被退就會覺得很挫折與沮喪，其實企劃要有一個觀念：被退件或打槍是很正常。為了提昇創意，企劃人員必須不停吸收外來的資訊，包括閱讀、看電影、看展覽。

問：分享【廚房的幸福味道】的企劃與製作過程。

1. 發想

前面所提到的創意發想經驗就是【廚房的幸福味道】的發想過程。在經過3個月的腦力激盪，企劃團隊仍未找到新節目的方向，台內主管已經下達最後通牒。某天，又要召開會議請企劃們提出點子，每一個企劃人員手上又拿了5、6個新想出來的點子準備在會議中提出。當我在會議室一坐下來時，腦海忽然浮出小時候媽媽的薑母鴨，於是放下事先在筆記本中已經寫下的數個新構想，開始講起這道菜與我之間的故事：小時候因為身體不好，冬天都會手腳冰冷還會冷到胃抽筋，媽媽經常花很多時間煲這個湯給我補身體。但因為老薑的味道很辣，當時的我很不喜歡，所以當媽媽盛給我滿滿的一碗薑母鴨時，我經常會背著她把它倒掉。現在年紀漸長，媽媽也很少再煲這個湯了，我覺得現在應該是我煲給媽媽吃這道菜的時候了……。

分享完之後，自己覺得很感動，但整個會議室卻沒有半點聲音，抬起頭來發現大家的眼眶都紅了，在那個當下就知道這個「點」中了。「每個人心中都有一個忘不了的味道，很多的回憶，藏在那一道道簡單卻富有濃厚情感的菜餚裡」便成為【廚房的幸福味道】的製作理念及精神。

【廚房的幸福味道】是一個60分鐘（實際播出48分鐘）的節目，內容包括棚內訪問、紀錄片、類戲劇以及棚內烹飪4個部分。每一個部分都需要企劃人員縝密的規劃及後續的確實執行，才能讓4個部分環環相扣，達到預期的節目效果。從蒐集資料開始到最後節目完成約為3個星期，一

集節目的製作流程大致是先敲來賓的通告、預訪來賓（瞭解來賓心中最懷念的料理及相關故事）、外景拍攝VCR、來賓故事類戲劇拍攝以及進棚錄影。

2. 敲來賓通告

由於節目在客家電視台播出，來賓以客籍或是與客家電視台有淵源的名人為主。受限於節目預算，來賓通告費並不優渥，也因為這是一個新開闢的節目，經紀公司對節目內容不太瞭解，基於保護藝人的立場，通常都會婉拒邀請。因此，在打電話給藝人的經紀人之前，製作單位都會寫一封很誠懇的信，並附上企劃書請經紀人轉交藝人，讓對方瞭解這個節目的屬性及內容，以及這個節目將對於他／她在形象上的提昇及助益。雖然這樣做比較耗時，但大大提昇敲通告成功的機會。在藝人同意參加【廚房的幸福味道】的錄影後，接下來便是與來賓面對面進行預訪。

3. 蒐集資料及擬定訪問問題

為了更瞭解受訪對象，企劃人員事前一定要做足功課，才不會在訪問時問不出重點。像是訪問徐生明總教練之前，企劃人員不僅在網路找資料、買他的書來看，還調出新聞資料帶，並依照所找到的資料擬出預訪時的問題。在訪問前一天，全組組員一同模擬預訪，由我（製作人）扮演受訪的徐總教練，其他企劃及執行人員提問。由於大家都已熟讀徐總教練的資料，所以在問答之間，企劃人員可以想出更多的提問問題，或是如果徐總教練屆時真的如此回答時，可以再如何的繼續追問。

通常擬好的問題會事先傳給受訪來賓，讓來賓得以事先準備。有時來賓會表明拒絕回答某一些問題，製作單位會尊重來賓避免直接提問。但是可能會在外景訪問時，以其他方式轉問來賓的家人或朋友，盡量瞭解還原事件的原貌。如此一來，來賓在棚內錄影觀看VCR時，就無法避免要回答這些問題，增加節目的可看性。

【廚房的幸福味道】藉預訪來賓時所得到的資訊，訂定出該集外景訪問對象及訪問內容、來賓成長過程模擬劇的腳本，以及神祕嘉賓人選。有時候遇到成長過程較為平淡的來賓時，企劃人員就要花更多的時間和心思

影視節目企劃與寫作

和來賓互動，試圖由看似無太多關聯的獨立故事中找到特殊的點，或是將它們串聯起來形成較具故事性的輪廓。

不論是預訪或是實地外景拍攝時，都儘量安排兩個企劃出班。因為發現到現場若是只有一名企劃，光提問問題就占去全部的注意力，所以沒有辦法很快的根據受訪者的回答延伸更深的問題，另一位企劃的功能便在此時發揮。

4. 類戲劇

這個部分雖然只有5分鐘，但是千萬不能馬虎，因為類戲劇可以帶領現場來賓及觀眾回到過去的情境。拍出的效果與來賓過去的情境愈相似，愈能帶起來賓在棚內錄影時的情緒反應。但要怎麼樣才能拍出感人卻又不會過於誇張的類戲劇？有兩個基本的要件：

(1)故事要完整並有起承轉合，不要過度的執著或誇大在某一個點上面。林曉培在車禍事件後，第一次上節目，當大家都把酒後開車意外視為焦點時，我們卻反其道而行。述說她從小時候承受家暴，到獨自去日本表演，回到台灣因為電影【心動】爆紅，再因為金錢迷失自己而與媽媽漸行漸遠的故事。

(2)場景、服裝及梳化妝不能因為是類戲劇而掉以輕心。根據受訪者們描述的畫面，找到最類似符合的場景，同時要求演員的髮型及服裝要符合當時的時代背景。

5. 主持人

【廚房的幸福味道】一共面試5、6個主持人，最後由陳若萍出線。最主要的原因除了口條清楚外，另外就是她平易近人的個性。挑選主持人需要考量節目的性質及屬性，因為這個節目比較偏向親情感性，主持人需要流露出對來賓的關心及對事件的感同身受。如果主持人只是用「演」的，現場來賓及電視機前觀眾很快就會覺得虛偽，這個節目也就不會感人。

主持人除了先天外在條件外，後天的努力也很重要，也就是說錄影前主持人是否有認真做功課。進棚錄影前，製作單位會先把受訪來賓的相關

資料傳給主持人，之後再請主持人與製作人及企劃一起開會。主持人會先把訪問的問題演練一次，企劃人員則會提醒主持人一些細節以及提供意見讓主持人參考。如此完善的事前準備才能讓主持人在錄影時，掌控現場氣氛及節目節奏。

6. 進棚錄影

因為節目較為複雜（包括訪談、現場播VCR、神秘嘉賓及烹飪），所以【廚房的幸福味道】」進棚一次（10小時）只能錄製2集。也因流程複雜，事先需與導播仔細討論節目錄影的各項細節與並尊重導播的專業。在棚內錄影難免會遇到突發狀況，除了考驗現場執行人員的應變能力外，另外建議企劃人員在事前多思考備案（Plan B）。我一直覺得，「多思考10分鐘，可以幫你減少100分的危險。」例如：有一集邀請瓜哥當神秘嘉賓，瓜哥答應了但是不確定能否抽出時間，所以企劃要規劃如果瓜哥能來將是安排如何進場（A案），倘若不能來則是要找誰擔任神祕嘉賓（B案）。

7. 剪接

為了節省製作經費，進剪接室之前需要先完成粗剪。當剪接師第一次剪完後，會由主導的企劃先看一次，主要的目的在檢查字幕是否有錯字、結構是否流暢，是否有符合每集設定的氛圍。第二次修改後再由製作人做final的確認。

8. 撰寫節目大綱

企劃人員也需要負責撰寫電視台或節目官網上所公告的節目介紹，看似短短數百個字的節目簡介也需要包含起承轉合。預訪回來後，除了聽打之外也要擬定故事大綱，決定外景的拍攝方向，這樣辛苦認真做一次，就可以無限應用。

問：對於徵案企劃書提供一些建議。

以客家電視台的徵案為例，若是比較大型的案子，投案的件數是相當可觀，堆積起的企劃書足足超過一個成年人的身高。如何能夠讓企劃書脫

穎而出？下面有幾點建議：

1. 節目名稱

首先，在節目名稱上便要先展現創意。例如：兒童節目取名「遊客庄」，就太普遍了；若是取名「小客人的夢想Party」，不但契合主題也有時尚感。

2. 節目內容

較固定的部分（工作團隊、工作日程規劃表、拍攝機具設備清單、預算表等）要寫得詳盡清楚，而其他有關節目內容的部分就是展現創意的地方。之前徵求青少年節目企劃案時，其中有一件提案另人印象深刻。它在節目內容介紹的部分並沒有按照一般企劃書的制式寫法，第一頁先制式的寫完名稱、時間、長度、預算金額後，在第二頁開始，加上圖片，開始用女兒與爸爸的對話，帶出節目的創意及內容。

3. 簡報

初審通過的企劃案在複審時提案單位需要進行簡報，因為會選出超過預定製播時數2-3倍之件數，所以每一件案子被分配到的時間不會太長。多半為10分鐘左右，之後再與評審委員進行Q&A。有些企劃書寫得很動人，但簡報者聚焦錯誤，不斷在吹捧自己的原創性，而未在執行度上加以說明，所以失敗。也有企劃書寫得很普通，但簡報做得很精緻，還搭配上音樂，讓評審能在最短的時間內進入想像的氛圍裡，再加上相關圖片、影片的連結，減少口述的解釋，這會大大的加分。

還有幾個簡單的建議提供給大家參考：

(1)不要過度自信。不要以為自己20年的電視經驗有多了不起，進了會議室，在評審面前還是要虛心受教。

(2)評審提出的問題不要先反駁，要回答說，會列入慎密考慮，也不要對評審搬出自己的後台，這是沒用的。

(3)提報的人應該對企劃書有全面的瞭解。經常發生評審委員提問而簡報人員答不出的窘況。追究其原因，多半是企劃書由企劃人員撰寫，而提報人是公司負責人的情形。

文獻參考

中文書目

丁珮玉（2002）。《廣告獎，獎什麼》。政治大學廣告研究所碩士論文。

丁惠民譯（2002）。《成功簡報》。台北：麥格羅‧希爾。（原書Rotondo, J.,& Rotondo, M, Jr. [2001]. *Presentation skills for managers*. New York, NY: McGraw-Hill.）

丁惠民譯（2007）。《這樣簡報最有效》。台北：麥格羅‧希爾。（原書 Pincus, M. [2005]. *Boost your presentation IQ: Proven techniques for winning presentations and speeches*. New York, NY: McGraw-Hill.）

于大德譯（1999）。《企劃書實用手冊》。台北：維德文化。（原書：小泉俊一 [1993]《企劃書立て方‧書き方がわかる事典》。日本東京：株式會社西東社。）

公共電視（2006年6月15日）。〈第五屆觀點短片展公布徵選結果〉（六月十五日新聞稿）【公告】。台北市：公共電視。取自 http://www.pts.org.tw/php/newsletter/view.php?NAENO=1&NEENO=1320&SEARCH=&LISTALL=1

公共電視（2010）。〈租賃服務〉。台北：公共電視。取自http://web.pts.org.tw/~web01/PTS/service-1.htm

〈天線寶寶台灣版—樣片檢討會〉（1999年11月3日）。取自公共電視網頁 http://www.pts.org.tw/~teletubbies/t-022.htm

王天濱（2002）。《台灣新聞傳播史》。台北：亞太。

王仕琦（2006年5月29日）。〈王偉忠找專人過濾資訊〉，《商業周刊》，966。取自http://marketing.chinatimes.com/ItemDetailPage/SearchResult/05SearchResultContent.asp?Keyword=王偉忠&MMContentNoID=29036

王念綺（2005年9月）。〈別以為我只靠才氣〉，《30雜誌》，12。取自 http://forum.30.com.tw/Board/show.aspx?go=208

王雨晴（2007年7月30日）。〈連開4節目月入326萬陶子沒空再生笑想分房

睡〉。《中國時報》，頁D2。取自http://kmw.ctgin.com.tw.ezproxy.lib.cyut.edu.tw:2048/member/news_search2/se_content_file8.asp?query=%B3%B3%A4l&src=B&date=20070730&file=N0640.001&dir=B&area=tw&frompage=se

王建雄（2008）。《新聞自律機制—台灣電視媒體建立公評人制度之可行性分析》。政治大學傳播學院碩士論文。

王昭正、朱瑞淵譯（1999）。《參與觀察法》。台北：弘智。（原書Jorgensen, D. L. [1989]. *Participant observation: A methodology for human studies.* Newbury Park, CA: Sage.）

王泰俐（2004）。〈電視新聞節目「感官主義」之初探研究〉，《新聞學研究》，81：1-41。

王茜穎（2008年3月10日）。〈28歲Janet玩遍38國：無論做什麼都要去旅行〉，《商業周刊》，1059。取自http://www.businessweekly.com.tw/comment.php?id=30148

王偉忠（2007）。《歡迎大家收看：王偉忠的※◎＊＃》。台北：天下遠見。

王偉忠、陳志鴻（2009）。《這些創意不是亂講：王偉忠團隊的13堂獨門創意課》。台北：天下遠見。

王詩雅、柯俊丞（2008年5月1日）。〈電視名嘴收入多 錄影20次月入10萬元〉，《NOW News今日新聞網》。取自http://www.nownews.com/2008/05/01/301-2268960.htm

王維玲（2010）。《實境選秀節目的夢想建構—以【超級星光大道】爲例》。政治大學新聞系碩士論文。

王學韜（2010）。訪談記錄。

台灣三十年編輯委員會（1992）。《台視三十年：中華民國五十一年至八十一年》。台北：台灣電視事業股份有限公司。

〈台灣閱讀大調查發現：每人每天看書26分鐘〉（2010年10月）。《遠見雜誌》，292。取自http://www.gvm.com.tw/Boardcontent_16711.html

朱若柔譯（2000）。《社會研究方法—質化與量化取向》。台北：揚智文化。（原書Neuman, W. L. [1997]. *Qualitative and quantitative approaches.*

Needham Heights, MA: Allyn & Bacon.)

江德利（1992）。〈台灣有線電視過去現在與未來〉，《衛星與有線電視雜誌》，40：27-30。

艾傑比尼爾森媒體研究（2007）。〈星光效應之歌唱選秀節目分析〉，《第十二屆海峽兩岸影視文化交流與合作座談會特刊》，29-33。取自 http://www.vapat.org.tw/images-of/p29-33.pdf

行政院新聞局（2012）。《2010影視產業趨勢研究調查報告─電視及電影產業》。台北：行政院新聞局。

何畏、易家詳譯（2005）。《經濟發展理論》。台北：左岸文化。（原書 Schumpeter, J. A. [1934]. *The theory of economic development*. Cambridge, MA: Harvard University.）

吳永佳（2011年2月）。〈康熙來了製作人陳彥銘：學會求全，更能求權〉，《Cheers》，125：117-119。

吳怡國、姜易慧（2010）。〈台製偶像劇產業發展變遷之歷時性研究〉，「中華傳播學會2010年會」，嘉義縣民雄。

吳知賢（2002）。〈台灣電視綜藝目內容的探討〉。取自財團法人國家政策研究基金會網頁2010http://old.npf.org.tw/PUBLICATION/EC/091/EC-B-091-046.htm

吳國卿譯（2006）。《點子學》。台北：財訊。（原書Foster, J. [1996]. *How to get ideas*. San Francisco, CA：Berrett-Koehler Publishers.）

吳翠珍（1995）。《國內自製兒童節目內容呈現方式與學習效果研究報告》。台北：電視文化研究委員會。

吳慧敏（2011年12月）。〈孩子，我要當你的好朋友〉，《媽咪寶貝》，138。取自http://www.mababy.com/knowledge/article.aspx?aid=5CB525B92F8BD398

吳聲品（2002）。《現代電子媒介：廣播與電視析論》。台北：中視文化。

宋秉忠（1993年3月）。〈五燈獎 平凡人的尋夢園〉，《天下雜誌》，142。取自http://www.tanabe.com.tw/main/review/entity_edit_option.php?PHPSESSID=e366c5b&lang=zh_tw&system_id_entity=31

宋嘉玲（2010）。訪談記錄。

巫少強（2010）。訪談記錄。

巫知諭（2009）。〈誰來晚餐的創新思維〉。取自財團法人卓越新聞獎基金
會網頁http://www.feja.org.tw/modules/news007/article.php?storyid=381

巫知諭（2010）。訪談記錄。

巫崇嘉（２００８年３月）。〈黃韻玲、袁惟仁丟飯碗〉，《時報
周刊》，1570。取自http://magazine.sina.com/bg/chinatime-
sweekly/1570/20080326/000862409.html

李丁讚、陳兆勇（1998）。〈衛星電視與國族想像：以衛視中文台的日劇為
觀察對象〉，《新聞學研究》，56：9-34。

李仁芳（2008）。《創意心靈：美學與創意經濟的起手式》。台北：先覺。

李天任、藍辛譯（1995）。《大眾媒體研究：導論》。台北：亞太圖書。
（原書Wimmer, R. & Dominick, J. [1994]. *Mass media research: An introduc-
tion.* (4th ed.). Belmont, CA: Wadsworth Publishing Company.）

李秀美（1996）。〈企劃案徵選的省思—我們的節目只能做十三集嗎〉，
《廣電人月刊》，16。取自http://www.cm-workshop.com/workingA_detail.
php?articalid=10

李秀美（1997）。〈製作與研究的美滿聯姻—芝麻街節目企劃實例〉，《廣
電人》，28：9-10。

李秀美（1998）。〈評估電視兒童節目的七個標準〉，《廣電人》，40：
30-35。

李秀美（2001）。《我們在玩蹺蹺板—兒童電視節目實務與理論》。台北：
三民。

李秀美（2002a）。〈兒童節目面面觀—台灣電視兒童節目探討〉，《媒體
識讀教育月刊》，20：1-4。

李秀美（2002b）。〈前進歐洲電視兒童節目是文化交流的場域〉，《廣電
人》，88：5-8。

李尚蘭、黃小娟（1999）。〈影像記錄與田野調查〉，《宜蘭文獻雜誌》，
42：34-46。

李欣頻（2003）。《十四堂人生創意課》。台北：東觀國際。

李欣頻（2007）。《推翻李欣頻的創意學》。台北：方智。

李金銓（1981）。《大眾傳播新論》。台北：三民。

李紅萍（2009）。〈專訪宮崎駿：電視就像一個大怪獸〉，《南方周末》。
取自http://www.infzm.com/content/24394

李美惠譯（2007）。《企劃書要像推理小說》。台北：臉譜出版。（原書：
田坂廣志[2004].《企劃力：「共感の物語」を伝える技術と心得》。日本
東京：ダイヤモンド社。）

李雪莉（2009年10月）。〈孫大偉用紀律追求自由〉，《天下雜誌》，
432。取自http://www.cw.com.tw/article/article.action?id=39112

李道明（2009）。〈從紀錄片的定義思索紀錄片與劇情片的混血形式〉，
《戲劇學刊》，10：79-109。

李翠卿（2004年7月）。〈康熙來了以「怪」取勝〉，《Career就業情
報雜誌》，339。取自 http://media.career.com.tw/Careerbook/magshort.
asp?CA_NO=339p060

李璞良譯（2003）。《創意經濟——好點子變成好生意》。台北：典藏藝術
家庭。（原書Howkins, J. [2002]. *The creative economy: How people make
money from ideas*. New York, NY: Penguin.）

杜衡（1993）。《你也可以做企劃》。台北：方智。

〈周日偶像劇，你看哪一齣〉（2011年10月29日）。取自Pollster波仕特市調
網頁 http://www.pollster.com.tw/Aboutlook/lookview_item.aspx?ms_sn=1580

周幸譯（2008）。《高橋憲行企劃書聖經》。台北：大是文化。（原書：高
橋憲行 [2001]《企劃書初級編——わかりやすい企劃書のつくり方》。日本
東京：ダイヤモンド社。）

周慶祥（2009）。《深度報導》。台北：五南。

易慧慈（2005年5月7日）。〈言承旭登巨塔一集25萬〉，《自由時報》。取
自http://www.libertytimes.com.tw/2005/new/may/7/today-fshow1.htm

林天宏、施雨岑（2006年12月6日）。〈Discovery頻道：探索觀眾的內心
——訪2006年北京國際科教影視展評委會主席保羅‧劉易斯〉，《新浪博

客》。取自 http://blog.sina.com.cn/s/blog_51c1619a01008wo8.html

林宏達（2006年10月9日）。〈ESPN說在地故事 十年稱霸亞洲〉，《商業周刊》，985。取自http://www.businessweekly.com.tw/webarticle.php?id=23411

林芝安（2008年4月）。〈易智言：創意就是自律〉，《康健雜誌》，113。取自 http://www.commonhealth.com.tw/article/article.action?id=5015944

林冠汾譯（2006）。《企劃是什麼？4堂課做出打動人心的企劃書》。台北：臉譜。（原書：細野晴義、里田実彥[2004].《企劃の道具箱あなたのドラマ(狀況)に合わせた企劃書のつくり方、教えます》。日本東京：実業之日本社。）

林淑宜（2008）。〈細火慢燉的白色巨塔〉。取自中華民國剪輯協會網頁 http://www.eforu.com.tw/www/literature/human_edit01.htm

林富美（2006）。〈當新聞記者成為名嘴：名聲、專業與勞動商品化的探討〉，《新聞學研究》，88，43-82。

林雅夫（2003年12月）。〈不是富公，就是富婆─政論節目主持人、特別來賓行情大公開〉，《財訊月刊》，261：124-129。

林碧翠、楊幼蘭譯（1993）。《創意自動販賣機─創造力快速成長計畫》。台北：商周。（原書Thompson, C. C. [1992]. What a great idea: Key steps creative people take. New York, NY: HarperCollins Publishers.）

林曉娟（2006年8月21日）。〈助理主持偷拍惹禍料理東西軍美味不再〉，《自由時報》。取自http://www.libertytimes.com.tw/2006/new/aug/21/today-show4.htm

邱元儂、蔡菁怡（2007年7月19日）。〈台灣民眾瘋選秀電視台一窩蜂跟進〉，《銘報新聞》。取自 http://mol.mcu.edu.tw/data/1190015457.pdf

邱皓政（2005）。〈創造力的測量與共識衡鑑〉，《教育集刊》，30：50-73。

邱順應譯（1999）。《如何製作有效的廣告影片》。台北：滾石文化。（原書White, H. [1994]. How to produce effective TV commercials. New York, NY: McGraw-Hill.）

姜玉景、李國煌、劉育良、何雅玲（2006年11月25日）。〈那張嘴身價有多

高？電視名嘴行情大公開〉，《民生報》，C3。取自http://udndata.com/library/

施貞夙（2007）。《3天速成！簡報技巧》。台北：中國生產力中心。（原書Shipside, S. [2006]. *Perfect your presentations*. London, UK: Dorling Kindersley.）

柯裕棻（2006）。〈從霹靂火看台灣電視文化：深究台灣最火紅的鄉土劇〉，柯裕棻（編），《批判的連結》，頁135-175。台北：唐山。

洪惠珊（2004）。《第一次做企劃案就上手》。台北：易博士文化。

洪賢智（2005）。《電視新論》。台北：亞太。

洪震宇（2003年12月）。〈鈕承澤：拱台灣偶像上亞洲〉，《天下雜誌》，288。取自 http://epaper.pchome.com.tw/archive/last.htm?s_date=old&s_dir=20031203&scode=0389&s_cat=

〈紀錄片製作及國際市場趨勢研討會〉（2005年11月29日）。取自 http://blog.roodo.com/filmwalker/archives/1036588.html

胡幼偉（2011）。《不要叫我名嘴：電視新聞評論員的職業生涯與工作型態研究》。台北：台灣學生書局。

胡幼慧（1996）。〈轉型中的質性研究〉，胡幼慧（編），《質性研究理論、方法及本土女性研究實例》，頁7-26。台北：巨流。

范文毅譯（2004）。《當頭棒喝：如何讓你更有創意》。台北：滾石文化。（原書Oech, R. V. [1998]. *A whack on the side of the head: How you can be more creative* (3rd. ed). New York, NY: Warner Books.）

孫榮光（2009）。《電視綜藝性談話節目的客家再現：以【康熙來了】、【國光幫幫忙】、【大小愛吃】、【冰火五重天】爲例》。取自行政院客家委員會網頁http://www.hakka.gov.tw/ct.asp?xItem=46562&ctNode=1879&mp=1869

徐佳士（1973）。《大眾傳播理論》。台北：台北市新聞記者公會。

徐慈惠（2011年11月）。〈職棒轉播光芒再現〉，《尼爾森媒體研究》，1-8。取自http://www.magazine.org.tw/ImagesUploaded/news/13254929687360.pdf

徐照麗（2001）。〈我國推展國民小學電視媒體教育課程之研究（上）〉，
　　《廣電人》，75：46-47。

徐鉅昌（2001）。《電視理論與實務》。台北：亞太。

桂冠編輯部（1991）。《企劃力》。台北：桂冠圖書。（原書：多湖輝
　　[1988].《企劃力～無から有を生む本》。日本東京：光文社。）

〈氣象新聞播報方式趨向多元〉（2003年12月30日）。《銘報新聞》，第二
　　版。取自 http://mol.mcu.edu.tw/data/1072859399.pdf

翁秀琪（1993）。《大眾傳播理論與實證》。台北：三民。

郝明義（2006）。《紀律的作用》。取自 http://www.rexhow.com/?p=162

高珮娟（2009）。《創意在規劃及決策制定上的關係研究—以吳念真〈人間
　　條件系列〉之創意架構為例》。政治大學企業管理研究所碩士論文。

高啓翔（2003）。《全球與本土的連結：以文化融合理論檢視台灣偶像
　　劇》。交通大學傳播研究所碩士論文。

將門文物出版有限公司編輯部（1986）。《企劃力》。台北：將門文物。

常崇蕙（2001年2月）。〈公共電視的節目品質管理—魚與熊掌可以兼
　　得〉，《2001年公共電視發展與未來研討會論文集》。台北：財團法人
　　公共電視文化事業基金會。取自www.pts.org.tw/~web01/rd_invitation/doc/
　　B/02.doc

康來成、郭俐紅（2007）。〈美國電視新聞雜誌類節目現狀研究〉，《傳
　　媒》，6。取自 http://chuanmei.qikan.com/ArticleView.aspx?titleid=chma2007
　　0623

張世彗（2003）。《創造力：理論、技術／技法與培育》。台北：五南。

張玉琦（2012年7月）。〈簡報內容，應該簡單到連阿嬤都聽得懂〉，《經
　　理人成功簡報術特刊》，60-61。

張春興（1991）。《張氏心理學辭典》。台北：東華。

張純純（2009年10月）。〈收視的城鄉差距〉，《尼爾森媒體新
　　知》，1-3。取自http://www.magazine.org.tw/ImagesUploaded/
　　news/12622075952030.pdf

張釗維（2006年5月）。〈紀錄片＝娛樂事業？〉，《廣告雜誌》，180：

26-27。

張國儀譯（2012）。《Presentation Zen簡報禪：圖解簡報的直覺溝通創意》。台北：悅知文化。（原書Reynolds, G. [2011]. *PresentationZen: Simple ideas on presentation design and delivery* (2nd ed.). San Francisco, CA: New Riders.）

張瑞振（2005年2月5日）。〈張菲7200萬天價入東森〉，《蘋果日報》。取自http://tw.nextmedia.com/applenews/article/art_id/1561850/IssueID/2005020

張福興（1988）。《企劃實務》。台北：創意文化。

畢恆達（1996）。〈詮釋學與質性研究〉，胡幼慧（編），《質性研究理論、方法及本土女性研究實例》，頁27-46。台北：巨流。

盛治仁（2005）。〈電視談話性節目研究—來賓、議題結構及閱聽人特質分析〉，《新聞學研究》，84：163-204。

粘嫦鈺（2007年10月27日）。〈5566太貴難搞台視急凍〉，《聯合報》，頁D1。取自 http://udndata.com.ezproxy.lib.cyut.edu.tw:2048/library/

莊永明（2002）。《台灣世紀回味：文化流轉》。台北：遠流。

莊知耕（2009年3月18日）。〈大學生了沒？—「素人」節目學生躍上螢幕舞台〉。取自公視PeoPo公民新聞平台http://www.peopo.org/portal.php?op=finePrint&articleId=32740

許晉榮（2005年5月26日）。〈吳宗憲 東森誇海口 收視要破二〉，《聯合報》，頁D2。2011年11月13日，取自http://udndata.com.ezproxy.lib.cyut.edu.tw:2048/library/

許晉福譯（2009）。《創意的生成》。台北：經濟新潮社。（原書Young, J. W. [1988]. A technique for producing ideas. Lincolnwood, IL: NTC/Contemporary Publishing Company.）

許雅筑（2012年5月4日）。〈兒少傳播界建議 成立兒童公視〉，《中央社新聞網》。取自 http://www.cna.com.tw/News/aMOV/201205040130.aspx

郭子苓（2011年6月）。〈有效提案：向客戶證明，你的產品是他想要的〉，《經理人月刊》。取自http://www.managertoday.com.tw/?p=5308

郭泰（2000）。《新企劃力》。台北：遠流。

郭泰（2001）。《企劃案》（第二版）。台北：遠流。

陳一香（2002）。〈多頻道環境下的電視節目多樣性分析：以台灣無線電
　　視台與有線電視綜合頻道爲例之比較分析〉，《廣播與電視》，18：
　　27-58。

陳一香（2004）。〈電視劇節目〉，成露茜、羅曉南（編），《批判的媒體
　　識讀》，頁129-143。台北：正中。

陳文玲（2006）。《越旅行，越裡面—結構一條人尋找自己的創意途徑》。
　　台北：心靈工坊。

陳立唐（2012年7月）。〈簡報前，必須明白的7個問題〉，《經理人成功簡
　　報術特刊》，10-11。

陳怡伶（2007年7月）。〈食尚玩家：1個節目4團隊，PK玩出高收視〉，
　　《Cheers雜誌》，130。取自http://www.cheers.com.tw/article/article.
　　action?id=5021431&page=1

陳松柏、洪鉛財、蕭慈飛（2005）。《企劃與研究開發》。台北：國立空中
　　大學。

陳芸芸譯（2004）。《電視的社會學分析》。台北：韋伯文化。（原
　　書Abercrombie, N. [1996]. *Television and society*. Cambridge, UK: Polity
　　Press.）

陳建豪（2007年1月）。〈創意是教出來的〉，《遠見雜誌》，247。取自
　　http://money.chinatimes.com/newmoney/magazine/Article.aspx?PageID=1&Art
　　icleID=9068

陳建豪（2009年4月）。〈逼眞，逼出台灣最昂貴戲劇〉，《遠見》，247。
　　取自 http://www.gvm.com.tw/Boardcontent_14883.html

陳美瑛譯（2011）。《好企劃這樣寫就對了》。台北：商周。（原書：高橋
　　憲行 [2009].《企劃書の基本とコツ》。日本東京：學習研究社。）

陳珮伶（2009年11月21日）。〈大富翁確定復播沈玉琳苦笑滿身傷痕〉，
　　《NOWnews.com》。取自http://www.nownews.com/2009/11/21/10845-2535
　　782.htm

陳淑珠、張玉佩譯（1998）。《演說傳播原理》。台北：五南。（原書

Gronbeck, B. E., German, K., Ehninger, D., & Monroe, A. H. [1998]. *Principles of speech communication* (13th ed.). New York, NY: Longman.）

陳惠君譯（2004）。《企劃你的idea》。台北：博碩文化。（原書：中野昭夫 [2003].《內定をとる!絕對の面接力》。日本東京：高橋書店。）

陳新儀（2011）。〈注意力缺陷過動兒（ADHD）之行為運動處方〉，《屏東教大體育》，14：88-99。

陳瑜清譯（2005）。《成功簡報實用手冊》。台北：麥格羅·希爾。（原書 Pierce, H. [2004]. *Persuasive proposals and presentations: 24 lessons for writing winners*. New York, NY: McGraw-Hill Digital Professional Book Group.）

陳萬達（2012）。《媒體企劃》。台北：威仕曼。

陳鈺婷（2011年8月）。〈政府投標書 這樣寫篤定得標〉，《Career就業情報》，424。取自http://magazine.n.yam.com/view/mkmnews.php/733903/1

陳鈺婷（2011年10月）。〈要能從「地瓜」聯想出10個題目〉，《Career就業情報》，426。取自http://magazine.n.yam.com/view/mkmnews.php/734151/1

傅育邦、秦裕中（2006年10月19日）。〈5大電視台搶奪金雞王建民〉，《自由電子報》。取自http://www.libertytimes.com.tw/2006/new/oct/19/today-show7.htm

傅慶萱、趙繽言（2006年6月19日）。〈曹國偉：網絡無法代替傳統媒體的傳播特點〉，《文匯報》。取自http://big5.xinhuanet.com/gate/big5/news.xinhuanet.com/newmedia/2006-06/19/content_4714213.htm

博誌文化譯（2004）。《實作企劃書與提案書-70範例現學易用》。台北：博碩文化。（原書：安田賀計[2002].《完全保存版企劃書·提案書のつくり方―嚴選！使える基本文例70》。日本東京：PHP研究所。）

〈媒體掀起雙主播風潮展現新氣象〉（2003年12月9日）。《銘報新聞》，第一版。取自http://mol.mcu.edu.tw/data/1070875215.pdf

彭杏珠（2012年5月）。〈如何成為說故事達人：六招讓你溝通無往不利〉，《天下雜誌》，275。取自http://www.gvm.com.tw/Boardcontent_14961_1.html

彭佳琪（2010年4月）。〈體育節目收視觀察—寫在世足之前〉，《尼爾森媒體新知》，1-4。取自 http://www.magazine.org.tw/ImagesUploaded/news/12724741485620.pdf

彭芸（2001）。《新媒介與政治：理論與實證》。台北：五南。

彭芸、黃新生、顧立漢、陳東園（1997）。《大眾傳播學》。台北：國立空中大學。

彭芸、鍾起惠、陳一香（1999）。《由節目評鑑看電視節目品質標準的建立》。台北：行政院新聞局委託研究計畫。

曾沁音譯（2004）。《超級口才溝通無礙──練就一身威力十足的演說技巧》。台北：麥格羅‧希爾。（原書 Leeds, D. [2003]. *Powerspeak: Engage, inspire, and stimulate your audience*. Pompton Plains, NJ: Career Press.）

曾國峰（2005）。〈反思媒介內容多元指標測量與統計問題〉，《中華傳播學刊》，7：79-100。

曾瑞枝譯（1996）。《成功簡報手冊》（第二版）。台北：天下文化。（原書 LeRoux, P. [1984]. *Selling to a group: Presentation strategies*. New York, NY: Barnes & Noble.）

游梓翔（2000）。《演講學原理：公眾傳播的理論與實際》。台北：五南。

游智文（2005年9月7日）。〈康熙最後一次錄影小S：謝謝接受我上不了檯面的玩笑〉，《聯合晚報》，第4版。

覃崇耀、黃榮華、楊長林（2002）。〈網路化專案管理在電視製作應用之可行性研究〉，《廣播與電視》，19：41-57。

馮建三譯（1992）。《電視：科技與文化形式》。台北：遠流。（原書 Williams, R. [1974]. *Television: Technology and cultural form*. London, UK: Fontana.）

黃又怡（2008年4月）。〈勇於打破舊習慣，擁抱陌生大小創意齋創辦人姚仁祿〉，《經理人月刊》，41。取自 http://www.taiwanpage.com.tw/column_view.cfm?id=922

黃玉禎（2011年2月21日）。〈于美人把B咖捧進CNN的秘訣〉，《商業周刊》，1213，80-82。

黃怡雪譯（2011）。《視覺溝通的法則》。台北：大寫。（原書Duarte, N. [2010]. *Resonate: Present visual stories that transform audiences*. Hoboken, NJ: Wiley.）

黃邱倫（2012年2月14日）。〈林書豪狂熱收視率飆10倍〉，《中時電子報》。取自http://tw.news.yahoo.com/%E6%9E%97%E6%9B%B8%E8%B1%AA%E7%8B%82%E7%86%B1-%E6%94%B6%E8%A6%96%E7%8E%87%E9%A3%8610%E5%80%8D-213000519.html

黃埁婷、柳婉棋（2011年11月21日）。〈NGC紀實影片分享會首次公開紀錄片嚴格審查過程〉，《銘報即時新聞》。取自http://mol.mcu.edu.tw/show_2009.php?nid=142791

黃創夏（2011）。《解嚴後台灣政媒互動之演變—從「傳播近用權」結構分析》。台灣大學政治研究所碩士論文。

黃琬軒（2012年3月13日）。〈搶通告亂放砲互不爽揭露台灣名嘴生死鬥〉，《明周娛樂》，138。取自http://tw.news.yahoo.com/%E6%90%B6%E9%80%9A%E5%91%8A-%E4%BA%82%E6%94%BE%E7%A0%B2-%E4%BA%92%E4%B8%8D%E7%88%BD-%E6%8F%AD%E9%9C%B2%E5%8F%B0%E7%81%A3%E5%90%8D%E5%98%B4%E7%94%9F%E6%AD%BB%E9%AC%A5-050836249.html

黃新生（1994）。《電視新聞》。台北：遠流。

黃麗惠（2001）。《創意商務簡報》。台北：書泉。

黃寶瑄譯（2007）。《超級企劃高手》。台北：有名堂文化館。（原書：悴田進一 [2003].《「企劃力がある！と言われる人になれる本—思いつきを形にして、みんなの納得を引きだす法》。日本東京：大和出版。）

傳播人人力銀行鮮報（2007）。〈廣播電視電影業前輩們的話〉。2010年4月3日，取自 http://www.comcareer.com.tw/2007career-journal/about-video.html

〈傾聽・杜篤之—電影錄音技術的過去、現在與未來〉（2012年7月6日）。取自沙鹿電影藝術館網頁http://shalumovie.pixnet.net/blog/post/45917905

〈新聞節目以已婚男性為廣大收視群〉（2009年10月4日）。取自Pollster波仕特市調網頁http://www.pollster.com.tw/Aboutlook/lookview_item. aspx?ms_sn=474

楊家麟（1999）。《電視製作全程記錄：單機實務篇》。台北：北星。

楊惠卿（2008）。《開始成功企劃真簡單》。台北：太雅。

楊雅清譯（2004）。《圖解現學現用！企劃書提案書72例》。台北：商周。 （原書：齊藤誠[2002].《知らずに身につく企劃書。提案書の書き方すぐ に使えるだれでも書ける72文例付き》。日本東京：日本実業出版社。）

楊意菁（2004）。〈民意與公共性：批判解讀台灣電視談話節目〉，《新聞 學研究》，79：1-47。

楊繼群（2010年5月）。〈週末綜藝節目收視分析〉，《尼爾森媒 體研究》，1-4。取自http://www.magazine.org.tw/ImagesUploaded/ news/12753306994530.pdf

溫珮妤（2002年10月）。〈東森幼幼台鎖定親子，廣告激增〉， 《Cheers》，25。取自http://www.cheers.com.tw/article/article. action?id=5025186

葉士弘（2011年12月16日）。〈SBL轉播約未敲定 歹戲拖棚〉，《自由時 報》。取自http://www.libertytimes.com.tw/2011/new/dec/16/today-sp1.htm

葉文正（2005年9月8日）。〈康熙退朝 小S帶球跑 明年四月見〉，《自由時 報》。取自http://www.libertytimes.com.tw/2005/new/sep/8/today-show6.htm

葉君遠（2007年4月30日）。〈主持人排行張菲預收款近億打敗吳宗憲〉， 《中國時報》，頁D1。取自 http://kmw.ctgin.com.tw/member/news_search2/ se_content_file8.asp?query=%B1i%B5%E1&src=B&date=20070430&file=N0 427.001&dir=B&area=tw&frompage=se

葉君遠（2008年3月23日）。〈談話節目銳減通告費打折藝人隱忍跌價 求生〉，《中國時報》，頁D1。取自http://kmw.ctgin.com.tw/member/ news_search2/se_content_file8.asp?query=%BD%CD%B8%DC%B8%60%A5 %D8&src=B&date=20080323&file=N0659.001&dir=B&area=tw&frompage=s e

葉君遠（2012年5月25日）。〈新節目收視新低 吳宗憲難撐大局〉，《聯合

報》。取自http://udn.com/NEWS/ENTERTAINMENT/ENT7/7114848.shtml

葉君遠、王雨晴（2007年12月13日）。〈選秀評審也分AB咖 小松小柏黃舒駿 吸金大戶〉。《中國時報》，頁D1。取自http://kmw.ctgin.com.tw/member/news_search2/se_content_file8.asp?query=%BF%EF%A8q&src=B&date=20071213&file=N0687.001&dir=B&area=tw&frompage=se

葉欣怡、林俊甫、王雅瑩譯（2003）。《肥皂劇》。台北：弘智。（原書Hobson, D. [2002]. Soap opera. Cambridge, UK: Polity Press.）

詹宏志（1996）。《創意人：創意思考的自我訓練》（第二版）。台北：臉譜。

滾石文化譯（1997）。《百感交集：廣告大師李奧貝納的100名言》。台北：滾石文化。（原書Burnett, L. [1995]. 100 Leo's. New York, NY: McGraw-Hill.）

熊東亮、陳世晉、楊雅棠、楊豐松（2006）。《商業簡報理論與實務》。台北：國立空中大學。

熊移山（2002）。《電視新聞攝影：從新聞現場談攝影》。台北：五南。

甄立豪譯（2004）。《簡報聖經》。台北：台灣培生教育。（原書Weissman, J. [2003]. *Presenting to win: The art of telling your story*. Upper Saddle River , NJ: FT Press.）

〈綜藝圈！七嘴八舌停不了，談話節目是風潮、製作環境卡瓶頸〉（2011年12月28日）。取自Tivo網頁 http://tivo.pixnet.net/blog/post/36490384

〈製作費〉（2011）。取自中華民國剪輯協會網頁 http://www.eforu.com.tw/www/cost/produce.htm

趙慧芬譯（2012）。《簡報教主教你的80堂說服課：從林肯、馬克吐溫到歐普拉，他們都這樣說服別人》。台北：漫遊者文化。（原書Weissman, J. [2011]. *Presentations in action: 80 memorable presentation lessons from the masters*. Upper Saddle River, NJ：FT Press.）

劉幼琍（1997）。《多頻道電視與觀眾：90年代的電視媒體與閱聽人收視行為研究》。台北：時英。

劉幼琍、蔡琰（1995）。〈電視節目品質與時段分配之研究〉，《廣播與電

視》，2（1）：89-124。

劉伯姬（2002年7月4日）。〈韓劇贏的DNA：製作費一集400萬 堆出冬季戀
歌的浪漫〉，《新新聞》，800：50-53。

劉怡汝（2012）。〈資深製作人黃義雄：「創意」是長時間磨練下的結
晶〉。取自1111進修網網頁http://edu.1111.com.tw/NewsDetail.aspx?nid=150

劉信吾（1996）。《電視教育節目企劃與製播》。台北：黎明文化。

劉盈君譯（2008）。《創意沒什麼大不了》。台北：天下雜誌。（原書
Lotherington, W. [2007]. *How creative people connect*. Singapore: The Edge
Publishing Pte Ltd.）

劉恩良（1998）。〈電視的起源〉，蔡念中（編），《大眾傳播概論》，頁
134-194。台北：五南。

劉韶晴（2010年1月）。〈言承旭9年身價漲120倍〉，《明報周
刊》，80。取自 http://tw.mag.chinayes.com/Content/20100107/
9C8C44EA9559464288AAFEA140CB1523.shtml

劉錦秀譯（2009）。《企劃實用祕技》。台北：商周出版。（原書：原尻淳
一 [2007].《Planning hacks》。日本東京：東洋經濟新報社。）

劉還月（1996）。《田野工作實務手冊》。台北：常民文化。

廣電人編輯部（1997）。〈兒童節目〉，《廣電人》，28：2-5。

歐凱寧譯（2009）。《太可惜了 創意這樣想就對了》。台北：貓頭鷹。
（原書：小山薰堂 [2006].《考えないヒント—アイデアはこうして生まれ
る》。日本東京：幻冬舍。）

歐凱寧譯（2010）。《創意不是用ㄍ一ㄥ的》。台北：貓頭鷹。（原書：
小山薰堂[2009].《もったいない主義—不景氣だからアイデアが湧いてく
る》。日本東京：幻冬舍。）

滕淑芬（2004年5月）。〈創意一點靈〉，《光華雜誌》。取自 http://www.
taiwan-panorama.com/show_issue.php?id=200459305013c.txt&table=0&h1=%
AC%EC%A7%DE%AEq&h2=

潘淑滿（2003）。《質性研究：理論與應用》。台北：心理。

蔡妤閒（2009年11月14日）。〈吳宗憲月薪短收200萬 平民涉抄襲停

播〉，《蘋果日報》。取自http://tw.nextmedia.com/applenews/article/
art_id/32090334/IssueID/20091114

蔡念中、劉立行、陳清河（1996）。《電視節目製作》。台北：五南。

蔡明燁（2005）。〈英國廣電業與數位化的現況〉。取自http://blog.chinati-
mes.com/mingyeh/archive/2008/01/10/234234.html#_edn1

蔡家燕（2003）。〈抓住剪接的再創性—訪談陳博文先生〉。取自台灣電影
筆記網頁http://movie1.cca.gov.tw/Cinema/Application/Content.asp?ID=26

蔡琰（2002）。〈裸根百合：台灣電視劇風雲〉，《電視新聞四十年研討會
論文》，193-252。

蔡琰（2004）。〈台灣無線三台電視劇開播四十年之回顧〉，《中華傳播學
刊》，6：157-193。

蔡琰、臧國仁（2003）。〈電視劇好看嗎？從感覺到評鑑的路程〉，「中華
傳播學會2003年會」，新竹市。

蔣敬祖、流川美加、朱玉紅（2007）。《35歲前要有的33種能力》。台北：
易富文化。

鄭自隆（2006）。〈電視數位化的思考與因應：日、韓經驗的借鏡〉，《傳
播管理》，6（1）：67-79。

鄭秋霜（2007年4月28日）。〈霍金斯談創意經濟10大新思惟〉，《經濟日
報》，A-14版。

鄭貞銘（1994）。《新聞學與大眾傳播學》。台北：三民。

鄭淑文（2007）。《紀實娛樂頻道節目全球在地化歷程探析—以Discovery在
台灣的發展為例》。政治大學傳播研究所碩士論文。

鄭瑞城（1988）。《透視傳播媒介》。台北：天下。

盧世祥、林育卉（2004）。《透視政論節目—廣電基金政論談話性節目觀察
研究》。台北：廣電基金。

盧非易（2001）。〈台灣新聞與紀錄片資料庫之建構與片目研究初探〉，
《廣播與電視》，16：1-25

盧非易（2003）。《台灣電視節目資料庫之建構，1990-2003》。（行政院
國家科學委員會專題研究計畫成果報告，NSC 91-2412-H-004-021）。台

北：政治大學新聞系。

盧非易（2003）。《台灣有線電視節目資料庫之建構與節目產出變遷初探 1993-2003》。（行政院國家科學委員會專題研究計畫成果報告，NSC92-2412-H-004-019）。台北：政治大學新聞系。取自 http://nccuir.lib.nccu.edu.tw/bitstream/140.119/3627/1/922412H004019.pdf。

盧諭緯（2004年12月15日）。〈生活產業創新學—三立電視台Local Content is King〉，《數位時代雙週》，96。取自 http://bnext20.bnext.com.tw/?Mod=PrintArticle&Func=Locality&Id=2414

蕭志強譯（1994）。《企劃新行家：企業經營增加視野的know-how》。台北：遠流。（原書：大川耕平 [1991].《驚異の達人企劃術—"思いつき"をビジネスに育てあげるマル秘ノウハウ全公開》。日本東京：東洋經濟新報社。）

蕭裕民（2009）。〈新媒體磨刀霍霍創意內容決勝負〉。取自財團法人卓越新聞獎基金會網頁http://www.feja.org.tw/modules/news007/print.php?storyid=388

賴明珠譯（1994）。《企劃技術手冊：完成一個企劃案的全程說明》。台北：遠流。（原書：江川朗[1979].《企劃力101の法則：あらゆる仕事に必要なアイデアの生み出し方と實現のテクニック》。日本東京：日本實業出版社。）

賴聲川（2006）。《賴聲川的創意學》。台北：天下雜誌。

閻紀宇譯（2010）。《大家來看賈伯斯：向蘋果的表演大師學簡報》。台北：麥格羅·希爾。（原書Gallo, C. [2009]. The presentation secrets of Steve Jobs: How to be insanely great in front of any audience. New York, NY: McGraw-Hill.）

戴國良（2006）。《電視媒體經營管理實務》。台北：鼎茂圖書。

薛佩玉（2006）。〈不搞超現實浪漫—電視製作人王珮華〉，《哈台影音快遞》，48。取自 http://tavis.tw/files/15-1000-1641,c170-1.php

薛聖棻（2006）。〈拿起筆來寫綜藝〉，王毓莉（編），《廣電暨新興媒體寫作理論與實務》，頁187-197。台北：五南。

謝其濬（2007）。〈觀察感知力〉，Career雜誌編輯部（編），《企劃達人》，頁44-47。台北：就業情報資訊。

謝奇任（2007年6月）。〈危機與轉機：台灣唱片工業2006～2007市場行為分析〉，「全球化下亞太傳播產業國際學術研討會」，新竹市。取自 http://www.fhk.ndu.edu.tw/mediafile/833005/fdownload/205/266/2010-9-17-11-2-6-266-nf1.pdf

謝欣情（2000）。〈公視列車～探索教學資源之旅（十四）〉，《研習資訊雙月刊》，1（5）。取自http://study.naer.edu.tw/UploadFilePath//dissertation/l017_05_0883.pdf

謝章富（1988）。《電視節目主持研究》。台北：合記圖書。

謝章富（2003）。《電視節目企劃理論與實務》。台北：國立台灣藝術大學應用媒體藝術研究所。

謝豫琦（2005）。《真人實境節目的閱聽人解讀策略—以日本節目「戀愛巴士」的台灣閱聽人為例》。政治大學新聞研究所碩士論文。

鍾文芳（2010）。訪談記錄。

鍾起惠、陳炳宏（1999）。〈公共電視新聞性節目編排策略之研究：節目類型與收視率研究結構之觀點〉，《廣播與電視》，14：63-87。

鍾起惠、彭芸（2000）。〈從品質觀點探討戲劇節目的表現〉，《廣播與電視》，15：91-117。

瞿欣怡（2007年6月）。〈王偉忠的創意五講從人情故事裡找感動〉，《30雜誌》，34。取自 http://www.30.com.tw/Board/show.aspx?go=523&auth=13102&keyword=%e7%8e%8b%e5%81%89%e5%bf%a0

簡妙如（2008）。〈全球化的「更真實」狂熱：真人實境節目的心理技術〉，《新聞學研究》，94：1-60。

聶寅（1997）。〈漫談綜藝節目〉，《廣電人》，25：17-18。

藍祖蔚（2009）。〈痞子英雄：專訪蔡岳勳〉。取自 http://4bluestones.biz/mtblog/2009/06/post-1341.html

顏妏如（2010）。訪談記錄。

顏甫珉、江祥綾、王雅蘭、趙大智、楊起鳳（2009年12月3日）。〈2009年

10大影視印鈔機〉，《聯合報》，頁C3。取自http://udndata.com/library/

羅沁穎（2003年12月24日）。〈東西軍 十坪攝影棚 料理全世界〉，《自由時報》。取自 http://www.libertytimes.com.tw/2004/new/dec/24/today-fshow3.htm

羅敏（2007年10月）。〈詹慶齡 說話謙遜得體讓人愛上女主播〉，《卓越雜誌》，278。取自 http://magazine.sina.com/bg/excel-lence/278/20071016/010953624.html

關尚仁（1999）。〈看優質綜藝休閒有品質〉，《廣電人》，49：35-36。

關尚仁譯 （1994）。《兒童與電視》。台北：遠流。（原書Lesser, G. S. [1974]. *Children and television: Lessons from Sesame Street*. New York, NY: Vintage Books/Random House.）

〈12種毒害寫作力的語病〉（2011年8月）。《Career職場情報誌》，424。取自 http://rich.nyc.gov.tw/richCandidate/doc/docDetail.jsp?docID=3E651750 B400646711B2FA7D892CBDE9

〈2012 年公視節目製播規劃成績〉（2012年10月4日）。取自公共電視網頁 http://info.pts.org.tw/open/data/prg/2012prg_pro_new_exp.pdf

〈2012年兒少收視行為與兒少節目困境分析〉（2012年12月）。取自兒童福利聯盟文教基金會網頁 http://www.children.org.tw/news/advocacy_detail/959

Career雜誌編輯部（2007）。《企劃達人—你的企劃力寶典》。台北：就業情報資訊。

〈CJob人物專訪：中華民國剪輯協會理事長段兆偉〉（2010）。取自CJob人力網網頁 http://www.comcareer.com.tw/index.php?controller=Experience&action=View&experience_id=66

Amabile, T. M. (1983). *The social psychology of creativity*. New York, NY: Springer-Verlag.

Amabile, T. M. (1988). A model of creativity and innovation in organization. *Research in Organizational Behavior*, 10, 123-167.

Duarte, N. (2008). *Slide: ology: The art and science of creating great presentations*. Sebastopol, CA: O'Reilly Media, Inc.

Eastman, S. T., & Ferguson, D. A. (2002). *Broadcast/cable/web programming: Strategies and practices* (6th ed.). CA: Wadsworth.

Fiske, J. (1987). *Television culture*. London, UK: Methuen.

Herbst, S. (1995). On electronic pubic space: Talk show in theoretical perspective. *Political Communication*, 12, 263-274.

Horowitz, E. (1993). *Talk show politics: The match that rekindles American democracy*? Paper Presented at the annual meeting of the Association for Education in Journal and Mass Communication Convention, Kansas City, KS.

Mednick, S. A. (1962). The associative basis of the creative process. *Psychological Review, 69*, 220-232.

Rao, A. (Correspondent). (2009, February 25). *Talk Asia*. Hong Kong: CNN. Retrieved from http://edition.cnn.com/video/#/video/international/2009/02/25/ta.c.jimmy.lai.cnn?iref=allsearch

Rogers, R. P., & Woodbury, J. R. (1996). Market structure, program diversity, and radio audience size. *Contemporary Economic Policy*, 14, 81-91.

Tunstall, J. (1993). *Television producer*. London, UK: Routledge.

Wallas, G. (1926). *The arts of thought*. New York, NY: Harcourt, Brace and World.

Westin, A. (1982). *Newswatch: How TV decides the news*. New York, NY: Simon and Schuster.

企劃範例（一）

壹、節目名稱：

眷村文化[1]（暫定）

貳、節目型態：

歷史文化紀錄片

參、節目主旨：

要談眷村，先必須把一些相同的歷史記憶中的不一樣的說法說明白。

文化可以欣賞或感受，有一點點必要知道它從哪裡來或怎麼變來的。左鄰右舍樓上樓下有時都會不明不白，更何況是大江南北來。趁老人家還在，大家還有感覺的時候多說多想多聽多看，有一天也許就明白了。因為，「眷村文化」不是只在眷村裏頭，而是隨著人，隨著人與人的不管生老病死，它都鮮活的在我們社會的每一個角落。

第二次世界大戰結束後，蔣介石所領導的國民黨部隊在隨之而來的內戰中節節敗退，最後終於將中華民國政府從大陸「播遷」來台，大批的軍人與公務人員及部分的眷屬，也隨著這波撤退行動「轉進」渡海而來。其後為了安置這群離鄉背景流離失所的同胞，全台灣地區的城鄉都會星羅棋布了所謂的「眷村」。

戰後至80年代，在意識型態對立的國際局勢中，形成了台灣特殊的國家處境。在政治、經濟與社會發展的過程中，所有的人民都相當程度的承受了各種的扭曲與壓力。而在民族主義與國家至上的思維中，透過戒嚴體制的社會控制系統，將台灣的社會建構，再一次更急遽、更緊密的壓縮，造成了近代人類社會史上罕見的瞬間熱熔，爆裂出許多的火花中，有傷痛的記憶，也有的成為可供澆灌新生世代的養分。因此歷史明白的告訴

---

[1] 本企劃書由我們工作室有限公司負責人林建享先生提供。礙於篇幅，本範例僅摘錄企劃書部分內容。其中14集的節目內容描述中，僅完整刊出第1、2、3及14集，其他各集僅列出大概內容。

了我們：中華民國也好，台灣也罷，我們都為此付出了相當的代價。而這是本節目探討「眷村文化」所必須面對與承擔的歷史背景。在交錯的兩岸歷史情境中，以文化為著眼的檢視，所謂以刻板中的「外省」做為單一劃分的族群概念裡，其實有著異質同化的內涵；而整體的台灣社會甚至全中國，更是一種同質異化的存在。

　　文化從個人、家庭、社會乃至於國家民族，都是內部形塑與外部的認知，在不停的交互作用而形成的，有其堅牢不破的的深根固守，或種種隨著時空易地的調整變異，這是每一個人類社會求其生存發展延續的基本能力。「眷村文化」在其時空因素中，正是因應了人從生理、心理、甚至是意志上的生存需求的表現。因此，看待「眷村文化」必須是與整體的台灣乃至中國大陸的歷史與社會連動去連結的。過去的「竹籬笆」意識，長期的隔離與劃分了我們在現實與觀念上的認知，或許隨著時代的變化或實質的眷村改建，這條有形或無形的界線將繼續留存或成為歷史的記憶不得而知，但在本節目並無瓦解或破除的用意，而是希望能從歷史或現實的「竹籬笆」牆邊，建立由內往外或由外往內或更多面向的認知與思考，而成為所有人願意面對而能夠面對、因理解而珍視、因成為情感而成為記憶的可能，不再是誰裡誰外的牆，而是彼此有門有窗的家園。

　　「眷村文化」與台灣社會發展的糾結無需贅述，然而任何社會機制底下的人的皆有其細致綿密的生活網絡，從安身立命到進取發展都能從生活文化中有跡可尋。眷村社會就像其他的台灣社會構成的種種劃分一樣，也絕對是台灣社會發展過程中重要的一環，從個人的身、命經歷到眷區堡壘般的意象，就與其他的「本省」、「客家」、「原住民」一樣，其實是大家一起愉快或不愉快的刻劃書寫了島嶼的身世。

　　本節目將從「眷村文化」在台灣政治面上曾有或現在當下仍有的衝突或對峙，也將從台灣社會面中審視自然而生成的融洽和諧，由此或許可見台灣特有的生命力所帶動的社會進步。潛藏在台灣族群與省籍意識中的社會隱憂是無需迴避的，或談相親相愛或談和解，同質社會中的異化與分化並不可怕，可怕的是無法對話或拒絕對話。族群關係的上昇或沉淪，在於

對話與傾聽的開始，才能有欣賞與接納的可能。透過媒體的、以「文化」為主題意識的，是可以冷靜的、柔軟的。本節目將從這樣的企圖，這樣的想法，從眷村的歷史到個人，談我們的經歷談我們的生命，映照些我們的社會到了當下，還有哪些相識與哪些不相識的，而且，把它開始。

肆、節目內容規劃

　　本節目從集別內容脈絡的安排，以及各單集中在背景、主題與討論的鋪陳上，都將從三個向度來探討「眷村文化」長期在台灣社會中型塑過程與呈現的的社會互動關係，以期能從普遍的、共同的歷史記憶或認知做為切入點，再脈絡入「眷村文化」中的議題延展，而能適切的表述或探究節目內容的種種：

一、以歷史的時間縱軸與地理的空間橫軸做為敘事與議題的背景鋪陳，藉歷史發展與地理發生的所在，將演變的時空因素說明，釐清觀眾對節目內容的時代背景與相關地緣等的較相關細節的認識。

二、以議題的探討或生活的敘事來表述「眷村文化」中所含有的種種面向。從較深沉涵隱於社會觀念與價值觀差異的議題，或是村里社區的歷史、家庭生活史，以及個人的經歷遭遇，做為紀錄片中主題或討論的中心。

三、對於開展的主題除了更深廣的探討外，另就其相關於整體社會面的相關意識或關聯做平面的連結，避免議題成為特殊化或個別化的再刻板印象的造次，緊扣與台灣整體社會的連帶互動性，使「眷村文化」在媒體的深義中，能做為可以重新詮釋、看待歷史的可能，或討論當前時下的論述，做到社會溝通與社會相識可能的橋樑功能。

伍、節目內容

第一集　全國軍民同胞們

背景說明：

　　歷史的感知是須要對照的；詮釋，往往至少會有兩個版本。

「時代動盪，風雨飄搖」的局勢，或可做為國府在抗戰終了，困陷內戰及至韓戰爆發的大局寫照，地理上輻跨了全中國大陸及當時所謂的東南撮爾小島的台灣。然而當時的台灣島民體會的可完全的是另一回事。他們的歷史命運再一次的轉輾了。「光復」後的祖國想望情懷，到驚慄的二二八事件，如沐三溫暖般的洗透了每個島民的腳底到髮梢。怎麼不也是五百年前的一家人，為什麼會有這麼大的差異？黑水溝的兇險在老輩的口述中依然澎湃，當是祖國來的兄弟姊妹們吧！

當蔣總統站在過去的總督府前，用那與陳儀相同口音說著「全國軍民同胞們」時，台灣島上已多了六十多萬可以立正直挺的大陸弟兄了。眷村的故事從這裡開始，新的歷史，啟動了國府各相干島嶼上的全國軍民同胞們的全新命運，天皇的子民與日本鬼子的死敵，突然間成為左鄰右舍，五十年前那場熱呼呼到冷寂的社會融合清晰可憶，這些鄰居們各自的春天如何過去，冬天又如何到來……。

本集將以當時海峽兩岸大歷史的時空陳述，討論眷村文化的時代背景，做為本節目的總論。

拍攝大綱：

一、資料片編輯抗日戰爭、國共內戰的影像。

二、訪談歷史學者許教授關於國府轉進的決策與考量背景因素。

三、資料片編輯光復後國軍來台與與日據台灣時期相關影像。

四、訪談學者關於當時台灣與大陸在歷史因素中的時代差異。

五、舊照片與新聞編輯1945至1950年代的兩岸歷史重要事件。

六、訪談第一代大陸來台人士與本省耆老關於當時各自所見的社會景況與感想。

七、拍攝當時相關的重要歷史現場。

第二集　流浪的基地

背景說明：

轉進，並不是撤退，只是休養整補，等那反攻的號角再次響起……。

1949年，台灣海峽彷彿重回三百年前的歷史現場，只是這次的軍民

近二十倍於當年的國姓招討大將軍鄭成功的部隊。雖然再沒有熱烈歡迎的場面，但也沒有荷蘭人需要驅趕。基隆與高雄的碼頭一支支的部隊、單位，有番號的沒番號的，器材、輜重、人員、公文箱，魚貫的登上這塊島嶼。安頓與整備成為每個單位最迫切的首務，戰鬥單位、後勤單位、事業單位迅速的按著島嶼既有的基礎各就各位。中央政府很快的也就運轉起來了……。

近二百萬軍公教人員，如何在數年之間分散至全台的各個角落？這批堪稱人類史上最大的渡海移民，如何重啓的安身立命的生活爐灶？從人的生活網絡的機能，到政府機制的接續啓動，那是從人的胼手胝足與國家動員的成果。是後有追兵、或具強烈的憂患意識，「克難精神」成為時下的最高昂的情操。當旌旗再度飄揚，炊煙也冉冉升起了，洗盡風沙塵土，掛起那件轉進大江南北的軍服，有的人，終於可以有張舒服的床躺下來了……。

本集將追索當年龐大的部隊與單位，分為軍、公、教、義（大陳島）、中央民代等的各階層，在台灣從移防到重新建制的過程，藉以呈現當年眷村在全島落戶的情形，並顯現眷村的組成是交錯於在大陸時期因地緣、任務、或轉進流徙的過程中的種種複雜或單純的組態，做為認識眷村之文化內在質地的基礎。

拍攝大綱：

一、資料片編輯國府撤退來台，蔣介石復行視事等影像。

二、基隆港或高雄港現場，並訪問當時登陸來台的軍人關於撤退當時的部隊單位與個人經歷。

三、動畫示意若干部隊或單位從大陸來台過程的轉進路線。

四、訪問台籍人士對國民政府來台的當時景況與感想

五、現存未變的當時軍事設施。

六、大陳島撤退資料片並訪大陳島人彭先生及其家人關於政府的安置情形。

七、動畫圖卡示意單位、人數、全台建制眷村的地理區位關係表。

八、訪問學者關於移民移入的社會建構情形。

第三集　BA001-002269209 / 任務編組

背景說明：

　　BA001-002269209，客廳；餐廳；臥室；廚房。$3 \times 5m^2$，一個屋簷下。能擋風，能抗雨。

　　房屋，安身立命的庇護所。有四面的牆、窗戶、門與屋頂。漆塗的綠底白字`代表著所人與空間的相互所屬相所歸依。串連的號碼也串連著共患難的袍澤，昔日一同打日本鬼子，一起殺共匪的生死與共弟兄們，彼此成了最佳鄰居拍檔。管你一家幾口，總的該有的都有了，擺床的地方就是臥室，放了桌子的是客廳兼餐廳，廁所，那就多走兩步路吧……。

　　眷村到處有，但不是所有的眷村都是一樣的，單位軍種職等階級加抽籤，成千上萬棟的房舍，徵編或打造，與幾十萬人口的配對是個怎樣的工程？眷村的故事一路走來，就是從那些有號碼的房舍開始的，屋簷底下、牆壁之間，50年的拆拆蓋蓋中，可以有兩個半的世代呢！

　　本集將先回返眷村文化中，空間建構的起點。從物質的房舍到人際成分的組合，加以眷區有形的制度建制與無形的意識凝聚，當我們回到那人與屋的任務編組中去審視，或能瞭解眷村從住居環境的生活文化，何以能成為外人眼中的堡壘。

拍攝大綱：

　　一、現存50年代的眷村房舍及環境景觀。

　　二、訪談花蓮新城榮民陳先生憶往當年房屋分配的情形。

　　三、記錄拍攝陳先生日常生活。

　　四、訪問眷村居民的家庭生活與屋內陳設與空間配置的情形及社區作
　　　　息的畫面。

　　五、訪問眷村居民對公共事務的運作的方式。

　　六、訪問眷村附近居民對眷村的變遷記憶與觀感。

第四集　好男要當兵，好鐵要打釘—男人在眷村：

　　這集將以不同的個案的深入訪談，來看當年遷移來台的不同出身背景

的軍人的形成家庭，以及軍人形象對於家庭的影響。

第五集　一家之煮─女人在眷村：

　　本集選取三位女性，分別代表在外省籍軍人與外省人，原住民，客家人結婚在台定居，形成不同的家風，以及女性子女們的不同發展。

第六集　童黨萬歲：

　　本集將討論外省人第二代的現狀，並回溯他（她）們的成長過程，並看看外省三代的成長。

第七集　眷村三兩事：

　　本集將從作家們的成長經驗與寫作經歷中，由眷村經驗的交集，談自我對眷村的深度思考。

第八集　下港阿媽家：

　　本集以族群關係為議題，試圖從省籍間的社會流動與社會階層的映對，來探究眷村文化中在族群關係互動上幾個可以對流的縫隙中，曾為彼此留下哪些寶貴的記憶。

第九集　太陽下去的地方：

　　本集將從眷村社會的集體經驗為歷史背景的探索。而錯綜複雜的認同意識降以議題分析的方式，看眷村在認同政治中的世代異同之間的關連，以及來自眷村內部拉力與台灣社會的外部拉力拉距。

第十集　平地起高樓：

　　本集將從眷村改建政策與四四南村的保留決策過程中，探討舊鄰里與新社會網絡共構的可能在哪裡。

第十一集　將軍的女兒：

　　這集將由一個特定身分的人出發，由他（她）們身處的位置來看眷村發生的種種事務，包括兵荒馬亂時丈夫隨軍隊移防，太太如何帶著兩個幼子千里尋夫，在上海找到先生之後來台，而在台部隊輪調時的家屬安置狀況，在配眷舍時因資格不符產生權變之計。

第十二集　返鄉情怯：

　　故鄉是最遙遠的記憶，家族的人事物，在萬惡共產主義的極盡破壞之

下，人事面貌已非。在1989年開放大陸探親時，老先生老太太們帶著大包小包的金錢，大小家電腳踏車提領券返回故鄉。在今天台商往返中國大陸如同「行灶頭」，台灣海峽如同台商的內海，外省族群要如何看待台灣的兩岸政策？

第十三集　眷村改建

　　眷村不同於一般的住宅社區，自給自足的特色，使得眷村有「竹籬笆」的名號。地理空間的封閉，很自然的形成眷村的特有文化特質、空間關係。隨著時間的改變，眷村的房舍老化逐漸殘破，居住品質已不合實際需求，這些老舊眷村經過數十年的變遷，在現行的都市計畫的範圍之中，有許多眷村已然另有規劃。在1997年立法院通過眷改基金，一波波眷村改建由北到南展開，打破了眷村與外界的藩籬。

第十四集　親愛的父老兄弟姊姊們

背景說明：

　　知道舊總督府的人變少了，而知道那條路叫凱達格蘭大道的人慢慢的變多了。

　　2001年的元旦升旗典禮，陳總統用自己的台灣國語說著與以前的李總統、嚴總統、蔣總統一樣的「各位父老兄弟姊妹們」時，當年直挺挺的、帥帥的大兵，已經從李叔叔、陳伯伯又升格成李爺爺、陳爺爺了。解嚴、探親一路走來，反共復國的硝煙早已不復存在，誰也不知道新年新氣象中「戒急用忍」會不會還是到時候的口號？眷村呢？也許展現了一個更大的輻距，房舍與人俱在，BA001-0022692092的最新任務編組是新掛牌的「眷村網站」，裡頭坐第三世代的e-童黨們，在電腦網路上布告著這麼一則「眷村美女」網頁的訊息：「為配合跨國商展需要，眷村網站公開徵求『美少女商展軍團』，眷村是台灣的特殊文化，大陸號稱台灣的眷村是『第五軍團』，第五軍團中的精銳部隊即是『美少女商展師』，期望該師可為本島創造又一個春天」，http://www.spice-village.com.tw/icon13.htm……。

　　本集將做為本系列節目的結論，一個沒有結論的結論，眷村文化仍然

在不斷的轉進間成熟、壯大、生生不息……。

拍攝大綱：

一、國慶大典的會場與參與的人員。

二、眷村中，國定假日時的布置。

三、眷村網站作業情形。

四、訪問學者分析兩岸關係互動中的族群、政黨的互動引力。

五、一般各界民眾對族群界限與族群互動的感受與期待。

六、元旦升旗典禮。

企劃範例（二）

海洋國家公園管理處

蘭嶼大船造舟暨跨越黑潮系列活動紀錄片拍攝計劃案
服務建議書[1]

提案單位：蘭嶼部落文化基金會

中華民國99年12月9日

---

[1] 本企劃書由我們工作室有限公司負責人林建享先生提供。礙於篇幅及個人隱私資料，將部分內容簡化或省略。本片入圍第33屆（2011年）金穗獎最佳紀錄片、入選2009年台灣國際民族誌影展「身體與靈魂」，並在2011年3月15日於公共電視【紀錄觀點】節目播出。

一、前言

海洋環繞著我們的小小島嶼，是上天給我們的恩賜。

　　對於試圖從農業文明建構島嶼海洋文化的台灣社會來說，活生生的達悟海洋文化，是絕對具有啓發性的。海洋，在台灣漢人文化中是屬於漁民的專業，並不是一般常民的生活感知。愈瞭解海洋，愈懂得去尊敬它，達悟族人是這麼說的。達悟民族與自然相處的智慧，是遵循海洋的變化與節奏的。將未知的不預期轉化爲知識、技術與尊重海洋的生活態度，並成爲依循的文化慣習，使達悟的海洋文化依然能從古典時光中走出來。雖然，地球上已無未知的海平線後面的遠方，但循著歲月的浪潮回返，深邃的海洋中，或能提供台灣社會，在面對未來世界時的思考與想像。

　　沒有飛行器的年代，不同的文明從海上被船舶承載移動往來。「只要是人，都有權利去拜訪任何一處有他同類的地方，雖然有表達及謀求互利的權利，但是不可強求且須以和平的方式進行……。」這是十六世紀的西班牙道明會的修士，在大航海時代中所提出的「人類的社交性國際法」。海洋不是阻隔，而是通路；這才是海洋民族的思維。這次，欣逢建國百年系列的活動，我們將拍攝紀錄達悟民族的文化大船，從造舟到橫越黑潮划向台灣的西海岸，循著台灣深沉歷史記憶中的黑水溝北上的過程…。Kwa da wun lilawud 拜訪台灣，讓蘭嶼的大船文化繼續划，這美麗的拼板大船將能使世界從海洋看見台灣，也使台灣能從海洋看見世界；因爲「陸地的盡頭，才是世界的開始」……。

二、影片企劃方向與目的

（委託計畫目的及工作範圍、對委託計畫背景之瞭解與分析）

海，是母親的奶水；島，是父親的胸膛。

當代所見的蘭嶼島，是一個由地理環境與自然生態條件，加上特殊的歷史因緣與達悟民族生活營造而構成的島嶼。達悟族人的祖先，千百年前即選擇在此住居，繁衍著族群世代。而達悟民族因所具有的海洋文化，更是構成台灣多元文化組合特色中，不可或缺的一部分。在歷史的流變中，一個民族的人群如何繼續保有其生活方式？其社會文化又如何能適應變遷繼續存在？在同爲地球村的成員中，達悟民族又有什麼是值得讓這個世界看見的……？在達悟海洋文化中，做爲從日常社會生活到民族精神信仰核心的拼板舟，將以行動划過海洋，在連結起部落與國家互爲之生命共同體的意義中，這已不只是原住民族群傳統習俗呈現的意涵，而是彼此的社會互動、相識到對話的演繹了。百年有多長？「那是父祖到孩孫都在造船的時間加起來的那麼長，是值得慶賀的。」當傳統習俗能運行無礙，不正也是文化的無墜落之虞。蘭嶼達悟民族跟海洋說話，面對海洋是謙卑的，從來不是挑戰、征服與掠奪的，是親密愛戀的。造好划去台灣的大船，將會訴說的是這些故事。

　　在轉譯文化習俗的紀錄製作中，也將探求在達悟民族長遠的歷史過程中，如何感受看待此次國家百年系列活動的意義。也將探求從古典傳統走到現代性之中，達悟民族世代的族人是如何去面對祖先以來的海洋。面向未來時，則不只是達悟族群的未來，也是台灣所面向海洋的未來；不只做爲族群共同省思，也讓台灣作爲一個海洋島嶼的映照。做爲走向海洋文明的期許，是必須積累的，台灣是需要眞實可見的海洋文明的實踐。不只台灣的主流社會，整體多元的台灣南島語族原住民族的大社會，都可從其中體認相同與差異而相知相惜。

三、拍攝大綱

　　思考傳統大船文化與活動意義的相對中，在面對現代社會渴望文化交流的情境需求之下，設定了如下的探討與詮釋的可能向度，來做爲對此一活動系列所投入的關注與對彼此看待的一種可能的回應。並以此做爲紀錄片製作內涵觀點脈絡的依循，再漸次的依現況調整，最後仍將呈現紀實的

表現，來達成本紀錄片計畫原始初衷所要展現的功能與目標。

- - 片名 –

Kwa da wun lilawud拜訪台灣（暫訂）

文本主題：

　　─建國百年活動系列中的蘭嶼海洋文化與台灣社會認知的對話

　　─從航海行動中的達悟大船文化探討台灣島嶼海洋文化的意識與思考

　　─促進觀眾對蘭嶼傳統習俗更深度的認識

觀點：

　　──一個民族的人群如何繼續保有其生活方式

　　─達悟社會文化中的傳統習俗如何能適應變遷繼續存在

　　─同為地球村成員的達悟民族又有什麼是值得讓這個世界看見

工作範圍之拍攝系列子題：

　　造舟計畫

　　　　─因應計畫造舟的部落會議的運作方式

　　　　─完整的造舟工藝製作過程

　　　　─造船工藝技術對應的民族生態生物的知識系統

　　　　─禁忌系統與資源利用的對應關連

　　大船下水活動

　　　　─因應計畫活動對傳統下水儀禮的調整

　　　　─誇富與豐腴背後的人際關係與勞動意義的價值

　　　　─關於儀式與船靈的說話與唱歌

　　　　─現代達悟海洋文化教育傳承的問題

　　橫渡黑潮

　　　　─人為物質文化與自然環境的對話

　　　　─重建在地海洋知識以及航海等相關傳統智慧

　　　　─海洋的時間空間與距離

　　　　─移動與他族的相遇

贈船儀式
　　—部落與國家相遇的對話
　　—台灣相關參與者的體驗與感知
　　—贈予的認知與感受
媒體行銷
　　—虛擬媒體與實體大船的文化傳播
　　—文創產值的轉換

四、工作計畫構想、創意表現方式

　　本紀錄片所面對的文本主題的本質，是以現代活動設計操作的，故其中內涵應需要與許多的傳統性的思維與做法相互溝通協調。這是時代與時俱進的必然，亦是傳統文化在因應調整與轉換的必經之路；而禁忌與慣習將會是最多衝突與牴觸的界域。在近20年來，達悟族群的急遽變遷與適應期程的壓縮，都在在的呈現在許多的日常生活與深沉的儀式行為諸多面向上。謹此，將本工作計畫執行的架構以蘭嶼部落基金會為當然的主體性，導演在文化詮釋的討論需求上，將與基金會委員及學者專家充分諮議，必要時亦由部落會議與耆老討論，如此即是遵循達悟部落言說議論慣習的觀念討論與事務處理的法則。另就影音創意表現方式，亦列舉如下簡述：
　　畫面—影像敘事呈現將嘗試達悟語言中特別的視覺化描述表現
　　旁白—亦將試圖以達悟語言中情境性的語詞語彙來陳述或形容
　　音效—影音聲響的運用將設計利用自然原音或以其仿創為其表現風格
　　配樂—原則上利用歌詞適合文本內容的傳統吟唱歌謠或另行現代編創

五、委託工作執行進度（工作時間配置表）與人力配置

（一）計畫執行進度（配合實際執行期程調整履約內容及期限）

1月－6月	7月初	7月中－8月		
・造舟計畫 1.部落會議 2.造舟工程				
・大船下水				
		・跨越黑潮 1.划船隊組織與訓練 2.雅美青年展演團組織與訓練 3.大船航程規劃 4.蘭嶼雅美族海洋文化之夜活動 5.民眾體驗划大船 ・贈船儀式		
・媒體行銷－活動主題行銷、記者會、新聞稿、專輯節目、網路行銷				
・期初報告				
工作執行計畫書				
諮詢專家學者名單				
6/15。期中報告				
15分鐘宣傳影片完成稿				
30秒宣傳影片完成稿				
7月初。 造舟過程15-20分鐘版				
			9/10。期末報告	
紀錄片各版本之完成影片光碟				
外包裝圖樣設計完稿				
				11/30。正式驗收
修正影片內容				
結案成果：	1.製作片長約55分鐘完整版。「造舟過程」15-20分鐘紀錄版。15分鐘簡介版及3分鐘、30秒宣傳影片HD影片之完成帶（混音帶）、分軌帶（四音軌）各3份 2.應分別具達悟、中、英、日語及字幕顯示選項功能之55分鐘完整版、「造舟過程」15-20分鐘紀錄版。15分鐘簡介版之藍光完整播映片及DVD光碟母片各3份			

（續）

1月－6月	7月初	7月中－8月		
	3.影片應製作片長約55分鐘完整版、「造舟過程」15～20分鐘紀錄版、15分鐘簡介版，且具片長選擇及達悟、中、英、日語四種語文版及字幕顯示選項功能之影片DVD光碟（包含碟片圓標圖樣、精裝版紙盒內外整體設計完稿印製），計2,000片 4.30秒CF廣告及3分鐘短片之達悟、中、英、日語版各二套，並繳交母帶2捲及網路版格式 5.以高解析度之相機，實地拍攝現場具代表性活動（如造舟過程、大船下水儀式、橫渡黑潮、各場晚會、贈船儀式等）照片300張，（解析度需達350dpi以上之jpg或tif影像圖檔格式，需附圖像說明）			

（二）人力配置

此次參與計畫人員除本投標單位多面向的領域成員組成外，另與長期投入蘭嶼相關影音、文化製作的團隊一起協力合作共同配置計畫主要核心人員，並已取得相關領域之專家學者的參與同意，為實際擴大效益，將直接聚集2007年本計畫協力團隊－我們工作室執行「蘭嶼拼板舟首度航向台灣」時所認識的各方好友們成為志工，一同成為團隊中的一員。

再考量此計畫非單一拍攝計畫，而屬整合性質強烈、富含文化意義之記錄，而非一般以觀賞訴求為主的影片。因此，將積極爭取並主動請求主辦單位協助計畫執行團隊與其他關心蘭嶼事務的單位，在後續計畫中的協力合作，進而與涉及系列活動辦理之相關單位（台東縣政府、蘭嶼鄉公所等）建立專屬單一窗口及訊息平台，以確保資訊流通及工作執行合作上的順暢，強化準確性及效益。

1. 投標單位：財團法人蘭嶼部落文化基金會董監事成員

姓名	現職	學歷
夏曼‧○○○	國家實驗研究院海洋科研究中心研究員、作家	成功大學台文所博士班研究生
夏曼‧○○○	雅根工作室負責人	台東師院
夏曼‧○○○	台東縣議員	台東師專

（續）

姓名	現職	學歷
席萳‧○○○	作家、文化工作者	政治大學民族所研究所
王○清	蘭嶼中學工友	省立台東高級中學
周○進	蘭嶼鄉野銀社區發展協會理事長	高職
郭○平	文化工作者	玉山神學院神學研究所
張○商	蘭嶼鄉生態文化保育協會理事長	高中
蘇○清	漁人社區發展協會總幹事	亞東工專
張○儀	蘭嶼完全中學代理校長	靜宜大學英文系
廖○德	黑妞民宿負責人	空軍機械學校旁備士官班94期畢
謝○廣	明日民宿負責人	蘭嶼完全中高職部

2. 協力團隊：我們工作室有限公司（如後章節所附資料）

3. 計畫核心工作人員：

姓名	負責工作	族籍
夏曼‧○○○	統籌溝通協調	達悟族
Sutej Hugu（斛古‧○○○）	各行政工作整合分配	西拉雅族
林○享	製片統籌、導演	漢族
黃○順	影片拍攝、後製	漢族
張○凱	影片拍攝、後製	達悟族
萬○琪	影片拍攝、後製	漢族
王○舜	影片拍攝、後製	漢族
Si Manpang（董○妹）	各項行政作業聯繫	達悟族
Si Ngaepep（謝○光）	各項拍攝場務（拍攝大綱、場記）	達悟族
曾○容	協助行政聯繫及拍攝場務	漢族

4. 諮詢顧問群：

姓名	現職	專長
王○山	國立台北藝術大學文化資源學院院長	文化人類學、博物館展示
蔣○	中央研究院民族學研究所副研究員	人類學、南島文化研究
楊○賢	國立台灣史前文化博物館研究典藏組研究助理	人類學、蘭嶼研究

修正後單價表

項次	項目	預估金額	單位	數量	單價	費用分析說明
一	人事費					（含專家座談出席費）
	計畫主持人		月			製片統籌溝通協調
	協同主持人		人			專案期程負責影片拍攝人力、機器相關事宜
	執行助理		人			專案期程綜合企劃、編寫腳本、道具連繫等
	專家座談出席費		式			期間三位以上專家諮詢出席費、交通費
二	業務費					
	資料蒐集		式			相關研究調查報告及資源、文史資料源、參考文獻蒐集
	書面文件印刷裝訂		式			含腳本打印及期中、期末、成果報告書面資料等
	外景拍攝費用		式			含陸域、海域影像拍攝及現場收音
	特效製作		式			電腦動畫及繪圖費用
	配音		式			達悟、中文配音及英文、日文翻譯配音
	音樂（混音）製作		式			含編曲費或版權費
	DVD壓片拷貝		式			（含精裝版之設計印刷及製作）
	藍光碟片製作		式			
三	差旅費		式			（含人員、機具運輸交通費及外景餐費）
四	設備使用及維護費與租金等		式			
	錄影材料費		式			錄影材料費
	影片剪輯		式			影片剪輯、剪輯師、剪輯室及剪輯器材費用
	旁白配音		式			錄音室租借費用等
五	其他費用		式			（含工作人員及器材保險、文獻資料庫檢索、圖書館館際合作作業費、文件翻譯費等）
六	雜支		式			文員、郵電等費用
	小計					
七	營業稅		式			5%含應繳交之稅金（5%）
	合計					100%

七、計畫主持人及主要工作人員之專長與經驗

<u>計畫主持人</u>

現職：

學歷：

經歷：

著有：

<u>協同主持人</u>

現職：

經歷：

<u>協同主持人</u>

現職：

學歷：

經歷：

展演主題相關研究與製作履歷：

<u>製片、攝影、劇照</u>

學經歷：

作品／經歷年表：

<u>攝影、劇照</u>

學歷

經歷：

作品／經歷年表：

<u>執行製作</u>

現職：

學歷

經歷：

八、預期成果與效益

對於主題文本，期望如此能製作出合乎達悟思維邏輯表現方式的紀錄片，能有質樸純真的達悟族群海洋性格的呈現，並在深沉嚴肅的文化性議題表達上，做到容易理解而不致生澀難懂。表現的形式與風格是流暢活潑的敘事結構、視聽覺的美感，以及嚴肅又不失幽默的自然與趣味性；更重要的是這個活動與紀錄的初衷：傳遞給觀眾一部萌發於國家與部落對話中，真誠的顯現來自於台灣社會面向對於達悟民族的文化與人的關懷。

九、廠商如期履約說明、廠商之資源及其他支援能力

（一）蘭嶼部落文化基金會
（略）

（二）我們工作室有限公司
（略）

蘭嶼相關製作經歷：

（三）諮詢顧問同意書
（略）

十、其他對本案之製作風格、成果有更好之建議及必要事項

本片所面對的是台灣主體社會與傳統原住民部落社會相對性，划船航行的活動絕對是於現代性社會中意志與力量的壯舉，如何能掌握主流社會情感關注的效應，藉此辯證過去以偏執性的中央與邊陲論述來看待原住民的社會文化質性，是所有參與本活動大小相干的個人到集體都可以去思考的。而做為國家主體意志的展現，階序與支配？還是平等與夥伴？這些都是在本計畫案操作互動的執行時，即可實踐與驗證的。蘭嶼達悟民族，絕對是台灣的寶貝；人群、文化、環境，種種諸多可供當代社會深思的質感，來自於許多過去與近代的文明暴力所加諸後的歷史遺緒。但走過時光，卻又似乎成為一個美麗的誤會，就常又在無知的浪漫與美好讚嘆中繼

續被誤解與傷害…。無論是個人或國家，遊客或專業工作者，關注蘭嶼所需要的是敏銳的神經，但需要付出的並不多，主動、善意、體諒與關懷即可。她是一個也在百餘年前失去自己的黃金年代的民族，傷痕累累尚未癒合，只要真心呵護與疼惜，她會許給你我一個美好的未來。

國家圖書館出版品預行編目資料

影視節目企劃與寫作／安碧芸著. -- 二版. -- 臺
北市：五南圖書出版股份有限公司, 2023.02
　　面；　公分
ISBN 978-626-343-365-6（平裝）
1.CST：影視企劃 2.CST：企劃書
557.776　　　　　　　　111014649

1ZE8

影視節目企劃與寫作

作　　　者 ― 安碧芸(515)

發 行 人 ― 楊榮川

總 經 理 ― 楊士清

總 編 輯 ― 楊秀麗

副總編輯 ― 陳念祖

責任編輯 ― 李敏華

封面設計 ― 莫美龍、姚孝慈

出 版 者 ― 五南圖書出版股份有限公司

地　　　址：106臺北市大安區和平東路二段339號4樓

電　　　話：(02)2705-5066　　傳　　　真：(02)2706-6100

網　　　址：https://www.wunan.com.tw

電子郵件：wunan@wunan.com.tw

劃撥帳號：01068953

戶　　　名：五南圖書出版股份有限公司

法律顧問　林勝安律師

出版日期　2013年 5 月初版一刷（共三刷）
　　　　　2023年 2 月二版一刷

定　　　價　新臺幣460元

經典永恆・名著常在

五十週年的獻禮——經典名著文庫

五南，五十年了，半個世紀，人生旅程的一大半，走過來了。

思索著，邁向百年的未來歷程，能為知識界、文化學術界作些什麼？

在速食文化的生態下，有什麼值得讓人雋永品味的？

歷代經典・當今名著，經過時間的洗禮，千錘百鍊，流傳至今，光芒耀人；

不僅使我們能領悟前人的智慧，同時也增深加廣我們思考的深度與視野。

我們決心投入巨資，有計畫的系統梳選，成立「經典名著文庫」，

希望收入古今中外思想性的、充滿睿智與獨見的經典、名著。

這是一項理想性的、永續性的巨大出版工程。

不在意讀者的眾寡，只考慮它的學術價值，力求完整展現先哲思想的軌跡；

為知識界開啟一片智慧之窗，營造一座百花綻放的世界文明公園，

任君遨遊、取菁吸蜜、嘉惠學子！